임금되고 신하되고

송기호 교수의 우리역사읽기 6

임금되고 신하되고

초판 1쇄 발행 2014년 11월 10일
초판 3쇄 발행 2017년 3월 17일

지은이 송기호
펴낸곳 서울대학교출판문화원
펴낸이 성낙인

출판등록 제15-3호

주소 (08826) 서울 관악구 관악로 1
대표전화 02-880-5252 | **팩스** 02-888-4148
출판관리팀(주문상담) 02-889-4424, 02-880-7995
이메일 snubook@snu.ac.kr
홈페이지 www.snupress.com

ISBN 978-89-521-1606-2 04900
978-89-521-0997-2 (세트)

송기호 교수의 우리역사읽기 6

임금과
보필자들

임금되고 신하되고

송기호 지음

서울대학교출판문화원

머리말

과거에서
지금 '우리'를 찾다

거의 5년 만에 다시 세 권의 책을 내게 되었다. 2009년 말에 『이 땅에 태어나서』, 『시집가고 장가가고』, 『말 타고 종 부리고』 세 책을 내고, 그 후속으로 이제 다시 세 책을 더 선보이는 것이다. 앞의 세 책은 필자 나름으로 분류한 '인간과 자연', '가족과 혼인', '사회와 신분'을 다루었다면, 뒤의 세 책은 '국가와 제도'를 다루었다.

필자에게는 각각 50대 나이 전반기와 후반기의 결과물이라는 의미가 있다. 이제 내년에 '외교와 이민족'을 주제로 하나 더 내게 되면 모두 일곱 권으로 큰 마무리가 될 것이다. 2005년에 연재를 시작해서 어느덧 10년의 세월이 흘렀으니, 이렇게 해서 내 50대의 10년을 꼬박 이 집필로 보내게 되었다.

이번 세 책 가운데 첫째인 『농사짓고 장사하고』는 사농공상 가운데 농업과 상업에 초점을 두면서 행정과 형벌을 추가했다. '사'는 뒤의 책에서 다루겠지만, '공'은 아쉽게도 사료가 별로 없어서 생략했다. 둘째 권인 『과거보고 벼슬하고』는 입학하여 공부하고 과거보고 벼슬하는 선비의 출세 과정이 핵심 주제이다. 셋째 권인 『임금되고 신하되고』는 국가의 최상위에 있는 임금을 중심에 두면서 측근에서 보좌하는 왕비, 환관, 궁녀, 암행어사, 언관, 사관 등을 언급하였다.

다시 한 번 강조하지만, 필자는 이런 식의 역사책을 써보고 싶었다. 이야기로서의 역사, 에피소드로서의 역사, 생활사로서의 역사, 사료가 직접 말해주는 역사이다. 교과서와 같이 분절적이고 딱딱한 체제와는 다르게, 흥미롭고 재미있는 역사책이요 이념에 휘둘리지 않고 가치중립적인 역사책을 쓰려고 했다. 야담은 재미있는데 역사는 재미없다는 인식을 바꾸고 싶었다. 그러나 타고난 얘기꾼이 아니라서 내 목표가 얼마나 성공했는지는 독자가 판단할 일이다. 다만 역사 교과서가 이런 식으로 바뀌면 좋겠다는 희망은 가지고 있다.

또 기왕의 사고틀에서 벗어난 역사, 소외된 이면의 역사를 쓰고자 했다. 우열이나 보편성에 가려진 차이점과 고유성, 발전에 가려진 변화, 구조에 가려진 개인, 대외항쟁에 가려진 상생조화에도 관심을 가져야 한다. 몇년 전 미국에 경제 위기가 닥쳤을 때에 수많은 경제학자가 예측하지 못한 점을 반성하면서 사람이 빠진 경제학이었음을 고백했다. 학문을 위한 학문을 하였고, 사람의 마음과 제도를 고려하지 않고 수학과 통계에 빠졌다는 자성이었다. 사실 우리 역사학도 논문을 위한 논문을 쓰고, 사람이 빠지고 기계적인 틀에 갇힌 학문이 되지 않았는지 자성해야 한다.

이에 더하여 발전이나 구조를 구명하려는 서양의 역사관과 도덕적 교훈을 얻으려는 동양의 전통적 역사관, 내재적 요인과 외래적 요인에 대한 인식의 조화도 필요하다. 그래야만 종합사로서의 역사학도 제 면목을 드러낼 수 있을 것이다. 이 책은 그런 시도의 하나이다.

조선시대 사료를 읽어가면서 이 시대 전공자라면 이런 자료는 논문감이 안 되어 지나칠 것이라는 생각이 종종 들었다. 논문은 논리적인 문장을 쓰는 것이다. 논리적 구성에 도움이 되지 않는 에피소드는 역사학자에게서 외면을 당하게 된다. 그러나 인생사가 모두 논리적으로만 설명될 수 있는 것은 아니다. 그렇게 소외되는 부분도 당시 사회의 실상을 압축적으로 보여주는 소중한 역사 자료가 될 수 있다.

우리 역사학계는 발전을 찾는 데 너무 편향되어 있다. 발표되는 논문들은 우리가 어떻게 발전했는지를 찾는 데에만 진력하고 있다. 그러나 역사에는 발전만 있는 것이 아니라 쇠퇴도 있고 그저 변화하는 것도 있다. 이런 것들은 관심 밖에 던져져 있다. 또 반성의 역사를 쓰거나 부정적 평가를 담으면 무조건 식민주의 사관이라고 공격하여 입을 닫아버리게 한다. 이렇게 되면 자아도취의 역사에 빠져버리고 만다. 역사에는 밝은 곳이 있으면 어두운 곳이 있게 마련이다.

이런 것들은 민족주의 사학의 역효과이다. 문제는 주변국인 중국과 일본이 이를 부추기는 형국이라는 점이다. 아픈 것도 우리 역사인데 시대적 상황이 이를 감내하지 못하게 한다. 불편한 진실은 빼거나 외면하려 하고, 자꾸 과거를 변호하려 든다. 한반도에서 한사군이나 왜의 활동이 사라지고 당쟁의 역사도 제대로 보이지 않는다. 그 대신에 북쪽 만주에서의 영역은 자꾸 넓히려 든다. 또 조선시대까지는 자랑스런 역사이다가 근현대사에 이르러서는 저항이나 반성이 주조를 이루는 불균형도 나타난다.

모두들 현재에서 자부심을 가질 생각은 하지 않고, 과거 역사에서 위안을 찾으려 하기 때문이다. 그러다 보니 고대사를 과대포장하려는 사람도 나타난다. 역사를 정신적 도피처로 여기고 있는 것이다. 이처럼 역사에서 긍정적인 요소만 찾게 되는데, 이것도 또 하나의 왜곡이다. 필자는 발해사를 연구하면서 항상 중국이나 일본 연구자들이 수긍할 수 있을 정도로 객관적인가 하는 점을 염두에 두어 왔다. 그러지 않고 민족주의적인 국내용 논문을 써서는 외국에서 통하지 않는다. 이런 점에서 민족주의 사학마저도 21세기 우리 사회에서 종언을 고해야 한다.

예컨대 우리 역사학계는 우수성을 찾으려 한다. 그런데 우리의 우수성은 다른 민족의 열등성을 전제로 하는 것이다. 우열은 상대적인 것이기 때문이다. 이것은 모든 사회의 고유 가치를 인정하는 글로벌 사회에서는 극복해야 할 태도이다. 문필가 이윤기 씨는 이런 수필을 썼다.

나는 우리 한국인들과 일본인들에게 물었다. 일본인들은 저희들끼리 모이면 소곤소곤 이야기를 나눈다. 그런데 한국인들은 큰 소리로 웃고 떠든다. 일본인은 옳고 한국인은 그른가? 이 양자 사이에는 '이야기를 나눈다'는 공통점이 존재하는 것이 아닌가?

연필 깎는 것을 자세히 보면 한국인과 일본인은 연필을 손에 쥔 채 칼을 움직인다. 하지만 미국인들은 칼을 쥔 채 연필을 움직인다. 한국인과 일본인은 옳고 미국인은 그른가?

한국의 톱과 일본의 톱은 앞으로 당길 때 나무가 썰리도록 되어 있다. 뒤로 미는 행위는 당기기 위한 준비 작업일 뿐이다. 하지만 미국의 톱은 반대로 되어 있다. 미는 순간 나무가 썰리도록 되어 있다. 앞으로 당기는 행위는 밀기 위한 준비 작업일 뿐이다. 그래서 한국인이나 일본인들은 미국 톱을 쓸 때마다 애를 먹는다. 아시아 톱은 옳고 미국 톱은 그른가? ('흥보다가 한 수 배우다'에서)

이것은 옳고 그름의 문제도 아니요 우수와 열등의 문제도 아니요 그저 차이일 뿐이다. 굳이 따진다면 고유와 보편의 문제에 가깝다. 이런 말도 있다. "외국에 나가면 중국인은 식당을 열고, 일본인은 가게를 열고, 한국인은 교회를 만든다." 해외 공동체의 구심점이 민족 성향에 따라 각각 다른 것이다. 이런 차이를 드러내고 왜 이렇게 되었는지 설명하는 것도 역사학에서 관심을 기울여야 하지 않겠는가?

역사에는 항상 양면성이 있다. 규장각에 소장된 서적은 몇백 년이 흘러도 변색이 되지 않을 정도로 우수한 종이를 사용했다. 고려지란 종이는 중국에서 알아줄 정도였고, 사신들이 항상 선물용으로 휴대했다. 반면에 중국 종이의 질은 상대적으로 뒤떨어졌다. 그러나 이것만 강조해서는 일면만 보는 것이다. 중국은 서적을 널리 인쇄하여 보급하였기에 보급용 종이를 만든 반면에, 조선에서는 그러지를 못했다. 이렇게 역사는 두 얼굴을 가지고 있다.

이 글에는 '내 어릴 적'이란 말을 자주 사용했다. 불과 20년 전에 인터넷을 시작하고 곧이어 이메일을 사용했는데, 이제는 이런 것이 없던 세상이 잘 떠오르지 않을 정도이다. 지하철이나 버스에서 서 있는 사람의 가방을 들어주는 것은 우리에게 당연한 의무였지만, 지금은 주지 않으려 할 뿐 아니라 오히려 경계심을 보낸다. 남에게 신세 지지 않으려는 뜻도 있고, 혹시 내 가방 어쩌려나 하는 의구심도 들기 때문이다. 그만큼 세상이 크게 바뀌었다. 아니 과거와의 간극이 기하급수적으로 벌어지고 있는 느낌이다. 그런 과거를 복원해내는 데에 어릴 적 기억도 크게 기여했다.

다른 한편으로 과거와 맞닿아 있는 면도 있다. 이 글을 읽고서 '사람 사는 게 다 똑같구나' 하는 반응도 있었다. 예를 들어서 과거시험의 부정행위나 맞수들의 경쟁을 읽다보면 그런 생각이 들 것이다. 우리가 과거와 크게 다르다는 생각은 현대인의 오만에서 비롯된 것이 아닌지 모르겠다. 역사는 발전한다는 생각에 사로잡혀 덜 발전된 과거를 낮추어 보는 편견이 개재되어 있을 수 있다. 그러므로 변화와 불변의 이중주를 보여주는 것도 생활사의 매력이 아닐까 생각한다. 이 책을 통해서 이러저러하게 다양한 생각을 갖게 된다면 필자의 목적 하나가 이루어지는 것이다.

한국사를 바라보는 하나의 사고틀을 이제는 벗어나야 한다. 다양한 방식과 시각에서 과거를 바라보아야 한다. 그런 하나의 방편으로 이 책을 쓰게 되었다. 50대의 나이가 되면서 논문 평가와 승진에서 자유로워지게 되었고, 내가 평소에 하고 싶었던 일에 착수한 결과물이기도 하다. 지금 한국사 전공자가 되었지만, 고등학교 때에 암기과목으로 전락하여 재미없는 과목이 국사였다. 당시 예비고사 수석을 했으면서도 국사가 많이 틀린 과목이기도 했다. 그러기에 뭔가 바꾸어보고 싶은 마음이 항상 있었다.

이런 방대한 작업은 사실 공동으로 하는 게 마땅하다. 그러나 공동집필을 하게 되면 글의 편차가 심하고 시간적 효율성도 떨어진다. 일관된 체계를 잡기도 어렵다. 한국적인 현실에서는 편집자의 권한을 마구

휘두르기도 어려운 형편이다. 그러기에 홀로 도전하게 되었다. 대한토목학회지에 매달 글을 연재하면서 과연 내가 이럴 만한 자격이 있는지, 큰 실수를 하지 않았는지 항상 두려움 속에 있었다. 도중에 포기할까도 생각했지만 마침내 여기까지 끌고 오게 되었다. 또 연구비를 받았으면 정해진 시간에 쫓기고 논문이란 틀에 갇혀서, 오랜 기간에 걸쳐 이런 책을 쓰지는 못했을 것이다.

그동안 자판을 두드리느라 키보드 병에도 걸렸고, 다른 퇴행성 질환들도 나타나기 시작했다. 이제는 글을 쓰는 게 너무 고통스러울 정도가 되었다. 오래 집중하지 못하고 몸이 쑤실 만큼 체력이 고갈되었다. 내 나름으로 힘을 쏟아부은 대가를 치르고 있다.

이 책을 낼 수 있었던 것은 무엇보다도 매달 지면을 할애해준 대한토목학회의 덕택이니, 감사의 마음을 먼저 표하지 않을 수 없다. 부록의 참고 자료 목록에서 보듯이 한국고전번역원을 비롯하여 그동안 번역에 힘을 써온 여러 연구자의 도움을 받은 사실을 다시 한 번 강조하고 싶다. 국사학과 김건태 교수는 농업사 관련 부분, 언어학과 이승재 교수는 한글 부분, 홍승우 군은 형벌 부분을 검토해주었다. 그러나 나머지 대부분은 전문가의 손을 거치지 못했다. 아무리 노력해도 완벽한 책은 없다. 잘못된 부분은 언제든지 고쳐나가고자 하니, 독자의 오류 지적은 항상 받아들일 자세가 되어 있다.

되도록이면 필자가 찍은 사진을 사용하려 했으나 유물 사진 등은 한계가 있다. 국립중앙박물관과 문화재청 자료를 비롯하여 많은 도록의 도움을 받았고, 그 출처는 뒤에 밝혀놓았다. 그 가운데는 미처 저작권자의 동의를 구하지 못한 것도 있어 죄송스럽다. 개인적으로 사진을 제공한 분들에게도 감사를 표한다. 교정에는 대학원생 김수진이 도움을 주었다. 또 지난번에 이어서 이 책들을 편집하고 출판해준 정미경 씨를 비롯한 서울대학교출판문화원에도 감사를 표한다.

2년 전 갑자기 세상을 떠난 처남 정현철에게 이 책을 바치고 싶다. 10년 사이에 장인과 장모님, 어머님이 차례로 세상을 뜨시더니, 이제 손아래 처남마저 세상을 등지고 말았다. 집사람과 내 주변에는 공허함과 그리움만 맴돌고 있다. 조카 유진이가 구김살 없이 잘 자라길 바랄 뿐이다.

2014년 9월

또 관악에서 가을을 보내며

차례

임금 자리

힘겨운 임금 노릇 | 안질과 종기 | 중궁과 후궁
물과 물고기 | 행차와 하소연

힘겨운 임금 노릇

2014년 5월에 사우디아라비아 왕실이 왕위 계승 문제로 내분을 겪고 있다는 보도가 있었다. 제2왕세제王世弟로 지명된 국왕의 이복동생에 대한 출신 성분 문제가 불거졌기 때문이다. 그런데 필자의 눈길을 끈 것은 왕세제란 말이었다. 계승권자가 왕세자, 즉 아들이 아니라 왕세제, 즉 동생인 것이다. 1932년 왕국이 건국된 후에 장자가 왕위를 잇는 것으로 정했지만, 1960~70년대에 왕위쟁탈전이 계속되자 형제 상속으로 변경해서 지금까지 내려오고 있다고 한다. 이런 여파로 왕실 고령화 현상이 지속되고 있다『조선일보』 2014. 5. 30.

우리 고대사에서는 이와 정반대의 현상을 찾을 수 있다. 왕권이 안정되지 않았던 고구려 초기에는 형제로 계승되었으니, 예를 들어서 6대 태조왕, 7대 차대왕, 8대 신대왕이 모두 형제간이었다. 주변에서 왕의 자리를 호시탐탐 노리던 시절에는 어린 아들보다 나이 든 동생이 계승하는 게 나았을 것이다. 그러다가 왕권이 강화되면서 10대 산상왕부터 부자 계승으로 정착되었다. 그뒤에 우리 역사에서 왕위는 부자 계승을 원칙으로 하게 되었다.

아들 가운데는 맏아들이 계승하는 것이 원칙이었다. 그렇지만 조선왕조에서도 맏아들이 왕위에 오른 경우는 27명 가운데 7명에 불과하고, 맏아들이 아니면서 왕이 된 사람은 태조를 제외하고도 19명이나 되었다. 이처럼 맏아들 계승의 원칙과 실제는 달랐으니, 왕위에 오르는 데는 여러 변수가 따랐다.

그림 1 영조 어진

중국에는 580여 명의 제왕이 있었고, 우리나라에는 200명 이상의 왕이 있었다. 제왕이 이처럼 많았으니 왕 노릇도 다양했을 것은 불문가지다. 왕이 오랜기간 통치를 하다 보면 초심이 흔들리는 경우가 있다. 한결같이 하기란 결코 쉬운 일이 아니기 때문이다. 당나라 때의 현종은 초반에 통치에 힘을 기울여 성당盛唐시대를 이룩했으나, 후반에 양귀비에 빠져 마침내 안녹산의 난을 맞게 되었다. 이 난을 계기로 당나라는 쇠퇴의 길로 접어들었다. 백제 의자왕도 처음에는 효성과 형제애로 해동증자라고 불렸지만, 말년에 주색에 빠져 나라를 망쳤다.

또 광개토왕처럼 젊어서 뚜렷한 발자취를 남기고 일찍 세상을 떠난 왕이 있는가 하면, 영조처럼 83세로 사망할 때까지 52년간 재위하면서 카리스마 있는 통치를 했던 왕도 있다.그림 1 영조는 당파 싸움의 틈바구니에서 즉위하여 통치하며 조선의 중흥을 이끌었던 임금이다. 영조는

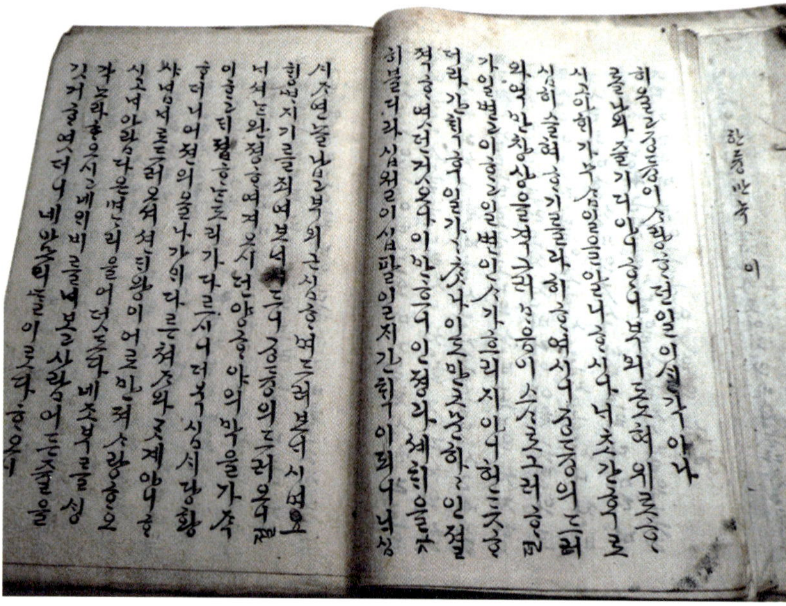

그림 2 한중만록 필사본(2010. 6)

성미가 아주 괴팍했던 모양이다. 며느리는 까다로운 그의 성격을 이렇게 묘사했다.

> 임금님께서는 말씀을 가려 쓰셨는데, 죽을 '사死'자, 돌아갈 '귀歸'자를 꺼리셨다. 차대정무 논의 때는 밖으로 나가실 때 입던 의대를 갈아입은 후에야 안으로 들어오셨다. 불길한 말을 주고받거나 혹 들은 날이면 들어오실 때 양치를 하시고 귀를 씻으셨다. 그리고 먼저 사람을 불러 한 마디라도 처음 말씀을 하신 후에야 안으로 들어오셨다. 좋은 일과 좋지 않은 일을 하실 때에는 출입하는 문도 달랐다. 당신이 사랑하는 사람 집에는 사랑하지 않는 사람이 있지 못하게 하였고, 사랑하는 사람이 다

니는 길에 사랑하지 않는 사람이 다니지 못하게 하였다. 지극히 황공하니 이처럼 사랑과 미움이 뚜렷하여 감히 헤아리지 못하였다. _『한중록』 권2, 그림 2

여기서 사랑하지 않는 사람은 사도세자를 이른다. 그를 죽음에까지 몰고간 것에는 영조의 성격도 한몫했다.

주색은 왕에게 항상 경계해야 할 대상이다. 고려 공민왕은 술버릇이 나빴다.

그때 왕은 술을 마시면 종종 좌우 사람들을 매질했다. 이에 환관들은 왕이 깊이 취하여 깨지 않도록 경쟁적으로 술을 올렸다. 왕이 흠뻑 취하면 공주를 생각하며 울었다. _『고려사』 공민왕 20년(1371) 11월

여기서 공주는 원나라에서 자신에게 시집왔다 죽은 노국대장공주를 이른다.그림 3 하지만 조선 왕은 주색에 대해서도 도덕군자가 되어야 했다. 사신으로 조선에 다녀갔던 중국 관리가 1636년 인조에게 상아 장난감을 하나 보냈는데, 음란한 남녀 모습을 조각한 것이었다. 아주 교묘하게 만들어진 것이었지만, 인조는 밖으로 가져가서 부수게 했다고 한다『공사견문록』.

주색에 빠지기 쉬운 것이 왕의 자리지만, 오히려 술을 좋아하지 않은 왕도 있었다. 세종이 그러해서 신하들이 술을 권했을 정도이다. 성종도 그러했다.

그림 3 공민왕 부부

내가 본래 한잔 술도 마시지 못하는데, 중국 사신이 권하여 부득이 마셨으니 내가 취하여 실례했을까 두렵다. _성종실록 7년(1476) 4월 20일

임금은 만인이 우러러보는 자리요 무소불위의 자리다. 입법, 행정, 사법 등 모든 권력을 장악한 절대권력자로서 오늘날의 삼권분립과는 근본적으로 다르다. 임금은 온갖 중요한 일을 최종적으로 처리해야만 했으니, 이 역할은 '만기萬機'란 말로 상징되었다. 19세기 초에 편찬된 『만기요람』은 국가의 '만 가지 중요한 업무'를 보는 임금이 필요할 때에 참고한다는 뜻이 담겨 있다.

조선시대 헌법인 『경국대전』에는 왕에 관한 규정이 하나도 없다. 헌법을 능가하는 초월적 존재였음을 묵시적으로 보여준다. 정조는 시류적인 문장을 금지하고 순수한 정통 문장을 쓰게 하는 문체반정을 강력히 실행했지만, 근래에 공개된 그의 편지글에는 비속어까지도 등장할 정도로 규정에 구애받지 않는 존재였다.

일본 천황이 호적이 없고 성씨나 선거권도 없으며, 영국 여왕이 신분등록을 하지 않은 무등록자라서 여권도 없고 자동차 번호도 없는데, 이런 것들도 인간을 뛰어넘는 초법적인 지배자를 상징한다.

그림 4 어사례도

조선시대의 기록화인 의궤는 규장각에 다수 소장되어 있다. 그런데 왕이 주인공인 행사의 어디에도 왕의 모습은 보이지 않는다. 감히 그려 넣지 못하고, 그의 자리만 표시해놓았다. 예를 들어 영조 19년[1743]에 그린 '어사례도'에는 옥좌만 보이고 영조의 모습은 없다.[그림 4] 어진을 통해서만 왕의 모습을 볼 수 있을 따름이다. 심지어 왕세자가 입학하는 그림에도 주인공의 모습이 보이지 않는다. 이것은 지존인 왕이나 동궁의 모습을 함부로 그려넣지 못했기 때문일 것이다. 조선시대 초상화는 실제 모습 그대로 그려야 했으며, 터럭 하나의 차이도 용납하지 않았다. 그러기에 어진이란 말에 참 진眞자가 들어 있다. 혹시라도 잘못 그려넣었다가 큰 낭패를 볼 수 있기에 아예 그려넣지 않았다. 그만큼 범접할 수 없는 자리였다.

여느 자리와 마찬가지로 군주의 구실을 제대로 하려면 많은 노력과 시간을 들여야만 했다. 왕은 정월 초하루 행사부터 시작하여 일년 내내 짜인 각본에 따라 행동했다. 또 새벽에 일어나서 저녁까지 공식적인 일정에 따라 움직였고, 업무 처리에 많은 시간을 할애했다. 밤늦게야 독서를 하는 등 개인적인 시간을 보낼 수 있었다.

처음에 영의정 이광좌가 "엎드려 듣건대 성상께서 4경1~3시 이전에는 취침하시지 않으시어 공무의 지시가 4경에 내려오기도 합니다. 날이 새기 전에 기상하여 부지런히 정사를 보아서 다스려지기를 바라는 정성은 서울과 지방에서 모두 우러르며 칭송하고 있습니다. 그렇지만 성상의 신체가 편안한 뒤에야 만사를 이룰 수 있습니다. 앞으로는 공무의 출납을 2경9~11시으로 한정짓는 것이 마땅하겠습니다"고 아뢰니, 임금이 "알았다"고 대답했다. _영조실록 3년(1727) 10월 23일

영조는 평소에 일찍 자지 못했던 모양이다. 그는 이 요청을 받아들여 자정을 넘긴 뒤에는 급한 일만 보고하라는 지시를 내렸다. 정조가 신하에게 보낸 편지에서도 바쁜 모습이 드러난다.

나는 일이 바빠 잠깐의 틈도 내기 어렵다. 닭 우는 소리를 들으며 잠들었다가 오시午時가 지나서야 비로소 밥을 먹으니 피로하고 노둔해진 정력이 날이 갈수록 소모될 뿐이다. _정조어찰 1798. 10. 7.

아버지 이성계와 더불어 조선을 건국했던 태종은 하루라도 아침 늦게까지 일어나지 않고 뒹굴었으면 하는 소박한 심정을 피력한 적이 있다.

내가 부덕한 사람으로서 하늘의 노여움을 만났다. 가뭄의 재앙으로 하늘의 꾸짖음을 자주 받아 밤낮으로 걱정하고 두려워하지만 어찌 구제해야 할지 모르겠다. 하루라도 스스로 편안히 보낸 적이 없고, 하룻밤이라도 편안히 잠잔 적이 없는 것을 누가 알겠는가?

내가 어찌 의복의 아름다움 때문에 임금이 되었겠으며, 음식의 진미를 즐기고자 임금이 되었겠는가? 의복이 단벌이면 춥고 음식이 떨어지면 굶는 것이니, 이것이 가난인 것이다. 옷이 있어서 몸이 춥지 않고 먹을 것이 있어서 배가 주리지 않으며, 편안히 베개를 베고 뜻을 맘대로 펼치면서 평생을 보내는 사람이야 얼마나 복이 많은가? 한없이 부러울 따름이다. 내가 하루아침이라도 꼼짝 않고 누워 일어나지 않았으면 하는 마음이 벌써부터 많았으나 감히 실행하지 못했다. _태종실록 16년(1416) 5월 20일

막상 왕위에 오르고 나니 야인처럼 살던 시절이 그리웠던 것 같다. 그러나 궁궐에서 태어나 죽을 때까지 지낸 후대의 왕들은 민간에서 사는 맛을 몰랐을 것이다.

다음은 이이명이 숙종의 건강을 염려하는 글이다. 숙종은 건강하지 않은데도 정사를 보느라 식사까지 미루는 일이 있어, 이를 걱정하며 올린 것이다.

신이 일찍이 성상의 지시를 받았으니, 거기에 "반드시 문서 열람을 마친 뒤에 식사를 올려라"고 하셨습니다. 이 때문에 식사 때를 놓친 적이 많았습니다. 이런 속박은 평소에 절기 따라 몸을 조리하시는 도리로 따져도 이미 어긋난 것인데, 더구나 지금은 손상된 뒤이니 더욱 절실히 경계하셔야 합니다. _숙종실록 36년(1710) 1월 5일

임금 노릇 하기가 얼마나 어려운지는 왕의 사위였던 정재륜1648~1723의 목격담에서 잘 알 수 있다.

그의 아내 이씨가 일찍이 시어머니를 따라 대전大殿으로 들어가 왕을 알현하고 나와서 사람들에게 말했다. "누가 남쪽을 바라보고 앉아 왕 노릇 하는 자리가 즐겁다고 했는가? 새벽에 일어나 글을 읽어야 하고, 대비궁에 나아가 식사를 살피고 문안드려야 하며, 낮에는 주청한 글들을 살펴보고, 저녁에는 다시 밤이 깊도록 글을 읽는다. 쉴 새 없이 스스로 이렇게 고생하니, 가난한 선비가 하는 일 없이 편안히 사는 것보다 훨씬 못하다."

부녀자의 입에서 나오는 대로 솔직하게 한 말이지만, 인조께서 대비를 효성스럽게 섬기고 모든 정사에 부지런하였던 덕성을 이로써 엿볼 수 있다. _『공사견문록』 106쪽

왕은 대비가 잘 주무셨는지 문침問寢해야 했고, 진짓상을 돌보는 시선視膳을 해야 했다. 그렇지만 모든 왕이 이렇게 일을 꼼꼼히 처리했던 것은 아니다. 다음은 임금에게 간하는 임무를 맡은 사간 임업이 순조에게

상소한 내용이다.

지금 우리 전하께서는 … 즉위하신 뒤로 지나치게 과묵하십니다. 정치적인 명령에 관한 사무를 일체 신하들에게 위임하시고, 신하가 상소하는 글이나 여쭈어서 결정을 기다리는 글에 모두 "윤허한다"고 써서 내립니다. 처음에 가부를 결정하시는 분부가 전혀 없으시니, 이해의 구분과 공사의 분별이 이제 원하지 않더라도 저절로 권력자들에게 돌아갑니다. _순조실록 19년(1819) 4월 8일

정조가 갑자기 사망하자 순조가 급히 즉위하여 몇 년간 정순왕후의 섭정을 받았다. 게다가 또 국세가 서서히 기울기 시작한 때문인지 몰라도 순조는 상당히 피동적으로 정사를 처리했던 모양이다. 이런 상반된 기록을 보면 왕 노릇도 하기 나름이었다.

우리 역사를 둘러보면, 중국 황제처럼 전제권력을 맘껏 휘두른 왕이 별로 보이지 않는다. 그런 왕이 있다 해도 나중에 폭군으로 평가되었을 뿐이다. 그것은 우리 역사에서 이민족의 정복자가 왕이 된 적이 없었고, 신하들의 견제가 중국과 비교하면 상대적으로 강했기 때문이다. 또 권력을 맘대로 발산할 정도로 경제적 뒷받침이 되는 물산이 풍부하지 않았던 데도 원인이 있다.

현종 때에 청나라 강희제가 조선 사신에게 "조선은 왕이 약하고 신하가 강하다"고 언급했다고 해서 이에 대한 대응 문제를 둘러싸고 허적을 중심으로 한 남인과 송시열을 중심으로 한 서인 사이에 논란을 일으켰을 정도였다. 이민족의 왕이 중국을 지배하는 방식과는 다를 수밖

에 없었을 것이다. 이처럼 신권이 상대적으로 강했다. 고려시대에 신하들이 왕에게 간언하면서 자주 한 말은 다음과 같다.

간한 것을 물 흐르듯 따르는 것은 임금의 미덕이요, 곤란한 일을 임금에게 요구하는 것은 신하의 충성입니다. 상서에 "나무는 먹줄을 따라야 바르게 되고, 임금은 간함을 좇아야 성군이 된다"고 일렀습니다. _『고려사』 권근 전기

신하들은 자신들의 말이 받아들여지지 않으면 보이콧을 벌이기도 했다. 다음은 조명신이 영조에게 바친 상소문의 한 구절이다.

옛날 세종대왕께서 한 가지 잘못하신 일이 있자 그 당시 집현전 학사들이 물러나 귀가해버려 집현전이 텅 비게 되었습니다. 이에 세종께서 눈물을 흘리며 대신 황희를 불러 "집현전 학사들이 나를 버리고 가버렸으니 장차 이를 어찌하나?"라고 말했습니다. 그리고는 마침내 황희에게 명하여 학사들의 집을 두루 다니며 간청하여 나오게 했습니다. _영조실록 3년(1727) 2월 3일

심지어는 영조의 심사를 건드릴 정도로 솔직하게 비판한 다음 상소문도 보인다.

전하께서는 평소에 혼자만의 지혜로 세상을 다스리며 여러 신하를 경시하는 병폐가 있으십니다. 총명함을 스스로 내세우며 좋은 말을 받아

들이는 아량이 부족합니다. 부드러워서 통제하기 쉬운 사람을 좋아하고 바른말 하는 사람은 명예를 좋아한다고 비난하시니, 남의 말을 받아들이지 않는 안색이 이미 천리 밖에서 사람들을 막고 있습니다. _영조실록 7년(1731) 7월 4일

사관을 국문한 일이 지나치다는 상소문인데, 결국 불같은 성미의 영조에게서 "유의하겠다"는 대답을 얻어냈다. 이처럼 신하들은 수시로 왕을 견제하였다. 왕은 하늘을 대리하여 통치하는 존재인데, 천심은 바로 민심에 있다고 하여 왕의 전횡을 제약했다. 영조 때 권신의 상소문에는 이런 구절이 나온다. "천지는 전하의 부모이고, 대신은 전하의 팔다리이고, 내각은 전하의 눈귀이고, 백성은 전하의 갓난아이입니다."

조선은 왕이 통치하는 국가였지만, 왕의 잘못된 시책에 대해서 유생도 개인적으로나 집단적으로 상소문을 올릴 수 있었다. 집단 상소를 대표하는 것이 만인소萬人疏이다.

이런 즈음에 영남 유생의 만인소가 나왔고, 중직에 있는 신하 이병모가 이어서 또 성토했습니다. _정조실록 16년(1792) 5월 24일

사도세자의 원한을 풀어달라고 유생들이 연명하여 상소한 것으로서, 이것이 만인소의 시초가 되었다. 이때에 서명한 유생이 1만 57명에 이르렀다. 만인소는 이 뒤에도 몇 차례 더 나타난다. 한국국학진흥원에는 1855년에 영남 유생 1만 432명이 올린 만인소가 보관되어 있는데, 그 길이만도 90미터에 달한다고 한다.그림 5

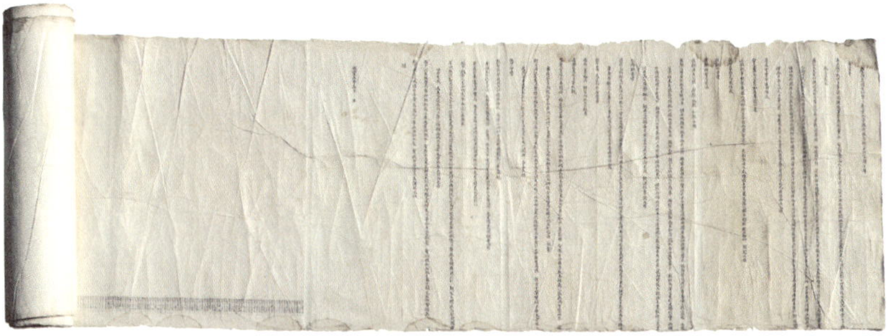

그림 5 영남만인소 (위)
그림 6 창덕궁 인정전의 왕의 자리(2007. 8) (아래)

임금은 지금의 대통령처럼 선망하는 자리임이 분명하지만, 그렇다고 호강만 하는 자리는 아니었던 것이다.그림 6 다음은 홍무적이 왕에게 아뢴 말이다.

예로부터 임금은 반드시 세 가지를 두려워했습니다. 하늘의 진노를 첫

번째로 두려워했고, 인심이 굴복하지 않는 것을 두 번째로 두려워했으며, 직언을 아뢰지 않는 것을 세 번째로 두려워했습니다. 이 두려움을 알아서 두려워하는 이는 흥하고, 이 두려움을 무시하고 두려워하지 않는 이는 망합니다. _인조실록 17년(1639) 4월 26일

왕은 자랑하지도 못하게 했다. 세조가 글씨 자랑을 하자 양녕대군이 충고한 말이다.

임금이 일찍이 옛부터 지금까지 사람들의 서법을 논하면서 "나도 마음만 먹으면 글씨를 잘 쓸 수 있다"고 말하니, 양녕대군 이제가 "임금은 다른 사람보다 훨씬 능가하는 재주를 가졌더라도 잘한다고 스스로 말할 수는 없습니다"고 아뢰니, 임금이 너그럽게 받아들였다. _세조실록 5년(1459) 5월 10일

신하들을 얕보는 인조에게 뽐내지 말라는 상소가 올라갔다.

신이 은근히 걱정되는 것은, 전하께서 지나치게 스스로 어질고 슬기롭다고 여기면서 신하들을 너무 얕보는 것입니다. 가만히 보건대 전하의 생각에서 나온 것은 과도하게 견지하면서 끝내 변경하지 않습니다. 또 신하들의 말이 전하의 생각과 다르면 곧 배척하시며 심지어 견책까지 뒤따르게 합니다. _인조실록 26년(1648) 11월 26일

이보다 앞서 성종 때에는 왕이 영응대군 부인의 집으로 경솔하게 행

차한 사실을 두고 잘못했다는 말을 이끌어내기도 했다.

최한정이 "부인을 위한 것이라면 더욱 잘못하셨습니다. 부인을 보기 위하여 민간에 직접 행차하신 것이 옳은 일이겠습니까? 전하의 동정은 반드시 역사에 기록되니, 이처럼 경솔히 할 수는 없습니다. … 신이 현석규와 함께 야대夜對에서 뵈었을 때에 '옛 임금들은 자신의 허물을 듣기 싫어했으나, 나는 그렇지 않다. 그러니 모두 마음을 다하고 꺼려하지 마라'고 하교하셨는데, 신이 그 가르침을 지금도 잊지 않고 있습니다"고 말하니, 임금이 "내가 참으로 실수를 했으니, 앞으로는 마땅히 삼가겠다"고 했다. _성종실록 7년(1476) 5월 11일

야대는 밤중에 신하를 불러 공부하던 일이다. 매달 여섯 차례 국정 현안을 논의하던 차대次對, 왕이 신하를 불러서 국정을 논하던 소대召對와 함께 삼대로 불렸다. 이외에 아침, 점심, 저녁으로 강론하는 조강, 주강, 석강의 삼강三講도 있었다. 또 매달 일정한 날에 큰 조회를 여는 조참朝參 즉 큰 조회가 있고, 매일 여는 약식 조회인 상참常參이 있다. 영조 34년1758 7월에 신만이 왕세자에게 언급한 말을 보면, 영조는 더운 날인데도 삼강과 삼대에 한번 빠진 적이 없었다고 한다.

성종은 전에 신하들에게 당부한 말이 있으니, 꼼짝없이 실수를 인정하지 않을 수 없었다. 이로부터 11년 뒤에는 대신들의 논의를 거치지 않고 맘대로 관직을 높여주었다는 간쟁을 받자 "내가 용렬하고 어두워 마땅한 정사를 행하지 못했다. 상을 주는 일은 경들이 의논하여 아뢰라"고 하여 백기를 들었다.

왕 자신도 채찍질하게 하였다. 왕을 끝없이 공부하게 함으로써 스스로 절제하도록 하는 장치를 마련한 것이다. 왕이 꾸준히 공부한 사례는 외국에서는 찾기 어렵다. 경연제도를 만든 중국에서도 원나라 이후는 이미 시들해져 버렸는데, 조선에서는 열성적으로 따랐다. 『승정원일기』에 따르면, 영조는 52년간 3,500여 회의 경연을 하여 연평균 67회, 월평균 6회에 달했다. 말년에는 더욱 증가하여 재위 39년째인 1763년 209회, 다음해 188회, 다음해 164회였다. 반면에 광해군은 경연을 거의 하지 않아서, 수십 회도 채 되지 않았다.

다음은 군주가 빠지기 쉬운 일들을 언급한 문종의 말이다.

군주는 마땅히 부지런히 일해야 하고 안일해서는 안 된다. 옛날 임금 가운데에 안으로는 여색에 빠지고 밖으로는 사냥을 즐기며, 술에 취하고 음악에 빠지며, 집을 높이 짓고 담장을 아로새기는 일들에만 한결같이 마음을 쏟는 이가 있었으니, 이것은 군주의 공통적인 걱정거리들이다. _문종실록 2년(1452) 2월 2일

왕은 백성의 본보기로서 솔선수범을 보여야 했다. 아침에 일어나면 대비 문전에 인사를 올려 효성을 실천했고, 여러 조각을 기운 옷을 입어서 근검을 드러내야 했다. 세조가 승정원에 내린 지시는 그도 검소함을 몸소 실천했다는 것을 보여준다.

자리는 비록 본국에서 생산하는 것이지만, 거두어 쓰려면 반드시 백성에게 의지해야 하는 것이니 함부로 낭비해서는 안 된다. 듣건대 각 도

와 주·군에서 사용하는 자리가 아주 화려하다고 하는데, 나는 침실에서 언제나 다 해어진 자리를 깔고 앉는다. 속히 이 사실을 알려라. _세조실록 2년(1456) 5월 24일

침실에 아직 온돌이 보급되기 전에는 이처럼 자리를 깔고 생활했다. 그런 자리로 다 해어진 것을 사용했다고 한다.

임금이 영의정 이광좌를 불러서 보았다. 이때 날이 매우 추웠는데, 임금은 털옷을 입지 않았고 솜옷 역시 매우 얇았다.

이광좌가 "신이 비록 손으로 만져보지는 못했지만 매번 우러러 뵐 때마다 항상 추워하시는 것처럼 보입니다. 잠시 겉으로 드러나는 병환이 없다고 하여 몸을 삼가고 잘 조리하는 방책을 조금이라도 소홀히 하지 마소서"라고 아뢰었는데, 임금이 "천성이 너무 따뜻한 것을 좋아하지 않는 까닭에 그렇다. 경은 비록 옷이 너무 얇다고 경계하지만, 백성들이 작은 집에서 추위와 굶주림에 떨고 있는 모습을 생각하면, 내 어찌 홀로 따뜻하게 지내고 혼자서 배부를 수 있겠는가?" 했다. _영조실록 13년(1737) 11월 9일

다음은 3년 뒤 영조의 말이다.

내가 접때 한 번 추석환秋石丸을 먹었는데 사방에서 모두 따라 했다. 심지어 고양이 가죽이 담병痰病에 좋다는 말을 듣고 나에게 권하는 사람이 있기에 내가 "조선에 남은 것은 고양이뿐인데, 내가 한 번 취하면 고양

이는 장차 남는 것이 없을 것이다"고 대답했다. 이로써 작은 일일지라도 위에서 행하면 아래에서 본뜨는 것이 심하다는 것을 알 수 있다. _영조실록 16년(1740) 1월 25일

추석환은 장생불사약인 단약을 이르고, 담병은 가래가 생기는 것처럼 신체 분비에 문제가 생긴 병을 이른다. 백성들이 따라 할까봐 엄두를 못 내는 심정을 이해할 만하다.

정조도 검소함의 본보기였다. 정조가 사망한 뒤 대왕대비전이 내린 언행록에 따르면, 겨울에도 거친 무명베 옷을 입었고, 해어진 옷도 마다하지 않았다고 한다. 심지어 기워 입기까지 했다. 반찬도 늘 세 가지를 넘지 않았고, 따로 취미 생활도 하지 않아서, 마치 빈한한 선비처럼 생활했다고 한다.

조선 태종은 이런 왕의 자리를 항상 무겁게 느꼈다.그림 7 다음은 태종이 이숙번과 나눈 대화이다.

이숙번이 왕을 대면하여 선위하려는 것은 잘못이라 아뢰고, 날마다 조정의 정사를 보도록 청했다. 임금이 "내가 어찌 만기를 싫어하겠는가? 하늘의 재앙이 바야흐로 심하니, 하는 일이 하늘의 뜻에 맞지 않을까 두렵다"고 말했다.

이숙번이 "마땅히 정사에 대해 아뢰는 말을 듣고 처리하기를 부지런히 하셔야 합니다. 선위하여 재앙을 제거했단 말은 듣지 못했습니다"고 말하니, 임금이 "그러면 어느 때나 이 무거운 짐을 벗을 수 있겠는가?" 하니, 이숙번이 "사람의 나이 50이 되어야 혈기가 비로소 쇠하니, 나이

그림 7 태종이 묻힌 헌릉(2008. 8)

50이 되기를 기다려도 늦지 않습니다"고 말했다. _태종실록 9년(1409) 8월 13일

태종은 정종을 몰아내고 왕위를 차지했지만, 왕위에 오른 뒤에는 싫증을 느껴 왕위를 물려주려 했다. 이에 대해서 이숙번이 안 된다고 간한 내용이다. 태종은 결국 세종에게 선위하고 상왕으로 물러났다. 숙종도 싫증을 느껴 선위하려 했지만 뜻을 이루지는 못했다. 이처럼 왕위에서 물러나려는 시도가 종종 보인다.

선조도 임금 자리가 힘들다고 하면서 걸핏하면 양위하겠다고 했으니, 임진왜란을 치르는 동안 모두 열다섯 번이나 그랬다고 한다. 차라리 왕족으로 사는 것이 더 나았을 것이라는 심경을 피력한 적도 있다.

선조께서 항상 공자公子들에게 말했다고 한다. "너희는 내가 왕위를 즐

> 기는 줄 아느냐? 한 사람이라도 제자리를 얻지 못하면 모두 나의 근심이다. 너희처럼 마음대로 출입하며 어디에도 속박되지 않은 자와 같겠는가? 내가 하성군의 녹봉을 받아서 조석이나 이바지하며 마음에 근심 없이 살았더라면, 왕위에 있는 즐거움보다 훨씬 나았을 것이다. _『공사견문록』 9쪽

이렇듯 왕의 자리는 당사자를 짓누르는 무거운 짐이었다.

안질과 종기

어느 대통령이 청와대 생활이 답답하다고 피력한 적이 있었다. 큰 감옥에 있는 기분이라 하였는데, 조선시대 왕도 그렇게 갇힌 생활을 했다. 특별한 일이 아니면 궁궐에서 태어나 궁궐에서 생을 마감했다. 그렇지만 고대로 시간을 거슬러 올라가면 영토를 뺏고 뺏기는 정복의 시대라서 상황이 다르다. 한반도와 만주 땅을 휘젓고 다니던 군주가 있었던 것이다.

정복군주로 당장 떠오르는 인물은 광개토대왕374~412이다. 그를 '대왕'이라 부르는 것만 봐도 우리 민족이 얼마나 높게 평가하고 있는지를 짐작할 수 있다. 그가 사망한 뒤에 붙인 호칭은 '국강상광개토경평안호태왕國岡上廣開土境平安好太王'이다. 『삼국사기』에는 이를 줄여서 '광개토왕'이라 하였으나 후세에 그를 높이면서 '광개토대왕'으로 부르고 있다. 조선후기에 쓰인 『성호사설』이나 『해동역사』에 이미 이런 칭호가 등장한다. '땅을 넓힌 왕'이란 뜻이 담겨 있기에 북방고토 회복의식을 강조한 실학자들에게는 중요한 인물로 여겨졌을 것이다. 반면에 중국이나 일본에서는 마지막 부분을 따서 주로 '호태왕'으로 부른다. 광개토왕을 바라보는 시선이 국가마다 다른 것이다.

광개토왕은 서쪽으로 랴오둥반도와 동쪽으로 동부여를 복속시키고, 북쪽으로 거란족과 숙신족을 공격했으며, 남쪽으로 신라, 백제, 왜도 굴복시켜 거대한 영토를 거머쥐었다. 때로는 자신이 군사를 이끌고 직접 정벌에 나서기도 했고, 때로는 군사를 파견해서 정복하게 했다.

영락 6년396 병신년, 왕이 친히 군대를 이끌고 백잔국百殘國, 백제을 토벌했다. … 10년400 경자년, 왕이 보병과 기병 모두 5만 명을 파견하여 신라를 구원하게 했다. … 20년410 경술년, 동부여는 옛날에 주몽왕에 속한 백성이었는데 중간에 배반하여 조공하지 않았다. 이에 왕이 친히 군대를 이끌고 가서 토벌했다. _광개토왕비

왕이 직접 동분서주하면서 랴오둥반도 쪽으로 거란족 일파를 토벌하고, 남쪽으로 한강을 넘어 백제 수도까지 압박하여 아신왕의 항복을 받아냈고, 황해도 지역까지 침입했던 왜를 궤멸시켰으며, 오늘날 옌볜지역에 있던 동부여를 투항시켰다. 이런 업적을 생각하면 그는 상당히 노숙한 인물이었을 것으로 예상되지만, 실은 18세에 즉위하여 39세의 아까운 나이에 사망했다. 그의 사망 원인은 전해지지 않는다.

광개토대왕의 나이와 업적을 보면, 이보다 700년 전에 활동했던 서양의 정복군주 알렉산드로스 대왕기원전 336~323 재위이 떠오른다. 그도 20세에 즉위해서 33세의 젊은 나이에 갑자기 사망했지만, 큰 발자취를 남겼기에 역시 '대왕'으로 불린다. 둘 다 20~30대의 나이에 위대한 업적을 남겼다. 그는 이집트를 정벌했고, 페르시아 제국을 무너뜨리고 멀리 인더스 강까지 진출하여 대제국을 이루었다. 페르시아의 수도였던 페

그림 1 페르세폴리스(2009. 2)

르세폴리스그림 1는 이 전쟁으로 폐허가 되었고, 그때 불에 탔던 재가 현지에 전시되어 있다. 그는 마케도니아 왕이었는데, 지금 그 땅이 그리스와 마케도니아 두 나라로 갈라져 알렉산드로스 대왕이 과연 그리스인이냐 마케도니아인이냐를 두고 서로 역사분쟁을 일으키고 있는 것도 우리 사정과 닮았다. 고구려를 두고 중국사냐 한국사냐 하는 논쟁은 결국 광개토대왕이 중국인이냐 한국인이냐 하는 문제와 연계되어 있기 때문이다.

신라 진흥왕도 영토를 북쪽으로 크게 넓힌 정복군주였고, 발해 무왕도 말갈족을 정복한 정복군주였다. 무왕은 말갈족을 복속시켜 영토를 크게 넓힌 군주이지만 자세한 기록이 없다. 고려 태조나 조선 태조도 정복군주적인 성격을 띠었다고 할 수 있다. 이들은 한반도나 만주 땅을 직접 밟고 다니며 쏟아지는 화살 속에 체력을 단련시켰다. 그렇지만 더

그림 2 도성도

는 정복이 필요없는 시대가 되면 군주는 가만히 앉아서 보고를 받고 지시를 내리는 처지로 전락하게 된다.

규장각에 소장된 한양의 도성도 가운데에는 남산이 위에 있고 북한산이 아래에 있는 18세기 후반의 지도가 있다.그림 2 지금은 보통 북쪽을 위에 남쪽을 아래에 그리는데, 이 지도는 상하가 그 반대이다. 이것은 어람용이라는 것을 보여준다. 왕은 남쪽을 향해 앉기에 이를 고려해서 만든 것이다. 이처럼 왕은 남쪽을 향해 옥좌에 앉아서 세상을 바라보았다.

성종 17년1486에 황해도 재령에 있는 전탄강에서 물을 대는 수로공사를 두고 찬반 양론이 갈렸다. 사람을 보내 현장을 파악하고 돌아오게도 했다. 성종은 그림을 그려 보고한 것이 미덥지 않았던지 이제는 후원에 모형을 만들라고 지시했다.

왕이 전교했다. "승지는 미장이에게 흙을 이겨서 후원에 전탄의 수로를 내는 모습을 만들게 하라. 내가 장차 보겠다." … 전교했다. "경들은 내일 모두 후원에 가서 수로 만드는 형세를 보도록 하라." _성종실록 18년(1487) 1월 21일

중간에 생략된 곳은 현장에 각각 다녀온 두 사람의 보고가 왜 서로 다른지를 질문하는 부분이다. 문제의 핵심을 파악하기 위해서 왕은 모형을 만들게 했다. 물론 그림을 그려서 왕에게 보고하게 하는 때도 있었다.

왕이 또 지시했다. "옛사람에 유랑민들을 그려서 바친 자가 있었다. 일찍이 탐라어사 심성희가 전복 캐는 모습을 그려서 바친 것을 보고 캐기 어려운 것을 알게 되었다. 지난번에 들으니 내국內局에서 바친 것도 이 정자 앞에서 캤다고 하니, 전 충청수사로 하여금 영보정永保亭을 그리고 아울러 전복을 캐는 모습도 그려서 바치게 하라." _영조실록 45년(1769) 6월 25일

송나라 때인 1074년에 오랜 가뭄으로 백성들이 유랑하니 정협鄭俠이 그 모습을 그려서 왕에게 바친 일이 있다. 영조가 이를 거론한 것이다. 영보정은 보령 오천에 있는 정자를 가리키는데, 여기서 전복을 캐서 왕에게 바쳤던 모양이다. 이런 유민도와 비슷한 것을 지방 선비가 왕에게 바친 사례도 보인다.

그림 3 명경대(김홍도)

경상도 안동부에 사는 생원 이포가 상소하면서 백성들이 고생하는 정황을 그림으로 그려 올렸다. _명종실록 9년(1554) 4월 27일

정조는 화원이었던 김홍도에게 명령하여 금강산과 관동지방의 승경지를 그려오게 했고, 그는 명령에 따라 1788년 9월 금강산 일대를 두루 여행했다. 이렇게 해서 그려진 금강전도 수십 폭이 지금도 전해지고 있으니, 조선후기 정선이 주도했던 진경산수화의 맥을 잇는 작품으로 유명하다.그림 3 왕은 김홍도의 그림을 보면서 직접 가보고 싶은 마음을 억누를 수밖에 없었을 것이다. 이로부터 10년 뒤에 문신인 심환지1730~1802가 금강산 여행을 떠나자 부러운 마음을 편지에 적었다.

1만 2천 봉을 유람하는 일이 얼마나 통쾌한 일이며 얼마나 대단한 구경거리인가? 공명을 누린 사람이 산수의 즐거움까지 누리니 과연 치우친 것인지 온전한 것인지 모르겠다. _정조어찰 1798. 8. 10.

금강산 1만 2천 봉을 두루 보고 필시 많은 경치를 감상하게 될 것이니, 돌아올 때쯤이면 좋은 시를 잔뜩 지었을 것이다. 미리 부러워한다. _정조어찰 1798. 8. 16.

현장에 직접 가보지 못하는 왕으로서는 이런 방식으로 일을 처리해야 했다. 왕은 앉아서 원격 통치를 하는 존재가 된 것이다. 이처럼 왕이 육체적 활동을 하지 못하니, 왕의 수명이나 재위 기간은 예상만큼 길지 못했다. 가장 오래 재위했던 영조를 비롯하여 숙종, 고종 등 6명의 왕이 30년을 넘기는 했지만, 조선시대 국왕 27명의 평균 수명은 47세, 평균 재위 기간은 약 19년이다. 또 조선후기로 갈수록 자녀 출산력이 떨어지는 한 원인이기도 했다.

운동량이 부족하니 종종 질병에 시달렸다. 물론 타고난 체질 덕분에 건강했던 왕도 있기는 하다. 건강을 자부한 세조가 그렇다.

의정부와 육조에서 조계청에 모여 식사 들기를 청하니, 어찰을 내려 유시했다. "죽은 사람 때문에 산 사람을 상하지 말라 하였는데, 내가 어찌 국가 대사를 고려하지 않겠는가? 다만 음식이 목으로 넘어가지 않아서 죽을 조금씩 들고 있을 뿐이다. 더구나 나는 기운이 본래 강건해서 5, 6일을 먹지 않더라도 걱정이 없을 것이다. 그렇지만 내 팔·다리처럼 소중한 신하들의 충성심에 깊이 감동하였으니, 내가 중궁과 함께 각각 술 한 잔을 마시고 죽도 먹었다." _세조실록 3년(1457) 9월 4일

세자가 사망한 뒤에 신하들이 식사 들기를 세조에게 요청한 것에 대한 대답이다. 강골로 태어났다고 하는 그였지만 결국 52세에 병으로 사망하였다. 세조의 아버지 세종도 항상 여러 병마에 시달린 것으로 유명하다. 다음은 세자에게 일부 업무를 위임하고자 하면서 신하에게 한 말이다.

내가 어려서부터 다리 한쪽이 아프다가 10여 년이 지나 조금 나아졌는데, 또 등이 부은 지 오래되었다. 통증이 올 때는 맘대로 돌아눕지 못하여 그 고통을 참을 수 없다. 지난 계축년1433 봄에 온정溫井에 가서 목욕하려 했더니, 대간臺諫에서 백성에게 폐를 끼친다고 말하고 대신 중에도 불가하다고 말하는 이가 있었다. 그럼에도 두세 사람이 청하기에 내가 온정에서 목욕했더니 과연 효험이 있었다. 그 뒤에 간혹 재발할 때가 있지만 통증은 전보다 덜하다.

또 소갈증을 앓은 지 13, 4년이 되었지만, 지금은 조금 나아졌다. 지난해 여름에 또 임질을 앓아 오래 정사를 보지 못하다가 가을과 겨울에 조금 나아졌다. 지난봄 강무講武를 한 뒤에는 왼쪽 눈이 아파 눈앞을 가리기에 이르고, 오른쪽 눈도 이 때문에 침침해져서 반걸음 거리만 해도 사람이 있는 것은 알겠으나 누군지를 알지 못하겠으니, 지난봄에 강무한 것이 후회스럽다. 한 가지 병이 겨우 나으면 한 가지 병이 또 생기니 내가 쇠로한 것이 심하다. _세종실록 21년(1439) 6월 21일

온정은 온양 행궁에 있는 온천을 가리킨다. 또 강무란 왕과 신하들이 함께 모여 무술 연마를 겸해서 사냥하던 것을 일컫는다. 그 후유증으로 안질이 생기자 이번에는 세자가 대신 강무하도록 하면서 언급한 내용이다. 여기에서 헤아릴 수 있는 세종의 고질병에는 다리 통증, 등 부종, 소갈증, 임질, 안질이 있다. 소갈병은 당뇨병이고, 임질은 우리가 알고 있는 성병을 포함하여 비뇨기 계통의 질환을 포함하는 것으로 생각된다. 세종은 이렇게 다양한 질병에 시달렸다. 세종의 안질 치료와 관련해서는 지금도 탄산수로 유명한 충북 청원의 초정약수 기록이 처음 등장한다.

어떤 사람이 와서 "청주에 톡 쏘는 맛이 나는 물이 있어 초수椒水라 하는데, 여러 질병을 고칠 수 있습니다. 목천현과 전의현에도 이런 물이 있습니다"고 아뢰었다. 임금이 이를 듣고 장차 거둥하여 안질을 치료하고자 하여 내섬시윤 김흔지를 보내 행궁을 세우게 하였다. 또 이 물을 얻어 와서 보고한 자에게 목면 10필을 하사했다. _세종실록 26년(1444) 1월 27일

마침내 세종은 이 초정에 행차하여 병을 치료했으나,그림 4 항상 행차할 수 있는 처지가 아니었기에 뒤에는 역마를 이용하여 초수를 실어오게 했다. 세종이 앓았던 임질은 고려 충혜왕 기록에서도 보인다.

계미일 밤에 황씨가 왕을 초청하여 집에서 연회를 베풀었는데, 왕이 의술을 아는 중 복산을 시켜 황씨의 임질을 치료하게 했다. 왕은 항상 열약熱藥을 복용했기 때문에 상관하는 부인들에게 이런 병이 많이 있었다. _『고려사』 충혜왕 후즉위년(1339) 5월

그림 4 세종의 목욕 복원 행사

열약은 부자나 마른 생강 등을 넣은 것으로 더운 성질이 있는 약이다. 이 약과 임질이 어떤 관련이 있는지 모르지만, 충혜왕의 과도한 성생활이 비뇨기 장애를 일으키는 병을 퍼지게 하였던 것 같다.

선조도 여러 병마에 시달렸다. 선조가 세자에게 선위하겠다고 하면서 고통을 호소하는 부분이다.

나는 젊어서부터 병이 많아 반평생을 약으로 연명하고 있는데, 이는 약방 사람들도 모두 알고 있다. … 강서현에 머물면서부터는 몇 달간 먹지 못했고, 지금은 오직 죽만 마신다. 밤이면 병풍에 기대어 새벽에 이르고, 낮이면 정신이 혼란스러워 멍청하게 된다. 그런 가운데 미친병·눈병·비병痺病·습병濕病·풍병風病·한병寒病 등 온갖 병이 모두 일어나서 이 한몸을 둘러싸고 공격하니, 한 줌 남아 있는 원기로 어찌 이들을 감당할 수 있겠는가?

미친병으로 말하면, 때로 노래 부르기도 하고 곡하기도 하며 물불 가리지 않고 고함치며 달려가기도 한다. 또 뭔가를 보고 눈물을 흘리기도 하고 뭔가에 놀라 머리털을 곤두세우기도 하니, 예로부터 어디에 미친병을 앓은 임금이 있었는가? 눈병으로 말하면, 두 눈이 침침해져 사물을 분별할 수 없어 보고해 올린 글자도 알아보지 못하는 경우가 많아 머지않아 소경이 될 것인데, 예로부터 어디에 소경 임금이 있었는가? 비병으로 말하면 신체 절반이 허약한데다가 안개와 이슬을 맞은 뒤로는 그 증세가 점점 심해졌다. 오른쪽 수족을 전혀 움직일 수 없고 밤낮으로 쑤시고 아픈데 손으로 비벼도 감각이 없어 마치 마른 나무토막 같으니, 예로부터 어디에 한쪽 수족만 가진 임금이 있었는가?

이밖에 고질이 된 비루한 병들을 일일이 들어 말할 수 없다. 가을이 아직 깊지 않았는데도 갖옷을 겹으로 껴입고 있으니, 병으로 지쳐 숨이 넘어가려는 형세가 하루도 넘기지 못할 것 같다. _선조실록 26년(1593) 8월 30일

임진왜란이 일어나 평양 부근에 피란해 있을 때의 일이다. 세자에게 자리를 물려주려는 이유를 개진한 것이므로 다소 과장이 있겠지만, 여러 병마로 고통을 당하고 있었던 것만은 분명하다.

세종과 선조의 사례에서 공통으로 보이는 것이 안질이다. 숙종도 안질로 고생하여 큰 글씨로 보고하도록 지시했다.

도승지 조도빈이 "성상의 눈병이 심중하니 자잘한 글씨는 살펴보시기에 방해가 됩니다. 이 뒤로는 아뢰는 글과 여러 신하의 상소 글은 글자를 조금 크게 하여 바치게 하소서"라고 말하니, 임금이 윤허했다. _숙종실록 42년(1716) 12월 1일

그림 5 영조의 시력 측정용 글(2014. 7)

숙종은 결국 이듬해 7월에 안질이 고통스럽고 물체도 희미하게 보인다는 이유를 들어 국사를 세자에게 맡기고 말았다. 이처럼 안질은 왕의 직업병이었다. 어둑한 곳에서 독서를 해야 하고 각종 보고를 살펴보아야 하니 눈병이 나지 않을 리 없었을 것이다. 눈병은 아니지만, 영조가 65세 때1758에 시력을 측정했던 유물이 전해진다. 임금이 짓고 썼다는 '어제 어필御製御筆'이란 글씨가 위에 있고, 그 아래에 늙은이가 눈을 시험한다는 '기년시안耆年試眼'이란 글자가 새겨져 있다.그림 5

안질과 더불어 왕이 자주 앓는 병에 종기가 있었다. 1984년에 오대산 상원사에 있는 문수동자상에서 조선전기에 넣었던 복장 유물들이 발견되었다. 이 가운데 주의를 끈 것이 여기저기 피와 고름이 묻어 있는 명주 저고리였다.그림 6 온몸에 종기가 나서 고생하던 세조가 상원사에서 목욕을 하여 나았다는 이야기가 전해지므로, 세조가 입었던 저고

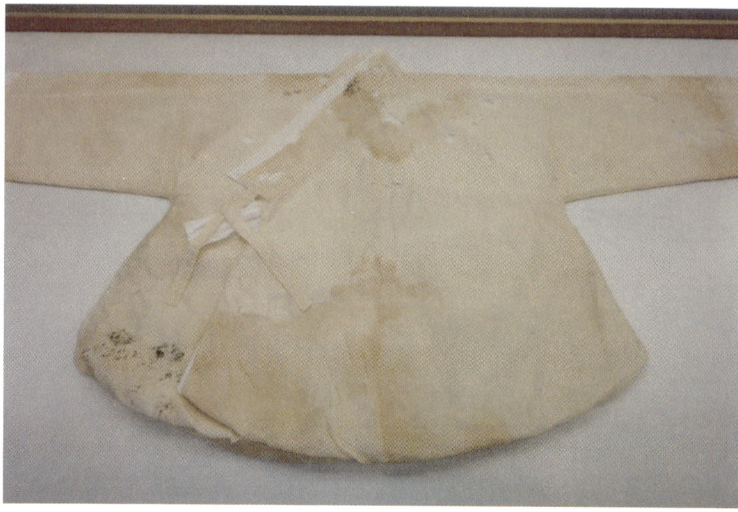

그림 6 피와 고름이 묻은 저고리(2014. 7)

리를 넣었던 것으로 추정된다. 효종은 머리에 난 종기로 사망했고, 현종도 종기로 고생했다.

상이 집상전에 나아가 종기를 터뜨렸는데, 도제조 이하가 숙직했다. 이날 종기의 화농이 더욱 악화되자 약방에 명하여 침으로 딸 것인가를 의논하게 했다. 약방에서는 의원들과 들어가서 진찰해 보고 결정할 것을 청하자, 상이 허락하여 허적 등이 입시했다. 상의 종기는 작은 병만큼 컸는데, 종기 끝머리는 몹시 붉고 상의 안색도 매우 좋지 않았다. 약의원들은 하루 이틀 더 기다리자고 하고 침의원들은 고름을 따버리자고 하는 등 의견이 일치되지 않자, 상이 큰 소리로 "길가에 집을 지으면 삼 년이 되어도 마치지 못한다. 의원들이 이렇게 많으니 의논이 어찌 일치되겠느냐? 고름 따는 것을 지체하다가 만일 두통이나 오한이 있게 되면 어쩌려고 하느냐? 속히 침 놓을 기구를 갖추어 와라"고 했다. … 다시 입시하여 침 쟁반을 갖추자 상이 겉옷을 벗었다. 침으로 따려 하자 얼굴색이 변했는데, 이에 앞서 의원들이 혹에는 침을 대선 안 된다고 말하였기 때문에 상의 마음에 의심이 일어났기 때문이다. 침을 대자 나온 고름이 한 되나 되었다. 상의 안색이 비로소 온화해지며 시원하다고 말하자, 도제조 이하가 크게 기뻐 자신도 모르게 소리를 질렀다. 상이 "오늘 몹시 땅겼기 때문에 기어코 침으로 따려 했다. 따버리고 나니 마음이 아주 상쾌하다"고 말하며 매우 기뻐했다. _현종실록 10년(1669) 11월 17일

정조도 사망하기 오래전부터 머리에 난 종기로 고생했다. 다음은 사망하기 몇 달 전에 고통을 호소한 편지글이다.

나는 눈곱이 갑자기 많이 생기고 머리와 얼굴이 부어오르며 목구멍과 폐가 메마른다. 눈곱이 짓무르지 않을 때 연달아 차가운 약을 먹으면 짓무를 기미가 잠시 잦아든다. 대저 태양太陽의 잡다한 증세가 모두 소양少陽의 여러 경락으로 귀결되어, 귀뿌리와 치흔齒痕의 핵核이 번갈아 통증을 일으키니, 그 고통을 어찌 형언하겠는가? _정조어찰 1800. 4. 17.

왕의 질병으로 하나 더 추가하자면 정신병을 들 수 있다. 궁궐이란 좁은 공간에 갇혀 지내는 처지는 정신적으로도 이로울 리 없었다. 선조는 미친병을 앓았는데, 그의 아들 광해군에게도 유전되었던 것 같다. 광해군은 가래 끓는 담병이 있어서 모과를 장복하였는가 하면, 심병이나 가슴앓이 등 정신병적 증세로 고통을 받았다. 이것은 경연을 열지

않는 핑계로 이용되었다.

어려서부터 본래 열기가 많아 이것이 쌓여 화병에 걸렸으니, 이는 조석간에 생긴 병이 아니다. 대단한 상태는 아니지만 항시 속이 답답하고 열이 치밀어오르니, 이 때문에 자주 경연을 열지 못하는 것이다. _광해군일기 2년(1610) 4월 23일

이보다 앞서 역시 왕에서 쫓겨난 연산군도 지랄병으로 고생했다.

왕이 수년 전부터 미친병을 얻어 때때로 한밤중에 소리지르며 후원을 달렸다. 또 무당이 굿하는 것을 좋아하였으니, 스스로 무당이 되어 곡을 연주하고 노래하고 춤추며 폐비 귀신이 붙은 형상을 하였다. 백악사白岳祠에 자주 올라가 굿을 하였으므로, 궁중에서는 폐비가 빌미가 되었다고 하였다. _연산군일기 11년(1505) 9월 15일

여기서 폐비는 어머니 윤씨를 가리킨다. 경복궁의 배경이 된 산이 백악산이니 백악사는 그 정상에 있었다.그림 7 이곳에서는 백악산 신에게 제사를 지냈을 뿐 아니라 삼각산 신에게도 멀리서 제사지내는 곳이었다. 경종도 심약했던 모양이다.

상이 동궁에 있을 때부터 걱정과 두려움이 쌓여 마침내 형용하기 어려운 병이 되었으니, 해가 갈수록 고질병이 되어 더운 열기가 위로 올라와서 때로는 혼미해지기도 했다. _경종실록 4년(1724) 8월 2일

그림 7
경복궁, 백악산과 뒤쪽의 삼각산 (2004. 3)

마침내 경종은 다음 달에 승하하고 영조가 왕위를 계승하였다. 그는 52년간 재위하면서 장수했지만 횟배 앓이로 고생한 기록이 보인다. 그의 아들 사도세자도 강한 아버지 아래서 심약한 생활을 하다가 불행하게 생을 마감한 것은 잘 알려져 있다.

왕이 이러저러한 직업병에 시달렸던 것은 궁궐에 갇혀 지내면서 생긴 운동 부족이 가장 큰 원인이었다. 운동 부족은 혈액 순환에 장애를 가져와 질병에 쉽게 걸리는 요인이 되었다. 이에 대해서는 태종의 말을 들어보자.

내가 지금 36세인데, 일찍이 종기 질병은 알지도 못했다. 그런데 올해에는 종기가 열 번이나 났다. 의원 양홍달에게 물으니 "깊은 곳에 거처하며 외출하지 않아서 기운이 막혀 그런 것이니, 목욕을 해야 됩니다"고 했다. _태종실록 2년(1402) 9월 19일

신하들이 온천에 행차하여 목욕하는 것을 반대하자 태종은 이처럼 답했다. 왕은 쉽게 목욕도 하기 어려운 존재였기에 종기가 자주 생긴 것이다.

왕의 질병은 최상의 약물에 의존하는 것은 물론이거니와, 가려움증이 있거나 안질이 있으면 온천욕 방법도 자주 택했다. 지금 우리가 하는 온천욕은 뜨거운 물에 몸을 푹 담그는 방식이지만, 숙종이 안질 때문에 행차하여 여러 날 목욕했던 방식을 보면 지금의 반신욕에 가까운 것이었다. 서양에서도 온천욕이 있지만 수영복을 입고 남녀가 함께 들어가는 방식이라 우리에게는 성에 차지 않는다.

사시9~11시에 상이 온정에 나아가 100바가지로 머리를 감고, 이어서 다리를 씻었다. _숙종실록 43년(1717) 3월 10일

오시11~13시에 상이 온정에 나아가 500바가지로 머리를 감고, 배꼽 아래를 2각30분 동안 담갔다. _숙종실록 43년(1717) 3월 18일

숙종의 안질은 호전되지 않은 채 돌아오고 말았다. 영조는 25년1749 10월 가려운 증세가 있자 온양 온천의 물을 길어다가 씻었다.

그래도 낫지 않으면 결국은 신에게 기도하는 수밖에 없었다. 성리학에서 금하는 것이지만, 명산대천이나 절에 기도를 올리는 일이 조선전기에는 특히 많았다. 급하면 이념도 어쩔 수 없는 것이다. 여기에 나오는 원각사는 종로 탑골공원에 있던 절이고, 장의사는 세검정에 있던 절이다.

임금이 오래도록 회복되지 못하자 세자가 근심하고 걱정하기를 그치지 않았는데, 조정 신하들을 나누어 파견하여 원각사와 장의사壯義寺 및 명산대천에 기도하게 했다. _세조실록 14년(1468) 8월 24일

이런저런 노력도 무효로 돌아가고 왕이 승하하게 되면 질병을 잘못 다스린 죄로 의관이 처벌을 받았다.

사헌부와 사간원에서 의관醫官의 죄에 대하여 의논하여 "대행대왕께서 여러 해 동안 편찮으셨는데, 내의원의 의관들이 증세에 맞추어 약을 제대로 쓰지 못하여 마침내 하늘이 무너지는 애통함에 이르게 되었습니다. 청컨대 약을 올리던 의관들을 잡아다 심문하여 죄를 묻게 하소서"라고 아뢰니, 임금이 윤허했다. _경종실록 즉위년(1720) 6월 13일

이것은 숙종이 사망했을 때에 약을 제대로 쓰지 않았다고 해서 의관을 처벌하기로 한 대목이다.

중궁과 후궁

왕의 측근에 있던 여인들은 사극의 단골 소재이다. 왕을 둘러싼 여인들의 궁중 암투는 흥미진진한 얘깃거리이기 때문이다. 3대 궁중문학으로 일컬어지는 작품들은 그 맛을 느끼게 해준다. 광해군 때에 서궁에 감금되었던 인목대비에 관한 『계축일기서궁일기』, 숙종 때 인현왕후의 폐비 사건 및 장희빈의 모략을 다룬 『인현왕후전』, 남편 사도세자의 비극을 그린 『한중록』은 공식 역사서에서는 접하지 못하는 궁궐 생활의 이면을 들여다볼 수 있게 해준다.

왕은 사대부의 처첩에 대응되는 비빈妃嬪을 두었다. '비'는 왕비이고, '빈'은 후궁이 받을 수 있는 제일 높은 벼슬이다. 대한제국 시기에는 황제국을 표방했기에 명성황후처럼 왕비 대신에 '황후'라 불렀다. 왕비는 한 명이지만 사망하면 계비를 맞을 수 있었다. 동궁의 배우자는 왕보다 한 단계 아래이기에 세자빈이 되었고, 추후 왕위에 오르면 왕비가 되었다.

하지만 후궁은 여럿 둘 수 있었다. 명목적으로나마 일부일처제를 지키면서 후손을 많이 두려는 배려였다. 여기에 제시한 그래프를 보면,그림 1 후궁이 출산한 자녀가 훨씬 많은 것을 알 수 있다. 조선시대 왕실의 총

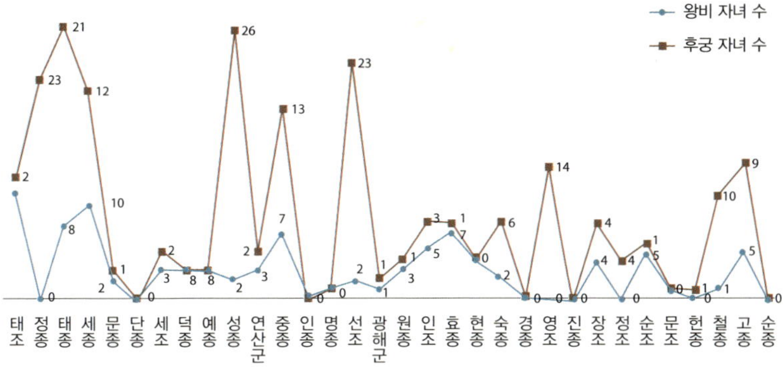

그림 1 왕비와 후궁 자녀 수(김지영)

자녀 수 273명 가운데 왕비의 자녀는 93명, 후궁의 자녀는 180명으로 3분의 2가 후궁 소생이다. 다른 한편으로 인조 이후에 출산 자녀 수가 현격히 줄어드는 현상도 보인다. 이것은 유교화가 진행됨에 따라 상례나 제례 등으로 왕의 금욕 기간이 늘어나고 반면에 후궁 수는 감소하면서 왕비와 후궁의 출산력이 떨어졌기 때문이라 한다.

왕실 자손이 번성하는 경사를 '종사지경螽斯之慶'이라 하는데, '종사'는 메뚜기나 베짱이, 여치 등을 아우르는 말이다. 한꺼번에 99개의 알을 낳는다고 하여 다산의 상징어이다. 타이완 국립고궁박물원의 대표적인 소장품에 취옥백채翠玉白菜라는 옥 조각품이 있다. 희고 푸른 배추를 조각한 것인데, 자세히 보면 여치와 메뚜기가 붙어 있다.그림 2 청나라 광서제의 비妃가 시집올 때 가져온 것이라 한다. 배추는 신부의 순결을 상징하고, 여치와 메뚜기는 다산의 기원을 담은 것이라 한다. 반면에 우리 민간에서는 다남多男의 상징으로 석류를 많이 그렸다. 석류 안에 알갱이가 가득 들어 있어서 그렇다. 이에 따라 혼례복이나 혼수품, 침구 등에도 이를 많이 그렸다.

그림 2 취옥백채와 곤충

한편으로 "여색의 해로움은 몸이 먼저 망하고 집이 뒤에 망하며, 술의 해로움은 집이 먼저 망하고 몸이 나중에 망한다"『증보산림경제』란 말이 민간에 있는데, 왕은 자칫 여색에 빠져 건강을 해치기 쉬웠다. 다음은 선조 13년1580 11월의 기록이다.

숙의 정씨가 죽었다. 기사일에 임금이 편치 않으니, 정씨의 죽음을 듣고 놀랐기 때문이다. 경오일에 임금의 병환이 갑자기 급하여 대신을 부르라 하니, 박순과 노수신이 먼저 들어왔다. … 임금이 내총內寵, 궁녀 사랑이 많아 원기가 매우 상했다. 마음속 열기가 위로 치밀어 찬 것을 많이 마시므로 가래가 많고 기운이 위로 뻗쳐서 병이 된 것이다. 많은 신하가 근심했다. _『석담일기』 하

기록에는 '왕비'라 한 경우가 있는가 하면 '왕후'라 한 경우도 있다. 황제의 비를 황후라 했듯이 왕후는 왕비보다 격상된 것이다. 광해군이 후궁 출신인 생모를 왕후로 추숭하려 할 때에 사간원에서 원래 "왕후는 천자의 배우자만 사용할 수 있는 것으로, 우리나라 묘호廟號에서 왕후라 호칭하는 것이 명나라에 알려지면 안 된다"고 건의했다. 이처럼 왕후란 호칭은 사망한 뒤에 붙인 것이다. 왕이 사망하면 '대왕'으로 높이는 것과 같다. 같은 안건으로 사헌부에서 왕에게 아뢴 말이다.

살았으면 '비妃'라 하고, 세상을 뜨면 '후后'라 칭하니 비와 후가 실로 차이가 없는 것입니다. _광해군일기 2년(1610) 3월 8일

왕비는 조선시대에 1명을 두었으나, 그 이전에는 상황이 달랐다. 고려시대만 해도 2명 이상의 왕비를 둔 경우가 많았다. 현종은 왕후가 5명이었다. 고려 태조는 무려 29명의 후비를 두었다. 후삼국을 통일하면서 혼인을 통하여 지방 세력가들과 결탁한 산물이다. 출신지만 봐도 황해도 9명, 경기도 4명, 충청도 3명, 강원도 3명, 전라도 2명, 경상도 6명이었고, 2명은 미상이다. 29명 가운데 왕태후가 2명, 왕후가 4명, 부인이 23명이었다.

원나라의 지배를 받던 시절에는 원나라 공주 한 사람을 맞이하여 왕비로 삼았고, 고려 출신은 첩에 해당하는 대우를 받았다. 조선시대 왕들의 신위를 모시고 있는 종묘에 들어가면 오른쪽으로 제례를 준비하는 향대청이 있다. 그 한 귀퉁이에 특이하게도 공민왕 부부를 모신 신당이 있다. 내부에는 제상이 놓여 있고 그 위에 공민왕과 원나라 공주가 그려진 초상화가 걸려 있다.그림 3 공민왕과 노국대장공주는 조선시대에 무속신으로 신당에도 모셔졌다.

참고로 임금의 식사를 '수라'라 하는 것은 우리 고유의 말이 아니라 부마국 시절에 들어온 몽골어이다. 임금이나 왕비가 식사하는 것을 '수라를 젓수신다'고 하였으니, '진지를 잡수신다'보다 더 높이는 말이라 한다. 이처럼 왕과 왕비에게 올리는 식사를 수라상水剌床, 군주에게는 진지상進止床, 궁인이나 내외빈, 본소 당상 이상에게는 반상飯床이라 불러서, 위계에 따라 달리 불렀다.

그림 3 공민왕 신당 내부(2009. 5)

시대를 거슬러 올라가면 고대 왕비와 관련된 몇 가지 흥미로운 설화가 있다. 2009년 1월 미륵사지 석탑에서 나온 사리함의 명문 때문에 과연 선화공주가 발원해서 미륵사를 세웠는지 논란이 일었지만, 백제 무왕이 신라 경주까지 가서 왕비감을 구해온 흥미진진한 설화가 아직도 우리의 구미를 당긴다.

또 태종무열왕의 부인이 된 김유신 여동생의 이야기도 우리에게 낯익다. 상세한 내용은 『삼국유사』에 실려 있지만, 여기서는 간단한 것을 인용하겠다.

어머니는 … 김유신의 누이동생이다. 그 언니가 꿈에 서형산 꼭대기에 올라가 오줌을 누었는데 온 나라에 가득 찼다. 깨어나 동생에게 꿈 얘기를 하니, 동생은 장난으로 "내가 언니의 꿈을 사겠다" 하고 비단치마로 값을 치렀다.

며칠 후에 김유신이 춘추공과 공차기를 하다가 그의 옷끈을 밟아 떨어뜨리니, 김유신이 "우리 집이 다행히 가까우니 가서 옷끈을 답시다"고 말했다. 함께 집으로 가서 술자리를 차리고 조용히 보희를 불러 바늘과 실을 가져와 꿰매게 했다. 그러나 언니는 일이 있어 나오지 못하고 그 아우 문희가 나와서 옷끈을 꿰매는데, 옅은 화장과 가벼운 옷차림에 예쁜 자태가 눈을 부시게 했다. 김춘추가 이를 보고 좋아하여, 혼인을 청하고 예식을 치렀다. _『삼국사기』 문무왕본기 상

조선시대에는 왕비나 세자빈을 선발할 때에 전국에 금혼령을 내리고 사대부 집에서 나이에 맞는 처녀의 명단을 올리게 했다. 이 간택 단자에는 처녀의 사주, 거주지, 가족 이력 등을 적었다. 그런 다음 궁중에 불러들여 살펴보는 세 차례의 간택 과정을 거쳤다. 사도세자의 부인으로 간택된 혜경궁 홍씨의 경우를 보자. 첫 간택일은 1743년 9월 28일이었고, 두 번째 간택일은 10월 28일이었으며, 세 번째 간택일은 11월 13일이었다. 그리고 이듬해 1월 9일에 빈으로 책봉되고, 11일에 가례를 치렀다. 첫번째 간택이 끝나자 집에 찾아오는 손님들이 부쩍 늘어났다.

간택 후 갑자기 우리 집으로 찾아오는 일가들과 전에는 절연되었던 하인들도 다시 찾아오는 이가 많았으니 인정과 세태를 가히 볼 수 있었다. _『한중록』 권1

두번째 간택이 끝나 집으로 돌아왔을 때에는 딸을 대하는 부모님의

태도가 달라졌다.

그날부터 부모님께서는 내게 말씀을 고쳐 높이고, 일가 어른들도 나를 공경하여 대하므로 내 마음은 불안함과 슬픔이 형용할 수 없었다. _『한중록』 권1

간택시 사주팔자도 보았다.

승정원에 지시했다. "명과학命課學으로 하여금 이제 내린 처녀 네 명의 팔자를 궁궐 안에서 점치게 하라."【4인은 손준·김총·윤지임·윤금손의 딸이다.】_중종실록 10년(1515) 11월 18일

명과학은 음양, 운명, 길흉 등을 점치는 학문을 가리키며, 여기서는 이를 담당한 관리를 의미한다. 궁궐에 대상자를 직접 불러 선발을 하니 자연히 용모와 자태, 의복 차림과 사주·관상 등이 중요한 판단 기준이 되었다. 율곡은 이를 거론하며 부모가 어진지 아닌지, 집안의 법도와 처녀의 덕성을 살펴서 정해야 한다고 건의한 적이 있다. 영조 35년 1759 6월에는 간택할 때에 단지 용모와 말씨만 본다고 비판하는 과거 답안지 때문에 논란이 벌어졌다. 이 지적이 불경하다고 해서 답안 작성자와 시험 출제자가 처벌을 받았다.

사대부로서 자기 딸이 세자빈이나 왕비로 간택되면 그만큼 영광스런 일이 없었다. 최종적으로 낙점되면, 간택된 처녀의 부모도 각각 벼슬을 받았다. 그러나 궁궐에 입고 들어갈 옷조차 마련하지 못해서 단자를 올

리지 않는 경우도 있었다. 혜경궁 홍씨의 집안도 가난 때문에 집에서 옷을 마련할 여력이 없자, "선비의 자식이 간택에 참여하지 않아도 집안에 해로움은 없을 것이다. 그러니 단자를 올리지 마시지요"라는 충고를 들었으나, 나라의 녹을 받는 신하로서 그럴 수는 없다고 거절했다.

당파 싸움이 치열하거나 왕이 악정을 행할 때는 오히려 왕비가 되기를 꺼렸다. 광해군이 후궁을 간택하려 할 때에 제대로 응하지 않은 사태가 발생했다.

왕이 담당 관청에 명해서 서울과 지방에 11세부터 20세까지의 처녀를 뽑아 단자를 받들어 올리게 신칙했다. 왕이 내명부가 제대로 갖추어지지 않았다는 이유로 후궁을 뽑아들이려 하였으니, 처녀가 있는 서울과 지방의 사대부 집안에 단단히 일러서 모두 신고하도록 했다. 그러나 사대부들이 대부분 숨기고 내보내지 않아서 지난번에 대궐에 나아간 자가 겨우 20명이었다. 왕이 친히 행차하여 선발했는데, 앞으로 가까이 오게 하기도 하고 걸어보게도 하고 눈을 깜박이게도 하여 방자한 일이 많았고 예를 차리려는 뜻이 없었다. _광해군일기 2년(1610) 12월 19일

여기서 왕이 마음에 드는 사람이 없자, 재상과 관리들이 처녀를 숨기고 기만하려 든다고 꾸짖고, 기한을 연장하여 다시 처녀 단자를 올리라고 명했다. 인조가 세자의 배우자를 간택하려 했을 때에는 처녀의 미치광이 속임수에 넘어간 일화가 전한다.

인조가 소현세자를 위해 빈嬪을 간택할 때의 일이다. 용모가 풍만한 처

녀가 있어서 한눈에 봐도 후덕한 것을 알 수 있었다. 그런데 앉거나 설 때에 예의가 없고, 웃는데도 절제가 없었다. 음식을 내려주면 밥이나 국, 끓이거나 저민 것이거나 상관없이 모두 손가락으로 먹으니, 궁궐 사람들이 미치광이라 했다. 임금 역시 바람병風病이 든 것으로 의심해서 살펴보지 않았다. 나중에 그 처녀가 다른 곳에 시집가서 부인의 덕이 매우 뛰어났다. 인조가 이 소식을 듣고 혀를 차며 "내가 술수에 속았구나" 했다. _『공사견문록』

숙종 30년1704 3월에도 왕자의 배우자를 간택하려고 단자를 올리게 했는데, 삼남지방에서는 한 명도 없었다. 이에 조사를 시켰더니 처녀가 전혀 없다는 보고가 올라왔다. 이에 숙종은 "삼남은 사대부의 고장인데 어찌 여자가 하나도 없겠는가?"라고 하면서 지방 수령들의 죄를 추궁하라는 명령을 내렸다. 단자를 올리지 않는 또 다른 이유도 있었다. 다음은 인조 때의 일이다.

이때 중전 자리가 빈 지 오래되어 주상이 여자를 간택하라고 명했는데, 사대부 집에서 선발에 응하는 자가 없었다. 상이 노하여 "대궐에 들어온 처녀들은 모두 혼인을 허락한다"고 하교했다. _인조실록 16년(1638) 3월 16일

세 번째 간택에 들었다가 최종 낙점이 되지 않은 처녀들은 혼인할 수 없어 후궁으로 들어갔다고 한다. 이 때문에 단자 올리기를 꺼렸던 모양이다.

왕비는 나라의 어머니라 해서 국모라고 한다. 또 가운데 궁전에 거처

그림 4 용마루가 없는 창덕궁 대조전(2007. 8)

한다고 해서 중궁, 중전이라고도 한다. 궁궐의 앞 구역은 왕이 머무는 공적 공간이고, 중궁부터 후궁까지는 사적 공간이다. 왕이 거처하던 곳은 경복궁 강녕전과 창덕궁 희정당이고, 왕비가 거처하던 곳은 이보다 뒤쪽에 있는 경복궁 교태전과 창덕궁 대조전이다. 그런데 이 건물에는 지붕 정상에 용마루가 없다.그림 4 용상이니 용안이나 하는 말처럼 용이 국왕을 상징하는데 그가 머무는 곳 위에 또 용이 있을 수 없다고 해서 건물을 이렇게 지었다고 알려져 있다. 제법 그럴듯하여 많은 역사학자가 그렇게 설명한다. 그러나 중국에 가보면 생각이 달라질 것이다. 북경만 가도 용마루 없는 집들을 흔히 볼 수 있다. 아마 중국의 건축 양식을 받아들여 멋있게 지어보려고 했던 것으로 생각한다. 사실 동궐도를 보면, 현종이 모후를 모시기 위해 지은 대조전 뒤편의 집상전에도 용마루가 없다.

왕비는 국왕을 내조하는 역할을 하지만, 왕의 사랑을 두고 후궁들과 경쟁을 벌이는 경우가 많았다. 후궁에서 중궁의 자리에 오른 연산군의 어머니 폐비 윤씨 사건이 대표적이다. 그는 전 왕비가 죽자 후궁에서 왕비로 발탁되었으나, 투기가 심하다는 이유로 궁궐에서 쫓겨났다. 연산군이 악정을 저지르게 된 것은 그가 폐비되었다가 사약을 받고 죽은 데 큰 원인이 있었다.

성화 병신년1476에 연산군을 낳아 은총이 융숭해지자 교만방자해져 후궁들을 투기하고 임금에게도 불손했다. 하루는 임금 얼굴에 손톱자국이 나자 인수대비가 크게 노했다. 그리고 임금의 위엄을 크게 일으키고자 바깥 조정의 대신 윤필상 등에게 내보였다. 그들이 그 뜻을 받들어 건의함에 따라 윤비를 폐하여 사삿집으로 쫓아냈다. _『기묘록보유』 이청李淸 전기

폐비에 반대하는 신하들에게는 성종이 그렇게 하지 않을 수 없는 이유를 일일이 들었다. 항상 독약을 가지고 다니면서 왕이나 후궁을 해치려 했고, 후궁을 모함하는 술책을 부렸을 뿐 아니라 왕보다 늦게 일어나 중궁으로서의 체모를 잃었다는 등이었다. 성종 10년1479 6월 5일의 기록이다.

왕비나 세자빈은 배우자의 사랑을 얻고자 험한 일도 마다했다. 다음은 세종 때 세자빈으로서 사랑을 받을 수 있는 술법을 썼다가 쫓겨난 사건이다.

내가 전년에 세자를 책봉하고, 여러 대에 걸친 명문 집안이라 해서 김

씨를 간택하여 세자빈으로 삼았다. 그런데 뜻밖에도 김씨가 사악한 방법으로 저주하는 압승술을 쓴 단서가 발각되었다. 과인이 듣고 매우 놀라 즉시 궁녀를 보내 심문했더니, 김씨가 "시녀 호초가 내게 가르쳤습니다"고 대답했다. 이에 호초를 불러들여 친히 그 사유를 물으니, 그가 "작년 겨울에 세자빈께서 부인이 남자에게 사랑 받는 술법을 묻기에 모른다고 했으나, 세자빈께서 강요하므로 제가 '남자가 좋아하는 부인의 신을 베어다가 불에 태워 가루를 만들어 술에 타서 남자에게 마시게 하면, 내가 사랑을 받게 되고 저쪽 여자는 멀어져서 배척을 받는다고 하니, 효동·덕금 두 시녀의 신을 가지고 시험해 보는 것이 좋겠습니다'고 말했다"고 대답했으니, 두 시녀는 김씨가 시기하는 자들이다. … 호초가 또 대답하기를 "그후 세자빈께서 다시 묻기를 '그밖에 또 무슨 술법이 있느냐'고 하기에 제가 또 '뱀 두 마리가 교접할 때 흘린 정액을 수건으로 닦아서 차면, 남자의 사랑을 얻을 수 있다'고 말했습니다"고 했다. _세종실록 11년(1429) 7월 20일

결국 이 일로 김씨는 세자빈에서 쫓겨나고 말았다. 후궁이 중전을 내쫓고 자리를 꿰찬 예도 있었다. 가장 극적인 것이 인현왕후와 장희빈 1659~1701의 얘기다. 그녀는 출신이 미천했지만, 후궁으로 들어간 뒤에 남다른 재주로 숙종을 휘어잡았다. 마침내 자기 아들이 세자로 책봉된 뒤에는 안하무인이 되었고, 결국 인현왕후 민씨를 쫓아내고 마침내 왕비에 올랐다. 다음은 왕후를 폐출시켰을 때에 사관이 평한 말이다.

왕비 민씨를 폐하여 평민으로 삼았다. … 삼가 살펴보건대, 중궁은 왕

비의 자리에 오른 지 거의 10년이 되었는데, 안으로는 후궁의 저주와 이간이 있었고 밖으로는 간신의 부추김이 있어서, 위험이 닥쳐오는 변고를 맞아 쫓겨나는 액운을 당했다. … 그러나 행동과 말씨에서 한 가지 일도 지적해낼 만한 잘못이 없었으니, 이에 신하와 백성들이 비로소 왕비 행실에 결함이 없음을 더욱 알게 되었다. _숙종실록 15년(1689) 5월 2일

이렇게 해서 왕비가 된 장씨는 각종 방법으로 폐비를 음해했다. 이 사건의 경위는『인현왕후전』에 자세히 기록되어 있다. 6년 뒤에 숙종이 잘못을 깨닫고 인현왕후를 복위시키고 장씨는 희빈으로 강등시켰다. 그럼에도 장희빈은 계속 왕후를 저주하는 의식을 치렀고, 급기야 왕에게 발각되었다.

맞은편에 병풍을 쳤으니 치우라 하시니 궁인이 당황하나 하릴없어 거두니 벽 위에 한 화상을 걸었는지라. 자세히 보시니 완연한 민후로다. 살맞은 구멍이 무수하여 다 떨어졌는지라.

"이 어인 것이고" 하시니 좌우가 황황하여 아무 말도 못하거늘 장녀가 내달아 고하되, "이는 중궁전 화상이라. 그 성덕을 감격하여 화상을 그려두고 생각하나이다."

상이 비로소 진노하사 가라사대, "후를 생각하여 그렸으면 저렇듯 살맞은 데 많으뇨." 장녀가 대답지 못하거늘, 데리고 오신 내관을 명하여 촛불을 잡히고 서편당을 가보시니 흉악한 신당이라. 왕의 노여움이 그칠 줄 모르사 청사에 앉으시고 궁궐 종들을 불러 모든 궁녀를 다 잡아들여 단단히 결박하고 엄하게 다스려 … _『인현왕후전』 79~80쪽

이렇게 대역부도한 죄를 지었지만 세자의 어미인 것을 참작하여 몸을 훼손하지 않는 방식으로 처형했다. 사약을 내린 것이다. 장씨는 고성을 지르며 나를 죽이려면 내 아들을 먼저 죽이라고 발악했고, 결국 억지로 사약을 먹여 죽였다.

궁녀들이 황황히 달려들어 팔을 잡으며 허리를 안고 먹이려 하나 장씨 입을 다물고 벌리지 아니하거늘, 상이 보시고 더욱 대로하사, "막대로 입을 어기고 부으라" 하시니, 궁녀들이 숟가락 자루로 입을 벌리는지라. … 상은 조금도 측은히 않으시고 연하여 세 그릇을 부으니, 순식간에 크게 소리를 지르며 섬돌 아래 거꾸러져 유혈이 샘솟듯 하니 … _『인현왕후전』 87~88쪽

이때 시장 상인 출신이었다가 여동생 때문에 출세하여 위세를 부리던 장희재도 비참한 최후를 맞았다. 김만중1637~1692이 지은 『사씨남정기』는 숙종과 인현왕후, 장희빈을 빗대어 숙종을 깨우치려 한 풍자 소설이다.

장희빈의 묘소는 경기도 광주시 오포에 있다가 40년 전에 고양시 서오릉으로 이장되었다. 이장 당시 그의 묘소에는 아무런 유골도 남아 있지 않았다고 한다. 이장지는 숙종 무덤이 멀리 바라보이는 곳에 있다.그림 5 서오릉에는 숙종과 세 왕비의 무덤도 있다. 둘째 왕비가 인현왕후인데, 숙종은 생전의 사건 때문인지 인현왕후가 묻힌 곳에 쌍분으로 합장되어 있다. 군사구역이었다가 몇 년 전에 개방된 명릉이 바로 그곳이다.그림 6

그림 5 서오릉 장희빈 묘소(2005. 12)

그림 6 숙종과 인현왕후가 묻힌 명릉(2005. 12)

그림 7 광통교 교각으로 쓰인 정릉 난간석(2009. 5)

몇 년 전 청계천을 복원하는 과정에서 광통교 교각에 심상치 않은 석물이 끼어있는 것이 발견되었다. 잘 다듬어진 돌인데다가 조선초기 왕릉의 병풍석에서나 볼 수 있는 금강저, 신장상이 새겨져 있었다.그림 7 이는 조선 태조의 둘째부인이면서 태종의 계모인 신덕왕후의 무덤에서 가져온 것이었다. 1410년 8월 8일 기록을 보면, 원래 흙다리였던 광통교가 비만 오면 무너지자 정릉 석재를 가져다 돌다리로 바꾸었다고 한다.

이것은 태조가 후처인 신덕왕후의 아들을 세자로 정하자 왕자의 난을 일으키며 반발한 전처 소생 이방원이 왕위에 오른 뒤에 복수한 것이기도 하다. 그는 도성 안인 지금의 정동에 있던 왕후의 무덤을 도성 밖 정릉동으로 쫓아냈다. 그런 다음 왕후의 무덤에 있던 석물을 가져다 광통교의 석재로 사용했다. 이후 왕비릉 대접을 전혀 받지 못하고 잊혔다가 200년 이상이 흐른 현종 때에 복권되어 비로소 종묘에 신위가 모셔졌다. 그러나 지금도 병풍석과 난간석이 없는 조촐한 무덤으로 남아 있다.

왕이 사망하면 왕비는 대비가 되었다. 심지어 왕대비의 시어머니인 대왕대비까지 있는 경우도 있었다. 때로는 왕보다 어린 대비도 있었다. 조선왕조 500년간 대비가 없던 적은 거의 없었다. 특히 어린 왕이 즉위했을 때에는 이들의 영향력이 절대적이었다. 이른바 수렴청정이라 하여 발을 내리고 뒤에서 국사를 결정하는 경우가 많았다.

수렴청정은 이미 삼국시대부터 있었다. 기원후 53년 고구려 태조왕이 7세에 즉위했을 때에 태후가 수렴청정을 했고, 신라 진흥왕이 7세에 즉위했을 때에도 태후가 섭정했다. 물론 중국에서도 수렴청정을 했다. 다음 상소문을 보면 중국에서 수렴청정의 공과를 대표하는 인물이 누구인지를 알 수 있다.

하물며 수렴청정에는 두 가지가 있으니, 일률적으로 논할 수 없습니다. 당나라 무후의 수렴청정이 있고 송나라 선인황후의 수렴청정이 있었는데, 무후의 수렴청정은 민생에 해독을 끼쳤으므로 천하에서 그를 '여자 걸·주 임금女中桀紂'이라 이름했고, 선인황후의 수렴청정은 민생에 자애로웠으니 천하에서 그를 '여자 요·순 임금女中堯舜'이라고 했습니다. 그러니 수렴청정이 다 같다고 할 수 있겠습니까? _명종실록 5년(1550) 5월 2일

다음 기록은 조선에서 수렴청정할 때 어떤 모습이었는지 연상하게 한다.

이때 발을 드리는 의식을 논하여 정했는데, 임금도 발 안에 앉도록 하였다. 대사헌 홍섬 등이 다투어 "임금은 마땅히 정면에서 남쪽을 바라보아야 만인의 눈이 모두 주시할 수 있습니다. 전하께서는 마땅히 발 밖에 나와 앉아서 신하들을 대하셔야 합니다"고 말하자, 그대로 따랐다. _『동각잡기』; 『연려실기술』 명종조고사본말, 대비수렴大妃垂簾

인종이 재위 1년 만에 죽어 명종이 12세의 나이로 즉위하니, 중종의 계비 문정왕후가 8년 동안 수렴청정을 했다. 『미암일기』에는 대비와 왕이 앉는 자리에 대해서 조금 더 세밀하게 묘사되어 있다.

드디어 사정전에 입시하니 자전慈殿, 왕 모친께서는 발을 드리고 사정전 북쪽의 서편에 앉으시고, 주상께서는 어탑을 설치하여 그 동쪽에 앉으셨다. 신하들이 다 들어오자 주상께서는 전번에 강의 받으신 글을 한 차례 읽으시는데 옥음이 낭랑했다. _『미암일기』 1567. 11. 5.

명종이 사망하고 선조가 어린 나이에 즉위하자 명종의 비 인순왕후가 수렴청정했을 때이다. 수렴청정을 끝낸 뒤에도 대비는 왕에게 막후 지시를 내렸고, 왕은 이러지도 저러지도 못하는 상황에 빠지곤 했다.

임금이 이미 장성했으므로 대비가 비로소 정권을 임금에게 돌려주었다. 따라서 상벌을 내리는 일을 마음대로 하지 못하게 되었지만, 만일 바라는 바가 있으면 언문으로 조목을 나열하여 내시를 시켜 외전에 내보냈다. 임금이 보고 나서 할 만한 것은 행하고, 행할 수 없으면 근심스런 표정을 지으면서 말아서 소매 속에 넣었다. 이렇게 매번 문정왕후의 뜻을 거슬렀다.

왕후는 불시에 임금을 불러들여 "무엇 무엇은 어째서 시행하지 않느냐"고 따졌고, 임금은 부드러운 소리와 온순한 말로 그것의 합당 여부를 아뢰었다. 문정왕후는 크게 화를 내어 "네가 임금이 된 것은 모두 내 오라버니와 내 힘 덕택이다. 네가 지금 편안히 앉아 복을 누리면서 도리어 내 명령을 거역한다"고 말했다. 어떤 때는 때리기도 하여 임금 얼굴에 기운이 없어지고 눈물 자국까지 보인 적이 있었다. _『동각잡기』 축수편: 『연려실기술』 명종조고사본말, 대비수렴大妃垂簾

고종 때에는 대왕대비가 지시를 내렸는데도 제대로 처리가 되지 않자, 수라를 거부하면서 왕을 압박했다.

왕이 전교했다. "대왕대비께서 수라를 드시지 않으니 내 마음에 초조하고 당황스러움이 어찌 끝이 있겠는가? 오늘날 신하된 자가 어찌 감히 거행을 지체한단 말인가? 나도 수라를 들지 않고 대왕대비께서 드시기를 기다릴 것이니, 여러 가지 거행할 일을 승정원은 즉시 살펴서 신칙하라." _고종실록 1년(1864) 7월 16일

고종이 즉위한 뒤에 조대비가 2년간 수렴청정을 했을 때였다.

조선이 유교국가를 지향했어도 대비가 불교에 심취했으면 어쩔 수 없었다. 중이 되는 것을 금지하도록 신하들이 요구하자, 성종은 자전의 뜻이라 어쩔 수 없다고 답변해야만 했다.

임금이 "이단의 그릇됨을 내가 어찌 알지 못하는가? 다만 자전의 뜻을 차마 거스를 수 없다"고 일렀다. _성종실록 23년(1492) 11월 23일

반대로 대비가 왕에게 수모를 당한 적도 있었다. 광해군은 친형인 임해군과 이복동생인 영창대군을 죽이고, 영창대군의 모친이며 선조의 계비인 인목대비를 서궁西宮으로 쫓아내어 감금하고 대비에서 후궁으로 격하시켰다.

사헌부가 아뢰었다. "서울과 지방의 크고 작은 문서에 '서궁'이라 칭하게 하는 일은 이미 각 관청과 각 도道에 전달했는데, 근래 문서에 '대비전'이라고 직접 쓰는 경우가 많습니다. 해당 관서에 신칙하여 앞서의 공식 지시대로 쓰도록 하소서." _광해군일기 13년(1621) 7월 16일

서궁은 경운궁으로 지금의 덕수궁을 이른다. 친어머니는 아니지만 자식이 어머니를 폐위시킨 조선시대 유일의 사건이었다. 광해군은 소주방 나인이 낳은 아들이었다. 대비의 권위를 상징하는 물건은 모두 압수하고, 서궁 주위로는 담장을 높여 꼼짝 못하게 했으며, 생활에 필요한 물건 공급도 못 하게 했다. 10년간 이렇게 갇혀 지냈다. 다음은 서궁에 갇혀 있을 때 궁궐 나인들이 얼마나 어렵게 생활했는지를 잘 보여준다.

나인들은 신을 것이 없어서 헌 옷을 뜯어 노끈을 꼬아 짚신처럼 만들어 신거나, 헌 신을 뜯어 신을 것에 기워 신기도 하였다. 그러나 금방 해져

그림 8 신도로 연결된 목릉

견디지 못하자 화살촉을 빼내 송곳을 만들어 짚신을 삼기 시작하였다. 또 겨울이면 눈 위에 신을 것이 없으므로, 큰 신을 뜯어 사슴가죽으로 눈신을 짓기 시작하였다. 봄에 손질해 두었다가 겨울을 지냈는데, 사슴가죽창이라 겨우 한 겨울을 지낼 수 있었다. _『계축일기』 170~171쪽

결국 인조반정이 일어나 광해군이 쫓겨난 뒤에야 대왕대비로 복구되었다. 그의 무덤은 동구릉에 선조릉과 함께 있다. 선조릉을 옆으로 보일 듯 말 듯 약간 비껴서 바라보고 있다. 선조와 첫째 왕비 의인왕후와 둘째 왕비 인목왕후가 독립된 세 개의 구릉 위에 각기 묻혔는데, 신위가 다니는 길인 신도神道가 선조릉 앞에 있는 정자각에서 뻗어나와 세 곳을 연결해주는 특이한 모습을 볼 수 있는 곳이다.그림 8

물과 물고기

조선 태종 4년1404에 왕이 개국공신, 정사공신, 좌명공신 등 세 공신을 모아서 회맹제를 지낸 적이 있다. 천지신명 앞에서 군신 사이의 의리를 저버리지 않겠다는 의식을 치른 것이다. 이때의 문서가 지금까지 전하는데,그림 1 여기에 참여한 66명의 성명과 관직, 39명의 수결이 들어 있다.

창덕궁을 구경하며 돌아다니다 보면 어느덧 다리가 아파서 경치 좋은 곳에서 잠시 쉬게 된다. 대개 그곳은 부용정이 있는 연못 부근이다. 여기

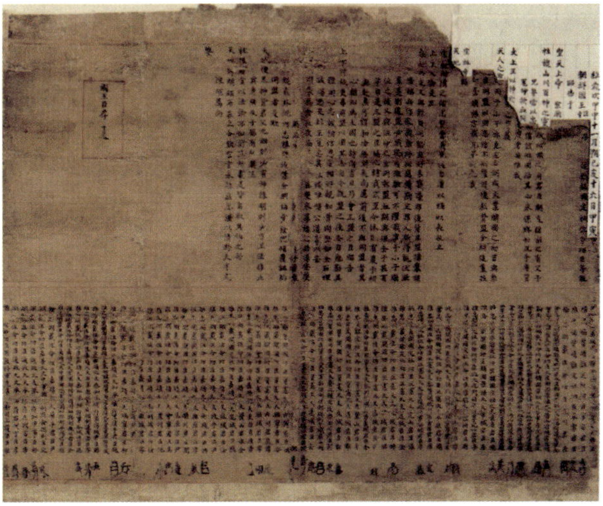

그림 1
삼공신 회맹록

그림 2 어수문 현판(2007. 8)

서 고개를 들면 옛날 규장각 건물인 주합루가 올려다보인다. 연못가에서 주합루로 올라가는 문에는 어수문魚水門이란 현판이 달려 있다.그림 2 어수문이란 말은 유비가 "내게 제갈공명이 있는 것은 물에 물고기가 있는 것과 같다"고 말한 『삼국지』 기록에서 따온 것으로, 물고기는 물이 없으면 살 수 없듯이 신하와 임금은 불가분의 관계에 있음을 상징한다. 정조는 규장각을 세워 자신의 정책을 뒷받침할 신하들을 길러내면서 그들의 역할이 무엇인지 암시해주었다.

임금은 홀로 국가 대사를 이끌어갈 수는 없었다. 자신을 받쳐줄 신하의 도움이 무엇보다 중요했다. 문무왕은 김유신이란 명신을 얻어서 삼국통일의 위업을 이룩할 수 있었다. 문무왕이 김흠순, 김인문을 장군으로 삼아 고구려를 치게 하자, 김흠순이 김유신과 함께 가야 한다고 얘기하였다. 이에 문무왕은 이렇게 답했다.

공들 세 신하는 나라의 보배이다. 만약 다 함께 적지에 나갔다가 혹 뜻하지 않은 일이 생겨 돌아오지 못한다면 나라는 어찌 될 것인가? 그러므로 김유신을 머물러 나라를 지키게 하면 은근히 장성長城과 같아 끝내 근심이 없을 것이다. _『삼국사기』 김유신 전기

이와 반대로 백제 조정에서는 유배된 신하 좌평 흥수의 방어 대책을 믿지 않는 바람에 나라를 잃고 말았다. 그가 백강과 탄현에서 당나라와 신라 군대를 막아야 한다고 했으나 대신과 왕은 이를 따르지 않은 것이다.

흥수는 오랫동안 잡혀 갇혀 있었으므로 임금을 원망하고 나라를 사랑하지 않을 것이니 그 말을 쓸 수 없습니다. 당나라 군사로 하여금 백강에 들어오게 하여 물의 흐름을 따라 배를 나란히 할 수 없게 하고, 신라군으로 하여금 탄현을 올라오게 하여 좁은 길을 따라 말을 가지런히 할 수 없게 함과 같지 못합니다. 이때에 군사를 놓아 공격하면 마치 조롱 속에 있는 닭을 죽이고 그물에 걸린 물고기를 잡는 것과 같습니다. _『삼국사기』 백제 의자왕 20년(660)

우리 초등학교 교과서에는 '임금님 귀는 당나귀 귀'란 우화가 실려 있었다. 이 이야기는 『삼국유사』에 나온다. 신하가 임금의 비밀을 말하지 못해 얼마나 마음고생을 했을지 짐작이 간다. 노태우 정권 때는 '귀

국교2년 교과서 「임금님 귀」 설화

盧대통령 美化 논란

全敎組교사들 주장 波紋

「6.29」 한달뒤 집필 의뢰한것

全敎組 "귀 큰것은 자랑…캐리커처도 비슷"

집필자 "說話 바탕으로 쓴것…악의적 해석"

그림 3 교과서 논란(동아일보)

가 큰 대통령'이라서 '남의 말을 잘 들어주는 대통령'이란 이미지로 이용하여 논란이 인 적도 있다.그림 3

임금 자리에 오르자 왕의 귀가 갑자기 길어져서 당나귀의 귀처럼 되었다. 왕후와 나인들은 모두 알지 못했으나 오직 복두를 만드는 장인 한 사람만이 알고 있었다. 그러나 평생에 남에게 말하지 않았다. 그가 죽으려 할 때 도림사 대나무 숲속 사람이 없는 곳에 들어가서 대나무를 보고 외쳤다. "우리 임금님 귀는 당나귀 귀처럼 생겼다." 그 후 바람이 불면 대나무 소리가 났다. "우리 임금님 귀는 당나귀 귀처럼 생겼다." 왕은 이 소리를 싫어하여 대나무를 베어버리고 산수유나무를 심었더니, 바람이 불면 그 소리는 "우리 임금님 귀는 기다랗다"고만 했다.

_『삼국유사』 기이, 경문대왕

이 전설은 다른 지역에도 두루 퍼져 있으니, 손에 닿는 대로 황금으로 만들었다는 미다스Midas 왕의 얘기가 대표적이다. 혹시 이런 이야기가 신라까지 전파해온 것인지 모르겠다. 미다스 왕은 아폴론의 분노를 사서 당나귀 귀가 되었다고 한다.그림 4

그림 4 당나귀 귀를 가진 미다스 왕(왼쪽)

그는 느리게 걷는 수탕나귀의 귀를 가졌다. 보기 흉한 모습이 창피하여, 두 귀를 두건으로 감싸려 하였으나, 머리를 깎을 때 이발사가 보게 되었다. 이발사는 말을 하고 싶었으나 감히 하지 못하였다. 그래서 그는 땅에 구멍을 파고, 그 구멍 속에 미다스 왕이 어떤 귀를 가졌는가를 속삭였다. 그리고 다시 구멍을 덮고 조용히 사라졌다.

그러나 속삭이기를 좋아하는 갈대들이 빽빽이 들어서기 시작했다. 그해의 말쯤 해서 다 자란 갈대들은 그 씨를 뿌린 사람을 배반하고, 가벼운 바람이 그들을 흔들 때마다 "미다스는 당나귀 귀를 가졌다!"라고 속삭였다. 아직도 여러분은 그 소리를 들을 수 있다. _『오비드 신화집 변신이야기』 428쪽

그림 5 숭의전 배신청 내부(2009. 6)

경기도 연천군에 있는 숭의전에는 고려 왕의 신위가 모셔져 있고, 그 옆의 배신청에 16명의 공신 위패가 안치되어 있다.그림 5 조선시대 종묘에도 왕을 보좌했던 대표적인 신하들의 위패가 공신당에 모셔져 있다.

왕은 항상 옥좌에 앉아 근엄한 표정으로 지시하고, 신하는 고개를 숙이고 엎드려 어쩔 줄 몰라 하는 것이 궁궐 안 풍경으로 우리에게 각인되어 있다. 아버지가 자식을 일깨우듯이 왕은 신하를 훈계하곤 했다. 다음은 형조판서 김여석이 사망했을 때 그의 일생을 적은 졸기卒記의 한 부분이다.

정해년1467, 세조 13에 김여석이 경연에 참가했을 때에 세조가 분부했다. "술은 사람을 미치게 하니 그대는 즐기지 마라. 뽐내는 것은 사람을 교만하게 하니 너는 뽐내지 마라. 욕심이 자라게 해서는 안 되니 너는 참아라. 자신을 보전하는 것은 이 몇 가지에 지나지 않으니 너는 내 말을 본받아야 한다." 이어서 영성군 최항에게 "술을 즐기지 말고 뽐내지 말고 욕심 부리지 마라毋嗜飮, 毋驕矜, 毋嗜欲."는 아홉 자를 쓰게 하고, 왕이 도장을 찍어 내려주었다. _성종실록 24년(1493) 윤5월 3일

그림 6 할미꽃(2008. 3)

반대로 신하가 왕을 비판하는 일도 있었다. 신라시대 설총이 신문왕에게 화왕花王, 즉 모란꽃 이야기를 들려주어 깨우치게 한 적이 있다. 화왕을 모시고자 앞에 등장한 아리따운 여인과 노쇠하여 구부정한 대장부 가운데 누구를 취할 것인지를 묻는 이야기다. 여기서 구부정한 대장부로 비유된 할미꽃은 지혜있는 신하를 상징한다.그림 6 비록 기름진 음식을 먹으며 풍족하게 살더라도 쓴 약과 아픈 침으로 건강을 다스려야 하듯이, 그와 같은 역할을 하는 신하를 박대해서는 안 된다는 풍자였다. 다음은 김용이 영조에게 올린 상소문의 한 부분이다.

주상의 마음이 조금이라도 한쪽에 치우치면, 기쁨과 노여움이 제 길을 잃고 상벌이 형평을 잃습니다. 모든 정사가 이로 말미암아 무너지고, 뭇 신료들은 이로 말미암아 게을러집니다. 혹시 마음에 흡족하지 않은 정사가 있을 때는 전하께서 지나치게 격노하시어 곧 견책하시니, 매번

지나친 처분이 있을 때마다 대소 신료들이 두려워서 어찌할 바를 몰라 죽음을 피하기에 정신이 없습니다. 이 때문에 요즈음 건의를 올리도록 유도하신 뜻이 간곡하셨지만, 조정 신료들이 앞뒤로 돌아보고 뒷걸음 치며 입을 다물어버리고 말았고, 다만 몇 가지 경계할 일을 아뢰어 성상의 뜻을 가리며 책임을 때우고 말았습니다. _영조실록 40년(1764) 7월 27일

이렇게 왕을 비판하는 일은 자주 보인다. 그렇지만 세조는 단종 복위를 꾀했던 신하들이 집현전 출신이었기에 이들을 멀리했다.

고령군 신숙주, 영성군 최항 등이 문장에 능한 20여 명을 선발하고 "무릇 국가의 문장을 짓는 일은 이들에게 맡기소서"라고 아뢰니, 상이 "예문관, 홍문관에도 문장에 능한 자를 뽑아서 관원으로 두었으니 이들을 시키면 된다. 따로 다른 사람을 또 선발하면 무엇이 집현전과 다르겠느냐?"고 했다. '병자년1456의 난리'에 논란을 제기한 사람들이 모두 집현전에서 나온 까닭에, 무리지어 고담준론하는 사람들을 임금이 싫어하여 다시 세우려 하지 않았다. _세조실록 14년(1468) 6월 2일

집현전은 세종 때에 확대된 학자들의 연구기관이다. 그런데 이곳 출신들이 세조 2년에 단종을 복위시키려 하였으니, 왕이 집현전을 좋아할 리 없었다. 이들이 바로 사육신으로 그 묘소가 현재 노량진에 있다.그림 7

신하는 임금 앞에서 행동과 말을 조심해야 했다. 무척 어려운 자리였을 것은 불문가지다.

그림 7 사육신 묘(2009. 6)

정광필이 "아랫사람이 들어가 뵐 때에는 항상 엎드려 얼굴을 가리게 되니, 혹 아뢰고 싶은 말이 있더라도 기가 죽어서 다 하지 못합니다. … 바르게 앉혀서 얼굴을 숙이지 않고 말을 다 하게 하면 상께서도 그 사람의 기색을 살필 수 있을 것입니다"고 아뢰니, 상이 "전에 재상 중에서도 불편하다고 말한 자가 있었다. 바르게 앉아서 말을 다하도록 하라"고 일렀다. _중종실록 8년(1513) 9월 6일

그러나 이런 조치는 예외적이었던 것 같다. 영조 때에 박문수가 고개를 들어 왕의 얼굴을 쳐다보았다고 해서 추궁을 받은 일이 있었다.그림 8

영성군 박문수가 언성을 높이고 얼굴을 들어 조정의 위엄이 떨어졌다 하여 우의정 김흥경이 그를 추궁하기를 청했다. 박문수가 "옛일을 상고

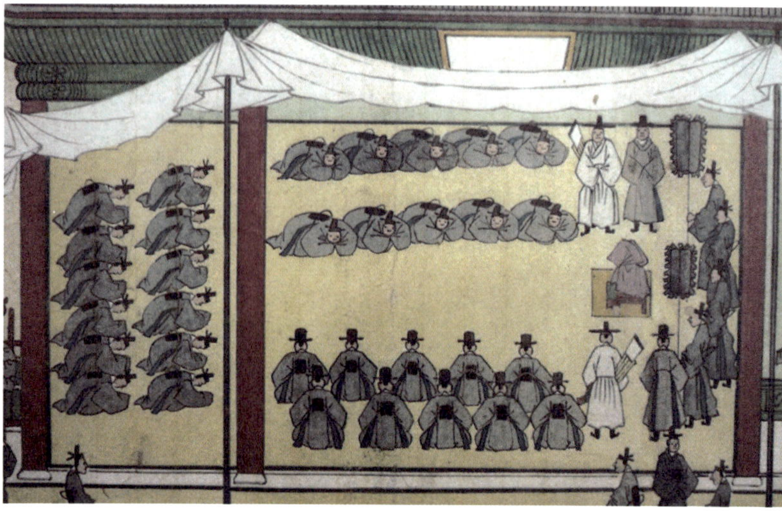

그림 8 왕세자 입학도에 보이는 신하들의 여러 자세(2009. 8)

하면 경연하는 대신大臣은 꿇어앉고 재신宰臣은 손을 잡고 반만 구부리게 되어 있지 일찍이 엎드리는 일은 없었습니다. 요즈음 조정의 국면이 자주 바뀌면서 신하들이 겁을 먹고 모두 땅에 코를 박고 있습니다. 임금과 신하는 아비와 자식 같은데, 아들이 아버지 얼굴을 쳐다본다고 무슨 손상이 되겠습니까? 대신의 추궁 요청으로 승지가 이렇게 변명하게 되었으니, 이것이 조정의 체통을 잃은 것입니다"고 말했다. 또 추궁하기를 청하니, 임금이 윤허했다. _영조실록 9년(1733) 1월 25일

이런 엄숙한 분위기 때문에 왕 앞에서는 목소리도 감히 크게 하지 못하고 기어들어가는 소리를 냈다.

상이 "경의 말이 지당하다. 근래에 으레 말소리를 낮추니 어떤 때는 다

들을 수가 없어서 경연이 끝난 뒤에 승지에게 묻고 나서야 알게 되니, 지극히 부당한 일이다"고 일렀다. 【지난번 정언 이팽수가 경연에서 아뢸 때에 심히 작게 말하니, 사관도 듣지 못해서 주서 이희손이 사사로이 이팽수에게 물어서 기록했다. …】

김안로가 "중국 사람들이 일을 아뢸 때에는 그 목소리가 궁전을 울린다고 합니다. 대체로 우러러보는 것이 예에 맞고 고개를 숙이는 것이 예가 아니었는데, 임금을 높이고 신하를 억누르는 것이 진秦나라 때부터 시작되었습니다. 근래에는 지나치게 엎드려서 숨이 가빠 말을 다 할 수 없습니다 …"고 아뢰었다. _중종실록 31년(1536) 1월 11일

주눅이 들어 말도 제대로 못 하고 우물우물하는 모습이 떠오른다. 왕 앞에서 말을 실수하면 징벌을 받았으니, 큰 소리를 내어 말하기도 어려웠을 것이다.

임금이 노산군과 더불어 동쪽 교외에 거둥하였다. 판중추원사 이징석이 아뢰다가 말을 실수하니, 즉시 의금부에 하옥했다가 얼마 뒤에 풀어주었다. _세조실록 2년(1456) 4월 12일

무슨 말을 잘못했는지는 알 수 없다. 이처럼 왕 앞에서는 조그만 실수도 용납되지 않았고, 행동거지 하나하나도 규범을 따라야 했다.

허세린이 말하기를, 어제 경연에 입시했을 때에 동쪽의 좌의정이 일어나 나온 뒤에 서쪽의 예조판서가 마땅히 먼저 나와야 하는데, 내가 잘못

하여 먼저 나왔으니 이는 예법을 범한 것이란다. 내가 제대로 살피지 못하고 잘못을 범했으니, 부끄럽고 후회스럽기 그지없다. _『미암일기』 1572. 9. 5.

그렇지만 인간사이기에 항상 그런 모습만 보이는 것은 아니다. 조선왕조실록은 대부분 왕의 기록이다. 또 대부분이 공식적인 업무 처리로 채워져 있어, 엄숙한 분위기가 주조를 이룰 수밖에 없다. 그런 가운데서도 때로는 왕이 신하를 어려워하는 모습도 보인다.

상이 승지 이익한에게 일렀다. "날씨가 따뜻해지니 판중추와 우참찬【이때 송시열이 판중추, 송준길이 우참찬이었는데, 상이 그들 이름을 부르지 않았다.】이 길을 나서서 올라올 만하다. … " _현종개수실록 2년(1661) 1월 27일

두 사람은 예학의 대가로서 양송兩宋으로 불렸으며, 아버지 효종 때에 벼슬한 거물들이었다. 특히 송시열은 효종의 사부였다.

왕은 신하들에게 선물을 내려주면서 자애롭게 어루만지기도 했다. 선물 종류는 다양하지만 얼음이나 감귤을 내려주는 일이 자주 있었다.

임신일, 담당 관청에서 문하시중으로 퇴직한 유방 등 17명에게 입추 때까지 열흘마다 한 번씩 얼음을 주자고 아뢰니, 왕이 따랐다. _『고려사』 정종 2년(1036) 6월

전통시대에 얼음은 노인들에게 더위를 가시게 하거나 병자에게 열을 식히는 용도로 사용했고, 또 초상이 났을 때에 시신 부패를 방지하는

데도 사용했다.

임금이 내시에게 명하여, 귤 한 쟁반을 나누어주자 여러 신하가 옷소매에 넣어서 나갔다. _영조실록 20년(1744) 12월 15일

귤은 제주도에서 진상한 것이다. 1970년대만 해도 귤은 외국 수입품인 바나나나 파인애플처럼 먹기 어려운 귀한 과일이었다. 그러니 조선시대에 제주도 과일을 맛보기란 쉬운 일이 아니었다. 영조 때의 서적인 정운경1699~1753의 『귤보』에는 이 당시 제주도에서 재배되던 15가지 품종이 소개되어 있다.

그런 귀한 귤을 내리니 신하들은 옷소매에 넣어갔다. 우리 의복에 호주머니가 달린 것은 그리 오래되지 않았다. 조선시대 남자들의 옷소매는 펑퍼짐하고 무척 커서 그곳에 여러 물건을 넣고 다녔다. 그래서 옛날에는 도둑들이 호주머니를 턴 것이 아니라 옷소매를 털었다. 여기서 '소매치기'란 말이 생겨났다.

때로는 임금이 입던 옷을 하사하는 일도 있었다.

내시가 붉은 명주의 큰 철릭帖裏 한 벌, 하얀 명주의 과두裹肚, 배를 감싸는 옷 한 벌, 검은 가죽신 한 쌍을 싼 붉은 보따리 두 개를 내 앞에 갖다놓았다. 상께서 "이것은 내가 쓰던 물건이니 경은 사양하지 말고 받으시오"라고 말씀하시니, 신은 즉시 일어나 사례를 하였다. _『미암일기』 1576. 10. 13.

세조는 장난기가 많아서 신하에게 벌주를 내리곤 했다.

임금이 강맹경에게 술을 들게 하고, 다음과 같이 말씀하셨다. "장맛비가 너무 많이 내려 조화로운 기운을 손상하는 일이 있을까 염려되어 3품 이상으로 하여금 각기 할 말을 진술하게 했다. 그러나 두 재상은 입을 다물고 진술하지 않았고, 도리어 덕과 지위가 맞지 않아서 음양의 조화를 이루지 못했다고 하여 사임하겠다고 한다. 나라가 재앙을 당했는데도 물러나 돌아보지 않으려 하는데, 이것이 어찌 큰 재상이 할 일인가? 옛날 사람도 '넘어지는데도 부축하지 못한다면 그런 재상을 어디에다 쓰겠는가?'라고 말했으니, 경의 말은 이치에 매우 맞지 않다"라고 말하고, 이어서 벌주를 먹였다. _세조실록 5년(1459) 6월 23일

여기서 두 재상은 좌의정 강맹경과 우의정 신숙주였다. 그다음 해에는 왕세자가 잘못 인쇄된 글자를 찾아내자 신하들에게 유쾌한 벌주를 내렸다.

왕세자가 "『병정兵政』에 숭인문崇仁門이란 말이 있는데, 서울에는 이런 문이 없습니다. 아마 잘못 인쇄한 듯합니다"고 아뢰니, 상이 "어찌 잘못 인쇄되었겠느냐? 네가 스스로 살피지 못한 것이다"고 말했다. 이조판서 구치관, 병조참판 김질, 도승지 성임 등을 불러 사대문의 이름을 물으니, 과연 흥인문興仁門을 잘못 인쇄하여 숭인문이라 한 것이었다.

상이 크게 기뻐하여 "내가 먼저 벌주를 마셔야겠다. 경들도 잘못된 글자를 찾아내지 못하고 세자가 이를 밝혔으니, 어찌 책임을 면하겠느냐?"라고 말하고, 구치관의 갓을 벗기고 벌주 몇 잔을 먹였다. … 이조참판 이극감을 불러 갓을 벗기고 벌주를 주며 "이극감은 세자의 스승

이다. 그런데도 도성의 문 이름을 잘못 가르쳐서 벌을 주는 것이다"라고 말하고, 술을 들게 하였다. _세조실록 6년(1460) 10월 10일

『병정』은 전 해에 편찬된 병서로서 왕세자에게 이를 읽도록 했었다. 2009년 초에 공개된 어찰은 정조의 이미지를 바꾸어놓는 데에 큰 역할을 했다. 역사학자들이 개혁적이고 근엄한 군주상으로 그려왔는데, 막상 편지가 공개되고 나니 흥분을 잘하고 조급하며 성깔이 있었던 이면을 알게 된 것이다. 심지어 '호로자식후레자식'이니 '주둥아리를 놀리려고 한다'는 등 속어까지 구사하였다. 이것이 인간으로서의 참모습일 것이다.

정조의 어찰에서는 막후 정치의 실상도 잘 드러난다. 신하에게 비밀편지를 보내서 행동거지나 상소문 내용까지 일일이 지시를 내리고 있다.

전의감의 시험을 감독하는 일은 패牌를 보내 부르기를 기다리되, 들어오라는 명령을 계속해서 어기도록 하라.

사직 상소는 초고를 지은 뒤 반드시 먼저 보여주는 것이 어떠한가? 말을 만들 때에는 "도리어 '이 말이 어쩌다 나오게 되었는가'라고 꾸짖어서는 결코 안 됩니다"라고 하고, "말하자니 더러워질 것 같고, 듣자니 오염될 것 같습니다. 명색이 당당한 규장각이 이러한 수치를 입었으니 실로 할 말이 없습니다"라고 하라. _정조어찰 1798. 4. 6.

다른 편지에서는 신하의 사직 상소를 아예 써주다시피 한 것도 있다. 인사 문제에도 막후 지시가 있었다.

여기 적어놓은 사람들은 이전부터 들어서 알고 있었지만, 이제야 다시 살펴보고 적어 보낸다. 경의 생각이라고 하면서 이조판서와 상의하는 것이 어떠한가? 이것은 지극히 공정한 마음으로 하는 일이니, 코가 붙은 곳이야 내가 어찌 알겠는가? 껄껄. … 이 세 사람을 함께 천거하고 싶으면 모두 천거하고 그렇지 않으면 취사하는 것도 가하다. _정조어찰 1797. 7. 8.

"코가 어디 붙은지 모른다"는 속담을 딴 것으로서, 이 사람들을 전혀 모른다는 뜻이다. 이런 비밀 편지가 혹시 드러나 문제가 될까봐 매번 신경을 썼다.

편지에 딸려 보낸 별지는 보고 나서 돌려보내는 것이 어떠한가? 이런 별지를 경이 매번 소홀히 하니 터럭만큼이라도 누설될까 걱정하여 이렇게 돌려보내라고 당부하는 것이다. 앞으로는 이렇게 말하지 않더라도 그리 알라. _정조어찰 1797. 3. 5.

편지를 돌려주는 것 외에도 "남겨두지 말고 즉시 찢으라", "즉시 찢어버리든지 물에 씻어버리든지 하라"는 말을 수시로 했다.

이 편지를 보고 나면 즉시 찢어버리든지 씻어버리든지 하라. 늘 한 가지 염려가 떠나지 않는 것은 집안에서라도 혹시 조심하지 않을까 해서이다. 경이 특별히 치밀하게 한다면 이런 염려가 어디서 나오겠는가? 듣자하니 경의 아들이 자못 비범하여 제 형보다 낫다고 하는데, 늘 경을 위해 다행이라 여긴다. 이러한 서찰은 경이 스스로 씻어버리는가 아니면 경의 아들을 시켜 씻어버리는가? 처리하는 방법을 듣고 싶으니 나중의 편지에 반드시 한 번 알려주어 이 의심을 풀어주기 바란다. _정조 어찰 1797. 7. 7.

그러나 당사자인 심환지는 어찌 된 일인지 이를 그대로 가지고 있다가 후세에 빛을 보게 하였다. 왕명을 어긴 것이다. 왕이 신하를 접견했을 때 벌어지는 촌극은 때때로 실록에도 보인다. 신하가 임금 앞에서 조는 일도 있었다.

강사상이 조정에 몸담은 지 10년이 되었으나, 현안 문제들에 대해서는 한 번도 언급하지 않았다. 경연에 들어갈 때마다 엎드려 잠을 잤는데, 어떤 때는 소리내어 코를 골기도 하였다. 옆에 있는 사람이 일부러 깨워놓으면 또다시 잠들곤 했다. _선조수정실록 11년(1578) 11월 1일

때로는 공식 행사장이 난잡해졌던 적도 있었다. 다음은 사헌부에서 왕에게 책임자를 처벌하라고 건의하여 허락을 받은 사항이다.

어제 대궐 뜰에서 조회를 열 때에 각 관청의 하인들이 분주하게 다니면서 신하들이 서 있는 사이를 가로막고 난잡하게 떠들고 하여 조회의 모양새를 이루지 못했습니다. _숙종실록 24년(1698) 10월 24일

심지어는 임금 앞에서 신하들끼리 시비 싸움을 벌인 적도 있다. 세조

앞에서 선禪을 논하다가 이런 일이 벌어지게 되었다.

안효례가 최호원과 각각 시비를 고집하다가 서로 비난하였다. 최호원이 안효례에게 "너는 백정의 자손이다"라고 말하니, 안효례가 "과연 내가 백정 자손이라고 한다면, 너는 곧 내 아들이다"고 말했다. 말하는 것이 모두 이따위였다. 성난 목소리로 서로 욕하면서 두려워 근신하는 바가 없었다.

대사헌 양성지가 상전에 나아가 안효례의 불공한 죄를 탄핵하기를 요청했다. 상이 "이 무리는 본래 심심풀이하고자 들어오게 한 것이니 따질 것이 못 된다. 그대로 두라"고 일렀다. 안효례가 극렬히 변론하기를 그치지 않아서 양성지가 눈을 부릅뜨고 꾸짖었다. "네가 진실로 이처럼 하면 내가 마땅히 엄중히 탄핵하겠다." 안효례가 조금 누그러졌으나, 신하들은 오히려 양성지의 탄핵이 엄하지 않은 것을 한탄했다. 신숙주가 물러나 최호원에게 "안효례는 족히 이를 것이 못 되나 너도 그 책임을 면할 수 없을 것이다. 다시는 이처럼 하지 마라"고 일렀다.

안효례는 맹예氓隷, 하천배 출신으로 성리학에 대해서 아는 것이 없었는데, 특별히 언변으로 자기주장을 관철해 임금이 웃기를 바랐던 것이다. 최호원은 문신이지만 평소에 거칠고 경솔하여 직함이 따로 없었다. 두 사람은 모두 풍수의 이치를 조금 아는 것 때문에 왕이 알아주었는데, 임금도 이들을 광대로서 받아들였던 것이다. _세조실록 14년(1468) 8월 14일

왕이 장난을 치기도 했다.

신우가 어린아이들을 시켜서 후원에다 함정을 파놓고, 지신사 이존성을 속여서 빠뜨렸다. 날마다 이런 장난을 하면서 즐겼다. _『고려사』 신우 6년(1380) 7월 갑인

신우는 고려 우왕이다. 조선을 건국하면서 우왕은 고려 왕실의 피를 이어받은 것이 아니라 신돈의 아들이란 명분을 내세웠다. 조선 건국 뒤에 쓰인 『고려사』에 우왕에 대해서 좋은 기록이 나올 리 없다. 그런 점을 고려하더라도 우왕이 신하를 골탕먹이는 장난질에 관심이 많았던 것은 사실일 것이다. 장난기 많은 세조도 신하를 속여서 벌을 주는 것을 좋아했던 모양이다.

임금이 비빙가飛氷歌의 옛일을 이용하여 신숙주를 속이고 벌연罰宴을 베풀게 하려고, 주서 유순을 불러 말했다. "지금 친제적병시親製積餠詩 1봉, 쌍화병雙花餠 1통, 소주 5병을 줄 터이니, 네가 가지고 신숙주의 집에 가라. 술과 떡은 별감에게 가져가게 하되 마치 하사하여 보내는 척하라. 또 시는 네가 가지고 가되 마치 공적인 일인 척하라. 네가 그 집 문에 도착하자마자 그 집에 전해주고 즉시 말을 달려서 돌아오라. 네가 붙잡히면 네가 이기지 못하는 것이고, 그 집에서 너를 붙잡지 못하면 신숙주가 이기지 못하는 것이니, 벌연을 베풀어야 한다."

유순이 왕명을 받들고 가서 그 집을 속여서 전해주고 즉시 말을 달려 돌아오니, 신숙주가 이를 깨닫고 쫓아갔으나 따라잡지 못했다. 유순이 돌아와서 아뢰니 상이 웃으면서 "신숙주가 마땅히 벌연을 베풀어야 한다" 말하고, 유순에게 사슴가죽 1장을 내려주었다.

오래지 않아 신숙주가 궁궐에 들어오니 임금이 빨리 들어오라고 명령했다. 신숙주가 들어가 뵈니 상이 "지혜로운 자가 천 번 생각하더라도 반드시 한 번 실수는 있는 법이다. 경은 지금 내게 속은 것이니, 즉시 술을 올리도록 하라"고 말했다. _세조실록 10년(1464) 7월 4일

벌연이란 잘못이 있는 벼슬아치에게 술을 내게 하는 것으로 벌례罰禮라고도 한다. 이보다 3년 전 9월 첫 얼음이 얼었을 때에 신숙주가 비빙연을 베풀었고, 세조는 비빙가를 지었다. 그러면서 세조는 신숙주가 이 시의 뜻을 알지 못할 것이니 속여보자고 한 뒤에, 신하를 통해서 다른 사람 이름으로 된 봉투를 건네고 급히 돌아오게 하였다. 그 속에는 글이 들어 있었던 것이 아니라 얼음이 담겨 있었다. 신숙주가 속은 것을 알고 급히 좇았으나 찾지 못했고, 사례하는 시를 지어서 궁궐에 들어왔다. 이 놀이를 이번에 다시 한 것이다. 그러나 이런 치기 어린 사건들은 뒤로 갈수록 줄어든다. 왕의 행동이 조선초기보다 자유롭지 못했을 것이고, 또 대의명분 때문에 이런 잡다한 일은 기록에 남기지 않았을 것이다.

왕과 신하 사이에 스스럼없어 보여도 엄연히 부자와 같은 관계였지 대등한 관계는 아니었다. 동양은 전통적으로 전제주의 사회였다. 왕이 절대적인 권한을 행사했다. 다만 조선시대 신하의 발언권은 고려나 그 이전에 비해 훨씬 강화된 것이 분명하다. 궁궐이나 왕릉을 조금만 크고 화려하게 하려 해도 신하들의 반대가 벌떼처럼 일어났다. 그 결과 주변국에 비해 작고 소박한 문화유산들이 남겨지게 되었다.

행차와 하소연

왕은 때때로 궁궐을 벗어날 기회가 있었다. 정복전쟁이 활발하던 고대에는 새로 차지한 영토를 돌아다니며 하늘과 땅에 제사를 지냈고 백성을 어루만졌다. 이를 순수巡狩 또는 순행巡幸이라 한다. 순수란 말에서 알 수 있듯이 처음에는 천자가 수렵하면서 군사를 훈련시키고 아울러 제후들의 민정을 시찰하는 것을 가리켰으나, 점차 순수 지역이 왕의 지배 아래 있음을 천지신명과 내외 백성에게 선언하는 정치적 의미로 바뀌었다. 이를 영구히 천명하기 위해서 그곳에 비석을 세우곤 했다.

중국사에서 진시황은 순행한 대표적인 절대 권력자이다. 천하를 통일한 뒤에 황제란 말을 처음 사용하고 국토 순행을 시작했다. 진시황 27년기원전 220 서쪽 순행에 나섰고, 다음해에는 동쪽으로 태산에 직접 올라가 비석을 세우고 제단을 쌓아 하늘에 제사지냈다. 지금도 그때 세운 비석이라고 전해지는 것이 태산 정상에 있는데, 아쉽게도 글자가 전혀 보이지 않는 백비이다.그림 1 진시황이 양보산에 세웠다는 비석에는 이런 구절이 있다.

> 26년에 처음으로 천하를 통일하시니 찾아와 복종하지 않는 신하가 없

그림 1
태산의 진시황 백비(2009. 2)

었다. 먼 지방의 백성들에게 친히 순행하며 어루만지고, 태산에 올라 동쪽 끝을 두루 바라보셨다. 뒤따르던 신하들이 지나간 일을 회상하며 위대한 업적을 새삼 깨닫고 황제의 공덕을 칭송했다. _『사기』 진시황본기 28년

진시황은 순행하다가 객지에서 병사했다. 신하들은 변란이 일어날까 두려워, 여름 날씨에 시신이 썩는 냄새를 감추고자 했다. 이리하여 시신을 실은 수레에 소금으로 절인 생선을 함께 가득 싣고 급히 돌아왔다.

395년에 광개토왕은 직접 랴오둥지방으로 가서 거란족을 격파하고 나서 "영토를 시찰하고 수렵을 한 뒤에 돌아왔다." 이것도 현지 주민들

에게 자신의 지배권을 명백히 밝히는 행위였다. 충주에 있는 중원고구려비는 작은 광개토왕비라 할 수 있다. 글자 마모가 심하여 판독이 어렵지만, 고구려왕이 신라왕을 마치 천자가 제후를 대하듯 한 구절이 있다. 이곳에 비석을 세워 그런 관계를 내외에 선언했으니, 그런 점에서 순수의 의미가 담겨 있다.

그림 2 감악산비(2009. 9)

전형적인 순수는 신라 진흥왕534~576 때에 보인다. 정복군주인 그는 재위 때에 이미 '대왕' '태왕'으로 불렸을 정도다. 진흥왕은 낙동강 쪽으로 가야를 공략해서 창녕에 순수비를 세웠고, 동해안을 따라 함경남도 남부까지 정복해서 그곳에 두 개의 순수비를 세웠으며, 다시 고구려로부터 한강 유역을 빼앗아 북한산에 순수비를 세웠다. 감악산 정상에도 그의 순수비라는 것이 전해지지만 글자를 확인할 수 없어 아쉽다.그림 2 진흥왕은 이곳들을 순행하면서 신라 땅임을 분명히 해두었다.

16년555 … 10월, 왕이 북한산에 순행하여 강역을 넓혀 확정했다. 11월, 북한산에서 돌아오면서 지나는 주·군에 1년간 세금을 면제했고, 두 가지 사형죄를 제외하고 죄수를 모두 사면했다. _『삼국사기』 신라 진흥왕

창녕비는 지금 원자리에 있다. 그렇지만, 북한산비는 마모가 심해서

그림 3 북한산비와 한강(2007. 11)

원래 자리에 모형을 세우고 국립중앙박물관으로 옮겨놓았다. 북한산 비봉에 그 모형이 있는데, 쉽게 올라갈 수 없는 높은 암벽 위에 세워져 있다. 두 번 답사했는데 올라갈 때마다 다리가 떨려서 다시는 올라가지 않겠다고 생각했다. 그렇지만 그곳에 오르면 왜 이리 험한 곳에 비석을 세웠는지 왕의 의중을 짐작할 수 있다. 눈앞에 한강과 그 주변의 평야가 한눈에 들어오는 요충지이기 때문이다.그림 3 진시황이 태산에 오른 것처럼 진흥왕이 과연 이곳까지 올라갔을지 궁금하지만 비문은 다만 "한성을 지나는 길에 올라 … 도인이 석굴에 살고 있는 것을 보고 … 돌에 글을 새긴다"는 불완전한 내용만 전한다. 적어도 석굴이 있는 지금의 승가사까지는 올라가지 않았을까 생각된다.

순행은 평소에 알기 어려운 백성의 사정을 파악하는 기회가 되기도 했다. 신라 도솔가도 이런 과정에서 유래한 것이다.

5년[28] 11월에 왕이 나라 안을 순행하다가 한 할멈이 굶주리고 얼어서 죽어가고 있는 것을 보고 말했다. "내가 미미한 몸으로 윗자리에 있으면서 백성을 양육하지 못하여 늙은이와 어린아이가 이 지경까지 이르게 했으니, 이는 내 죄이다."

왕이 옷을 벗어서 덮어주고 밥을 권해 먹게 했다. 이어서 담당 관청에 명하여 홀아비와 홀어미, 고아, 자식 없는 늙은이, 늙고 병들어 스스로 살아갈 수 없는 사람을 곳곳에서 위문하고 양식을 지급해 부양하게 했다. 이에 이웃나라 백성이 소문을 듣고 옮겨오는 자가 많았다. 이해에 백성의 풍속이 즐겁고 평안하여 비로소 도솔가兜率歌를 지었다. 이것이 노래와 음악의 시초이다. _『삼국사기』 신라 유리이사금

국경선이 안정된 뒤에는 왕의 나들이가 제한적일 수밖에 없다. 고려시대에는 제2의 수도인 서경 즉 평양에 자주 행차했다. 서경을 건설한 태조만 해도 아홉 차례나 그곳을 찾았고, 뒤의 임금들도 이를 따라 했다. 조선시대에는 선왕의 능에 거둥하는 능행, 질병 치료를 위한 온천행, 군사 연습을 위한 강무 등이 주로 보인다. 우선 능에 행차하는 일이다.

임금이 김포 장릉에 참배했다. 능행陵幸 때에 부역한 여러 고을에 대해서, 가을에 세금을 거둘 때에 1결마다 쌀 두 말씩 감하도록 특별히 명령했다. _숙종실록 17년(1691) 9월 1일

김포 장릉은 인조 아버지의 무덤이니 숙종의 고조부이다. 왕의 행차를 '갈 행行'자로 쓰기도 하지만 여기서처럼 '다행 행幸'자로도 쓴다. 이

에 대해서는 정조의 지시를 참조할 수 있다.

임금이 머무는 곳에는 반드시 은택이 있으니, 행행行幸이라는 말도 이런 뜻에서 나온 것이다. 이를테면 풍덕豐德, 개성의 제릉·후릉, 여주의 영릉英陵·영릉寧陵, 파주의 영릉永陵에 참배하는 행차 때에 그 지방에서 밤을 지내게 되니, 과거시험을 실시하여 선비를 뽑거나 한 가지 무술만을 시험해 무인을 뽑은 전례가 있다. 능침을 받드는 고을은 특별히 대우해야 한다. 이번 행행은 또 연이틀 고양군에서 밤을 지내야 하므로 작은 고을에서 뒷바라지하는 수고를 크게 해야 한다. 그러니 위로하여 기쁘게 하는 일이 없어서야 되겠는가? _정조실록 11년(1787) 8월 10일

능행할 때에 들르게 되는 고양군에 특별히 은전을 내려야 한다면서 '행'의 의미에 대해 설명하고 있다. 능행은 궁궐 밖 백성의 사정을 알아볼 호기이기도 했다. 효종이 문신인 송준길1606~1672과 대화하면서 이렇게 얘기했다.

그렇다. 나는 여염에서 태어났기 때문에 백성의 고통을 잘 알고 있으나, 세자는 대궐 문 밖을 나간 적이 없으니 어떻게 백성의 어려운 일들을 알겠는가? 내가 능에 참배할 때에 세자로 하여금 길가 민가를 지나며 보게 하여 백성의 가난한 사정을 알도록 하고 싶다. _효종실록 9년(1658) 10월 20일

능행하면 누구보다도 정조가 떠오른다. 그는 아버지 사도세자의 무덤을 1789년 양주 배봉산에서 수원 화산으로 옮긴 뒤 모두 열세 차례

그림 4 제향 행사(2009. 5)

나 수원에 행차했다. 수원 융릉이 그곳이다. 융릉 자리는 원래 수원의 중심지였는데, 바로 그곳이 이장터로 점지되었다. 이에 따라 수원을 새로 옮겨 신도시를 건설했으니, 세계문화유산이 된 화성이란 신도시가 이렇게 탄생했다. 나중에는 아버지를 사후에도 모시고자 그 자신도 옆에 묻혔다.

2009년 5월에 융건릉을 방문했다가 귀한 행사를 목격했다. 마침 정조 서거 209주기를 맞아 제향이 열리는 날이었다. 의미 있는 행사라서 찬조금을 내고 처음부터 끝까지 진행 과정을 지켜보았다.그림 4 그제야 왕릉에 있는 시설 각각의 용도를 제대로 이해할 수 있었다. 제례가 끝난 뒤에는 왕릉 앞에서 정조시대의 무예 시범이 있어서 더욱 이채로웠다.

황제의 순행에 관한 그림으로 청나라 강희제의 남순도南巡圖가 잘 알려져 있다. 1689년 제2차 강남 순행을 그린 것으로 북경에서 소주, 남경, 항주 등 곳곳의 산천이나 생활 모습이 생생히 그려져 있는 거대한

그림 5 강희남순도의 한 부분

작품이다.그림 5 우리나라에서는 정조 19년1795 윤2월에 어머니 혜경궁 홍씨의 회갑을 맞아 정조가 수원으로 행차하여 부친 묘소를 참배하고 잔치를 여는 등 대대적인 행사를 벌인 장면을 그린 것이 유명하다. 국립중앙박물관 등 여러 곳에서 소장하고 있는 병풍 그림이 그것이다.

이 행사는 10만 냥 정도가 든 큰 규모였다. 이때에 시흥과 안양을 거쳐 수원으로 가는 새로운 길을 닦았으니, 훗날 1번 국도의 시원이 되었다. 8일간의 이 행차는 기록으로도 매우 상세하게 전해진다. 회갑잔칫상 음식까지도 세세히 기록하여 개고기탕까지 올린 것을 알 수 있다. 그림으로는 회갑잔치를 비롯하여 노인 위로 잔치, 공자 사당 참배, 과거시험 실시, 군사훈련, 신하들과의 활쏘기, 귀환 행차, 한강 건너기 등의 행사 장면이 보인다.

특히 한강을 건널 때에 배를 징발하여 나란히 잇대서 배다리舟橋를 만들었으니,그림 6 이런 주교 제도를 처음 시행한 것도 정조였다.

배다리의 제도를 정했다. 상이 현륭원顯隆園, 융릉을 수원에 봉안하고 1년에 한 번씩 참배하고자 했다. 그런데 옛 규정에는 한강을 건널 때에 용배龍舟를 사용했으나 그 방법이 매우 불편하여 배다리의 제도로 개정하게 했다. 그리고 의정부에 지시하여 그 세목을 만들어 올리게 했으나, 상의 뜻에 맞지 않았다. 이에 상이 친히 고안해내어 『주교지남舟橋指南』이란 책을 지었다. _정조실록 14년(1790) 7월 1일

그림 6 배다리 모습

조선시대 왕들은 능행뿐 아니라 질병 치료를 위해서 온천행도 자주 했다.

오시11~13시 말에 어가가 온천에 도착했다. 수원 이남부터 어가가 거치는 읍마다 유생과 노인들이 수십 명 또는 백여 명씩 곳곳에서 마중 나와 절했다. 온양에 이르자 길 양쪽으로 십 리가량 인파가 이어졌는데, 상이 가끔 어가를 멈추고 이들을 위로했다. _현종실록 6년(1665) 4월 21일

왕은 바람도 쐴 겸 외출하여 사냥과 군사훈련을 했다. 또 1795년의 화성 행차에서 보듯이 능행 행사의 하나로 군사훈련을 하기도 했다. 그런가 하면 정조는 신하들의 반대를 무릅쓰고 "마음이 답답한 것을 풀려고 한다"면서 갑자기 궁궐 문을 벗어난 뒤 불시에 군사 점검을 했다.

그때의 한 장면이다.

밤 3경11시~새벽 1시에 승전선전관承傳宣傳官과 장용영·훈련원의 지구관知彀官, 장교을 은밀히 불러 전교했다. "오늘 밤에 적군 몰래 진을 치는 훈련을 하려 한다. …" … 선전관이 기다란 영전令箭, 군령 내리는 화살을 전하고 쌍곽등雙霍燈으로 점멸하여 호령을 끝내자, 장막 안팎의 등불과 횃불이 일제히 사라졌으며 강변의 집들까지 적막하여 한 점의 불빛도 없었다. 상이 "우리나라에도 군사의 규율이 있다고 할 만하다"고 말했다. _정조실록 14년(1790) 11월 18일

왕은 봄과 가을에 농사 형편을 살피기도 했다. 밭을 갈고 김을 매고 수확하는 일을 직접 살피고, 농민에게 음식을 하사했다. 지금도 대통령이 시골에 가서 모내기하거나 가을걷이를 돕고 농민들과 막걸리 대포 한 잔을 기울이곤 한다. 농사를 천하의 근본으로 삼는 전근대의 정신이 지금도 전해지고 있는 것이다. 왕도 바깥세상에 대한 호기심을 어쩌지 못했다.

임금이 서강西江에 행차하여 중국 사람의 쇄경선을 구경하고자 했다. 좌승지 한계희가 "중국 배가 정박한 곳이 밭 부근이니, 만약 어가가 배 가까이 거둥하시면 호위하며 따르는 군사들이 짓밟을 것이 분명합니다. 중국 배를 마포에 옮기게 하소서"라고 아뢰니, 그대로 따랐다. _세조실록 7년(1461) 4월 12일

중종은 개성 부근의 박연폭포를 구경하러 갔다.

어둑새벽에 어가가 출발하여 심천에서 쉬었다가 사시 정각巳正, 10시에 박연폭포에 이르렀다.【박연으로 가는 길은 본래 좁고 험하고 돌이 많아서 말 한 마리가 겨우 지나갈 수 있고, 두 사람이 나란히 서서 갈 수도 없었다. 이전에 내시가 와서 보고 갔는데, 개성부의 관리가 행차가 있을 것이라 짐작하고 가시덤불을 베어내고 큰 돌을 굴려 길을 만들었다. 동네 입구에서는 옛길을 버리고 골짜기를 따라 큰길을 뚫어 만들었고, 개울에는 다리를 놓아 행차를 기다렸다. 과연 이때에 이르러 이런 명령이 떨어졌다. 길이 험하여 도로를 내기 어려운 곳에서는 백성들의 농토를 따라 길을 냈다.】_중종실록 30년(1535) 9월 17일

유명한 박연폭포로 가는 길을 묘사한 것을 보면 우리나라 도로망이 얼마나 부실했는지 짐작할 수 있다. 도로가 제대로 갖추어지지 않으니, 많은 인원이 동원되는 왕의 행차 때에는 자연히 논밭을 밟고 가야 했다. 이에 따라 왕이 거둥할 때에 작물 훼손을 최소화하려 노력하고, 거둥이 끝난 뒤에는 작물 보상이 뒤따랐다.

병조에 지시를 내렸다. "온천 부근의 보리밭이 짓밟혀서 손해를 본 사람들에게 한 짐마다 쌀 다섯 말씩 보상해줘라." _세종실록 25년(1443) 4월 1일

선조는 백성들의 피해를 최소화하기 위해 행차할 때에 밥을 싸가지고 갔다고 한다. 그는 수행한 신하들이 제대로 싸왔는지 불시에 검사하

그림 7 정조의 행차 그림에 보이는 구경꾼과 노점상

여 그러지 않은 한 사람을 적발해서 "나도 밥을 싸가지고 왔는데 어찌 감히 죄를 범하는가?"라고 꾸짖으며 죄로 다스렸다고 한다.

왕의 지방 행차는 일생에 한 번 보기도 어려웠을 것이다. 그런데 왕의 행차 모습을 보면 백성과 격의가 없었던 것을 알 수 있다. 앞서 얘기한 화성 행차 그림에는 어른, 아이, 양반, 상민 할 것 없이 앉아 있거나 서 있거나 하면서 자유롭게 구경하는 모습이 보인다. 구경꾼 사이에는 엿이나 떡 같은 것을 팔러 돌아다니는 행상도 보이고, 집 앞에 술동이 같은 것을 내놓고 파는 것도 보인다.그림 7 백성 위에 군림하는 왕이 아니라 백성과 함께하는 왕임을 느낄 수 있다. 왕의 행차를 구경하기 위해서 현지인은 물론이고 전국에서 모여들었다.

이천 경계에 이르러 임금이 길가의 산과 들에 백성들이 가득한 것을 보았다. 어가를 멈추고 승지에게 "길옆에서 구경하는 백성이 어제보다 더욱 많은데, 이들 모두 가까운 데 사는 백성인가? 혹시 먼 지방에서 올라온 백성도 있는가?"고 물었다. 이에 백성들의 거주지를 묻게 했는데, 삼남지방과 양서兩西, 황해도·평안도 및 북관北關, 함경도의 백성도 많이 올라왔다.

늙어 백발을 한 자가 길을 막고 엎드려 "우리 임금을 보고자 발을 싸매고 올라왔습니다. 잠시 멈추시기를 감히 청합니다"고 아뢰니, 임금이 "내가 왕위를 계승한 뒤로 백성에게 미친 정치의 은혜가 어찌 하나라도 있겠느냐마는, 백성이 이처럼 천리가 멀다 않고 와서 우모羽旄, 왕의 상징인 깃발 장식를 우러러보니, 더욱 절실히 조심하고 두려워해야겠다"고 말했다. _정조실록 3년(1779) 8월 4일

양갓집 여자들은 장막을 치거나 길가 집에 숨어서 구경했고, 때로는 잘 보려고 지붕에 올라가기도 했다.

지시를 내렸다. "구경꾼을 금지하지는 못할지라도 개별적으로 집 앞에 장막을 치고 보게 하는 것이 옳을 것이다. 남녀가 지붕에 올라가서 보는 것은 일절 금한다. 또 기생들이 노래를 바칠 때에 유생들이 갓을 벗고 몰래 군사 뒤에 들어가 앉거나 서기도 하니, 이것이 어찌 유생의 도리이겠는가? 이도 엄히 금한다." _성종실록 19년(1488) 윤1월 20일

왕이 지방에서 주연을 베풀 때에 마을 사람들이 어른, 아이 할 것 없이 모여 구경을 했고, 왕은 그들에게 술을 내려준 적도 있다. 심지어 죄수들에게도 구경할 수 있도록 배려했다.

임금이 천안군을 지나면서 관찰사 이익보에게 "즉위한 지 26년 만에 다시 옛길을 보게 되었는데, 감옥에 갇혀 있는 죄수들은 단지 취타 소리만 들을 뿐 임금을 보지 못하니 어찌 상심하지 않겠는가?"고 말했다. 승지 남태기가 "지금 죄수들이 모두 감옥 위에 올라가 우러러 멀리 바라보고 있습니다"고 말했다. 임금이 "내가 백성을 감싸주는 덕이 없는데, 그 말을 들으니 매우 측은한 생각이 든다" 하니, 좌의정 김약로가 "갇힌 죄수들이 감옥 위로 올라가 억울하다고 소란스럽게 호소하니, 해당 군수를 잡아다가 심문해야 마땅합니다"고 말했다. 임금이 따르지 않고, 즉시 석방해 돌아갈 때에 임금을 볼 수 있게끔 하라고 명했다. _영조실록 26년(1750) 9월 16일

이렇게 백성들이 몰려드니 행차가 무질서해지기도 했다.

어가가 온천 행궁에 이르자 서울의 군사와 번을 쉬게 된 자를 모두 돌려보내니, 그곳에 주둔하여 호종하는 자는 300기騎에 불과했다. 이 행차에 먼지가 일듯 남녀가 모여들었고, 더벅머리 아이들과 흰머리 늙은 이들이 어가를 우러러보았다. 어떤 자는 말을 타고 어가 곁을 지나니 담당자가 죄주기를 청했다. 이에 임금이 "무지한 소인을 어찌 죄주겠느냐"고 했다. _세종실록 23년(1441) 3월 20일

심지어 의장대와 부딪히기도 했다. 이리하여 성종 때에는 젊고 패기 있는 군사를 뽑아서 청로대淸路隊를 만들어 인파를 통제하고 길을 정리하게 했다. 그럼에도 어가 주변에 돌아다니는 사람만 금했을 뿐, 구경꾼을 쫓아내지는 않았다. 돌아다니지 말고 조용히 앉아서 구경하도록 하는 방법을 강구하기도 했다.

왕의 행차를 구경나온 백성이 직접 물건을 바치려 하는 일이 종종 있었다. 중국의 고사에 '미나리를 바치는獻芹' 정성이란 말이 있다. 변변치 않은 물건을 바친다는 뜻이다. 그래서 상대국에 보잘것없는 물품을 받아주십사 하면서 외교문서에 이런 겸사를 쓰곤 했다.

도승지 유보에게 "어떤 여자가 물건을 이고 강가에 오래 서 있으니 그 사유를 물어보라"고 지시하니, 유보가 즉시 사람을 시켜 물어보았다. "남새밭에 심은 수박과 가지가 아주 좋아서 바치려 한답니다"고 보고하니, "여인이 사사로이 바치는 것은 받지 말아야 한다. 그러나 정성으로 그러는 것이니 사옹원에서 받게 하라. 술을 먹이고 삼베를 상으로 주어 보내게 하라"고 지시했다. _중종실록 21년(1526) 9월 11일

이 여인은 여기에 구미가 당겼는지 2년 뒤에 다시 수박을 이고 서 있었다. 이처럼 포상에 맛을 들이면 백성들이 다투어 물건을 바칠 폐단이 있기에, 중종 28년1533 9월에 사사로이 물건 바치는 것을 못하게 하라는 지시를 내렸다. 그럼에도 정성을 가상히 여겨 받아들이는 일이 때때로 있었다. 왕의 행차는 또한 힘없는 백성들이 억울함을 직접 호소하는 기회가 되었다.

그림 8 서초구청의 신문고

당시에 윤덕녕이 소리내어 슬피 울며 억울함을 호소한 뒤로부터 원근의 백성들이 원통한 일이 없더라도 마음에 불만이 조금 있으면 행궁 가까운 곳에서 통곡했다. 모두 즉시 처리하도록 명하니, 이 때문에 통곡하지 않는 밤이 없어서 도리어 소란스럽게 되었다. _세조실록 14년(1468) 3월 7일

이 폐단 때문에 억울한 사정은 의금부에 신고하게 하고, 왕 가까운 곳에서 통곡하면 죄로 다스리게 했다. 그렇지만 왕이 지나는 곳에서 통곡하는 백성은 그 뒤에도 계속 나타났다. 백성들이 억울함을 국왕에게 직접 호소하는 방식은 조선시대에 시기마다 달랐다. 15세기에는 신문고 제도를 마련했지만, 세조 때에 신문고가 아닌 누고漏鼓, 시각을 알리는 북를 잘못 친 사건을 계기로 폐지되었다가 이후 부활하기도 했다. 요즈음도 이 정신을 살리고자 신문고를 상징적으로 설치하는 자치단체가 있다.그림 8

신문고는 좋은 뜻으로 만들어진 것이지만, 대궐 안에 설치한데다 여러 제약이 따르는 바람에 주로 서울에 사는 양반이나 관리들만 이용하는 한계가 있었다. 이에 16세기에 좀 더 쉬운 대안이 마련되었으니 상언上言·격쟁擊錚, 징 치기·격고擊鼓, 북 치기가 그것이다. 상언은 글로 써서 올리기 때문에 양반 지식인들의 차지였다. 한글은 허락되지 않았고 한문으로만 올리게 했다. 상언을 하려는 사람들은 길가에 있다가 갑자기 행렬 안으로 달려들어 글을 올렸다. 이에 길가에 꿇어앉아서 올리게 하는 방안도 강구되었다. 『일성록』에 따르면, 행차를 자주 한 정조 때에 상언과 격쟁 건수가 4,427건에 달했다. 이 가운데 상언이 3,092건으로 70퍼센트를 차지하고 격쟁은 1,335건이었다. 한 번 행차에 얼마나 많은 상언이 있었는지를 살펴보자.

어가 앞에서 상언한 사람이 143명이나 되었다. _중종실록 4년(1509) 9월 10일

어가가 행차하는 도중에 올린 상언 150여 통을 판결하여 처리했다. _정조실록 10년(1786) 2월 26일

정조가 현륭원을 13회 참배하면서 1,100여 건을 처리했다고 하니, 한 번 행차할 때마다 85건 정도를 처리한 셈이다. 서민들은 주변에서 쉽게 구할 수 있으면서 큰 소리가 나는 징이나 북을 쳐서 억울함을 호소했다. 현종 5년1664 11월 기록을 보면, 사대부가 격쟁하는 것은 수치로 여겼다. 상언과는 달리 격쟁이나 격고를 한 사람은 일단 죄인이 되어 형벌을 받았다. 효종 9년1658 8월에 고령 사람 배순룡은 격쟁을 했다고 형

벌을 받다가 죽었다. 그럼에도 글 모르는 서민들은 이를 선호할 수밖에 없었다.

지시를 내렸다. "근래에 격쟁하는 자가 제법 많다. 이열의 일을 보더라도 사헌부가 억울함을 제대로 풀어주지 못해 이렇게 된 것이다." 【이보다 앞서 옥과 사람 이열이 신무문에서 격쟁했다. 대개 원통한 일이 있으면 격쟁하여 호소한다.】 _명종실록 6년(1551) 7월 27일

이 글 뒷부분에 격쟁에 대해서 사관이 추가로 설명을 붙여놓은 것을 보면, 이때는 격쟁이 아직 생소한 시절이었다. 어른만 아니라 아이들과 부녀자도 격쟁·격고하여 억울함을 호소했다.

함경도 북청에 사는 어린아이 조문창이 격쟁하여 억울함을 호소하니, 형조가 그 사유를 물어서 아뢰도록 지시했다. _숙종실록 7년(1681) 5월 1일

임금이 과거시험 장소에 몸소 행차했는데, 갑자기 격고하여 큰 소리로 억울함을 호소하는 자가 있었다. 임금이 곧 추조秋曹, 형조에 지시해서 진술을 받게 했는데, 여인이 남자 옷을 입고 호위 안에 무단으로 뛰어들어 아버지의 억울함을 호소하려는 것이었다. _영조실록 47년(1771) 10월 27일

왕 앞에서의 호소는 네 가지 일에 한정되었다. 자신에게 닥친 형벌 문제이거나 부자·양천·적첩의 분간 문제에 국한되었다. 18세기에는 자손이 할아버지·아버지를 위한 것이거나 부인이 남편을 위한 것이거

나 동생이 형을 위한 것에 한정하는 새로운 규정도 등장했다.

궁궐 밖으로 자주 행차한 임금이 정조였다. 재위 24년간 66회의 행차를 했으니 1년에 평균 2.8회를 기록했다. 다른 임금이 1년에 1~2회 정도였던 것과 비교하면 그의 거둥은 잦았던 편이다. 대부분이 아버지 묘소를 참배하는 것이었으니, 비명횡사한 아버지에 대한 지극한 효심을 읽을 수 있다.

왕의 행차는 다른 한편으로 백성의 고통을 직접 들어 민심을 챙기는 수단이기도 했다. 주변 신하들은 왕이 좋아할 만한 보고만 하니 자칫 장막에 가려진 채 실상을 알지 못할 가능성이 컸다. 백성을 불러서 폐단을 물어보아도 임금이 좋아할 만한 말을 관료들이 미리 백성들에게 가르쳐 올려보냈다. 자칫 허수아비 통치자가 될 수 있었다. 이 때문에 왕은 밖으로 자주 행차하여 직접 살피려 했고, 때로는 암행어사를 파견하기도 했다.

국정 평가

시호와 묘호 | 폭군과 성군
상서와 재이 | 가뭄과 홍수

시호와 묘호

2009년 6월 조선 왕릉 40기가 세계문화유산에 등재되면서 왕릉에 관한 관심이 부쩍 높아졌다. 왕릉이 있는 대표적 명소로 동구릉이 있다. 30년 전에는 시외버스를 타고 비포장도로를 한참 가야 했던 동구릉이 이제는 구리시 시가지에 들어와 있어 세월의 흐름을 실감하게 한다. 구리시는 아홉 개 왕릉이 있다고 해서 붙인 말인 줄 알았더니, 사실은 구지면과 망우리를 합치면서 만든 것이라고 한다.

조선을 건국한 태조가 이곳에 묻혀 있는데, 건원릉이라 하여 외자인 다른 왕릉과 구별된다. 봉분에는 잘 깎은 잔디 대신에 태조의 고향에서 가져온 억새그림 1가 더부룩하게 심어져 있어 가을에 한 번 올라가 보는 것이 적격이다. 건원릉의 유래에 대해서는 이렇게 전한다.

태조가 또 죽은 뒤에 활과 검을 지킬 자리를 물으니, 무학이 한 곳을 점쳐서 "전하의 아들과 손자들 대대로 모두 여기에 장사지내는 것이 좋을 것입니다"고 말했는데, 바로 오늘의 건원릉이다.

일설에는 정로위 최산이란 사람이 대대로 이곳에 살았는데 매우 부유했다고 한다. 이에 그 집을 태조에게 바치며 "제가 약간 땅 보는 법

그림 1 건원릉 억새

을 아는데, 이곳은 제왕을 장사지낼 상相에 해당합니다"고 말했다. 태조가 이 말을 따랐다. 드디어 다른 곳에 큰 집을 짓게 하고, 이어서 토지 100결을 주었다고 한다. 아마도 최산이 바치고 무학이 점친 것이리라. 지금도 최장군의 묘석이 있다고 한다. _『오산설림초고』

건원릉 주변에는 선조와 영조가 잠든 목릉과 원릉이 있고, 천연기념물 보호 때문에 출입이 금지된 곳에는 현종이 묻힌 숭릉이 있다. 아홉 곳의 왕과 왕비 묘역을 찬찬히 둘러보면, 조선초기에는 봉분 주위로 병풍석과 난간석을 돌렸다가 점차 병풍석이 사라지는 시대적 변천도 엿볼 수 있다.

또 홀로 묻힌 곳이 있는가 하면 금슬을 자랑하듯이 나란히 묻힌 곳도 있는데, 특이하게도 헌종은 두 왕비와 함께 묻혀 봉분이 셋이나 된다. 그림 2 왕이 가운데 있는 줄 알았더니 주인공의 처지에서 볼 때에 오른

그림 2 동구릉 경릉(2009. 5)

쪽 즉 서쪽에 묻혀 있다고 한다. 살아서는 왼쪽 즉 동쪽, 죽어서는 오른쪽 즉 서쪽이 상석이기 때문이란다. 살아서는 남좌여우男左女右, 죽어서는 남우여좌男右女左의 원칙에 따른 것이다. 그렇지만 최근에 발굴된 발해 왕릉을 보니 그 반대인 남좌여우 즉 남동여서男東女西로 묻혀 있었다.

참고로 좌의정이 우의정보다 높듯이 왼쪽을 오른쪽보다 위로 삼은 것은 명나라 제도를 본받았기 때문이라 한다. 관직이나 지위에서 떨어지는 것을 좌천이라 하는 것처럼 이전에는 오른쪽을 숭상했었다.

옛날 사람은 오른쪽을 위로 삼았는데, 명나라에서 왼쪽을 위로 삼았기 때문에 관직에서 모두 '좌'가 '우'의 위에 있다. 청나라 사람도 그 제도를 계승하고 우리 조정도 그렇다. _『연행기사』

그림 3 삼척 공양왕릉

고려 마지막 왕인 공양왕의 무덤으로 전해지는 것이 지금 강원도 삼척과 경기도 고양 두 군데에 있어 혼란스럽게 한다.그림 3 또 신라 문무왕은 유언에 따라 화장되어 동해에 뿌려졌고, 고구려 민중왕도 유언에 따라 왕릉을 만들지 않고 석굴에 장사지냈다.

중국 황제릉을 보고 나면 우리 왕릉이 정말 작은 것을 실감한다. 1990년에 북경에서 만리장성을 가다가 명나라 황제의 무덤들이 모여 있는 명13릉을 방문한 적이 있다. 중국 황제릉이 제일 많이 몰려 있는 곳이다. 그야말로 황제릉 하나가 거대한 산을 이루어 압도되는 곳이다. 물론 시안에 있는 진시황 무덤이나 건릉, 선양에 있는 청나라 황제의 무덤을 가봐도 그러하다.

동구릉 묘역이 190여 만 제곱미터인 데 비해서, 명13릉은 면적이 120여 제곱킬로미터가 되어 60배가 넘는다. 그중 하나인 장릉은 입구

그림 4 정릉 지하궁전(2010. 6)

에서 무덤 앞에 이르는 도로만 해도 7킬로미터나 된다. 1956년에 발굴한 정릉의 지하궁전은 내려가 볼 수 있는데,그림 4 지하 27미터 깊이에 길이 87.34미터, 너비 47.28미터, 전체 면적 1,195제곱미터에 달하여 입을 다물지 못하게 한다. 정릉은 임진왜란 때에 군대를 파견해준 명나라 신종의 무덤이다. 우리 왕릉은 이보다 훨씬 작지만, 백성과 함께하는 지배자 이념에 투철한 산물이기에 더욱 정감이 간다.

이를 보면서 하나 궁금한 것이 있어 가이드에게 물어보았다. 이런 거대한 무덤이나 만리장성을 두고 중국 학생들에게 지배층이 착취한 산물로 가르치느냐고 물었다. 1990년만 해도 사회주의 분위기가 물씬 풍길 때였다. 하지만 기대와는 달리 자랑스러운 역사 유산으로 가르친다는 답을 들었다. 이념과 실제가 얼마나 다른지 느낄 수 있었다.

황제릉을 만드는 데에는 시간이 많이 들 수밖에 없다. 정릉을 만들 때 6년간 하루에 3만 명씩 연인원 6,500만 명이 동원되었다고 한다. 그러니 황제에 즉위하면 바로 자신의 무덤을 준비해야 했다. 생전에 만들어둔 옷을 수의라 하듯이 이를 가리켜 수릉壽陵이라 한다. 조선에서는 성종 때까지 수릉을 정하는 일이 있었으나, 뒤에는 그러지 않았다. 그 대신에 살아 있을 때에 자신의 관을 미리 준비했다. 다음은 왕에게 올린 상소문이다.

> 선대 왕 때부터 왕위를 물려받고 나면 곧 재궁梓宮, 왕의 관을 만들고 해마다 옻칠을 했으니 그 뜻이 매우 깊습니다. 효종 초년에 신이 사관으로 있으면서 왕명으로 장생전長生殿, 관·곽을 보관하던 곳의 재궁을 칠하는 데 농간을 부리는지 조사하러 간 적이 있으니, 효종께서 깊이 유의하고 계셨다는 것을 알 수 있습니다. _현종실록 13년(1672) 3월 4일

이렇게 국상에 대비하여 관을 미리 준비하는 것은 세종 15년1433에 문신인 정척1390~1475이 건의하여 시작된 것이라 한다. 관은 질이 좋은 소나무인 황장목을 사용했고, 정기적으로 옻칠을 하며 관리했다.

왕의 사망에 관한 기록은 자세하지 않다. 대개 사망한 사실과 함께 어디에 장사지냈다는 정도만 보인다. 고대로부터 고려를 거쳐 조선에 이르면서 기록이 좀 늘어나기는 하지만, 우리가 궁금한 정보는 나와 있지 않다. 다음은 불과 200년 전 정조에 관한 기록이다.

> 이날 유시酉時, 17~19시에 상이 창경궁 영춘헌에서 승하했다. 이날 햇빛이 어른거리고 삼각산이 울었다. 이에 앞서 양주와 장단 등의 고을에서 벼가 한창 잘 자라다가 어느날 갑자기 하얗게 죽었으니, 노인들이 그것을

보고 슬퍼하며 “이것은 거상도居喪稻라고 하는 것이다”고 말했는데, 얼마 안 되어 대상이 났다. _정조실록 24년(1800) 6월 28일

거상도란 ‘상복을 입은 벼’를 가리키는데, 이 징조가 있은 뒤에 과연 정조가 승하했다는 것이다. 정조가 사망하자 중앙 정계에서 밀려나 있던 영남 남인들 사이에는 왕이 독살되었다는 소문이 떠돌았고, 1990년대에 소설과 영화로 나온 『영원한 제국』을 계기로 이 소문의 진실성을 두고 세인의 관심을 불러일으켰다. 몇 년 전에 정조 어찰이 공개되었을 때에도 독살 여부를 둘러싸고 재차 논란이 불거졌다. 일반인의 심정에서는 독살설이 더욱 흥미롭겠지만, 역사적 사실로 보기는 어려울 것이다.

왕이 사망하면 유언이 무척 중요하다. 그래서 조선시대에는 여인의 손에서 죽지 않는 원칙이 있었다고 한다. 청나라 강희제는 태자를 미리 정하는 제도를 폐지했고, 옹정제는 자금성 건청궁에 걸려 있는 ‘정대광명正大光明’ 편액에 후계자 이름을 간직해두었다가 사후에 열어보게 하는 전통을 세웠다.그림 5 북경에서 보낸 청나라 예부禮部의 자문咨文에 이렇게 적었다.

옹정 원년1723에 아버지께서 바로 짐의 이름을 친히 쓰신 뒤 건청궁의 정대광명이란 편액 위에 보관해두시고, 또 별도로 써서 봉함하신 뒤 늘 몸에 지니고 계셨다. _정조실록 19년(1795) 11월 19일

왕은 사후에 시호諡號, 묘호廟號, 전호殿號, 능호陵號가 새로 부여되었다.

그림 5 정대광명 편액(2010. 6)

전호는 임금의 신위를 일시 모신 건물에 붙인 이름이고, 능호는 왕릉 명칭이다. 시호는 충무공, 충숙공처럼 신하들에게도 부여되지만, 묘호나 전호 및 능호는 왕만이 가질 수 있는 호칭이다.

이런 호칭이 정해지기 전에는 대행대왕大行大王이라 불렀다. 대행대왕이란 '떠나서 돌아오지 않는 대왕'이란 뜻을 담고 있다. 사후 호칭을 정하는 과정에서 비로소 생전의 업적이 평가된다. 현종실록 첫머리에는 '현종 순문숙무경인창효대왕 실록'이라 적혀 있다. 역사서에 묘호를 먼저 쓰고 시호를 뒤에 쓰는 원칙이 있었으니, 현종은 묘호이고 나머지 여덟 자는 시호이다.

영의정 허적 등이 의논하여 대행대왕에게 '순문숙무경인창효대왕純文肅

武敬仁彰孝大王'【한쪽으로 치우치지 않고 순수한 것中正精粹을 '순'이라 하고, 자애로워 백성을 사랑하는 것慈惠愛民을 '문'이라 하고, 스스로 바르게 하여 아랫사람을 통솔하는 것正己攝下을 '숙'이라 하고, 국가를 보전하여 공을 이룬 것保大定功을 '무'라 하고, 이른 아침부터 밤늦게까지 경계하는 것夙夜儆戒을 '경'이라 하고, 자비를 베풀고 의로움을 실천하는 것施仁服義을 '인'이라 한다.】이란 시호와 현종【행실이 국내외에 드러난 것行見中外을 '현'이라 한다.】이란 묘호를 올리고, 전호는 효경孝敬이라 하고, 능호는 숭릉崇陵이라 하였다. _숙종실록 즉위년(1674) 8월 24일

시호는 원래 생전의 이름에 대신하여 사후에 부르는 호칭이었지만, 점차 업적을 평가하는 수단이 되었다. 시호를 정하는 규정에 따르면 시호에 쓸 수 있는 글자가 제한되어 있었고, 어떠한 행적에 그 글자를 쓸 수 있는지에 대해서 네 글자씩 된 설명이 붙어 있다. 위에 인용한 문장의 주석은 바로 이를 인용한 것이다. 조선시대에는 시호에 쓸 수 있는 글자가 300여 자로 정해져 있었다.

시호에 사용된 글자는 대개 세 가지 범주에 속한다. 업적을 칭송하는 경우가 제일 많지만, 주색에 빠지거나 정치적 혼란을 가져온 경우에는 비난의 뜻이 담긴 글자를 사용했다. 그밖에 일찍 죽거나 비참하게 죽었으면 동정하고 애도하는 글자가 사용되었다. 중국의 558명 지배자 가운데 칭송이 82퍼센트, 비난이 7퍼센트, 애도가 11퍼센트를 차지한다. 사실 왕이 사망한 직후에 비난의 의미가 있는 시호를 택하기란 무척 어려웠을 것이다. 그런 가운데도 7퍼센트 안에 든 지배자는 정말 잘못을 많이 저질렀을 것이다.

그림 6 포석정(2002. 9)

문文·무武는 칭찬의 의미가 담긴 것이니, 문왕은 문치에서 업적을 남긴 임금이고, 무왕은 전쟁이나 정복에서 두각을 드러낸 임금이다. 정定, 헌憲, 헌獻, 성成 등도 이러한 범주에 속한다. 반면에 유幽, 영靈, 여厲, 양煬자가 들어간 임금은 비판을 받은 것이니, 후한 영제나 수나라 양제가 그러하다. 또 애哀, 민愍, 회懷자가 들어간 임금은 동정심에서 붙인 것이다. 신라 애장왕은 반란으로 죽임을 당했고, 민애왕도 병사들에게 죽임을 당했다. 또 경애왕은 포석정그림 6에서 잔치를 베풀다가 후백제 견훤의 공격을 받아 자살했고, 고려 공민왕도 신하들에게 죽임을 당했다. 특이하게도 명종은 살아생전에 특정 글자를 시호에 쓰길 원했다.

임금이 평소에 항상 "시호로 명明자를 얻으면 좋겠다"고 말했는데, 묘호를 올릴 때에 마침 '명'자를 사용하게 되었다. 왕대비가 울면서 신하들에게 평소에 말씀하던 대로 되었다고 말했다. _『석담유사』; 『연려실기술』 명종조 고사본말明宗朝故事本末 재수록

시호는 처음에 한 글자였지만, 당나라 때부터 늘어나서 20여 자에 이르렀다. 신라에서는 지증왕처럼 두 자였다. 그러나 고려시대까지는 시호를 정하는 법이 어떠했는지 알 수 없다. 조선시대에는 중국으로부터 두 자를 받았고, 국내에서는 여덟 자를 부여했다. 정종은 넉 자만 받았기에 숙종 때에 묘호를 정하면서 시호 넉 자를 더 올렸다. 왕비는 여섯 자 시호를 사용했다.

임금을 지칭할 때에 어느 호칭을 선택하는가는 시대마다 달랐다. 중국에서 수나라 이전에는 한 무제, 수 양제와 같이 시호를 많이 썼지만, 당나라에서 원나라까지는 시호 글자가 많아져 부르기 불편해서 당 태종, 송 인종과 같이 묘호를 사용했다. 또 명나라와 청나라에서는 이전 시대와 달리 한 황제에 한 개 연호만 사용했기에 가정황제, 강희황제와 같이 연호를 이용했다. 우리나라에서는 고대에 선덕왕이나 장수왕처럼 시호를 썼는데, 특이하게도 고구려에서는 소수림왕, 고국천왕처럼 왕릉 지명을 사용한 경우가 많다. 고려와 조선에서는 태종이나 세종처럼 묘호를 선호했지만 때로 능호를 부르기도 했다.

삼가 살펴보건대 옛사람들이 능호로써 임금을 부르는 경우가 있는데, 현재 세속에서 사용하는 표현과 같습니다. 세종을 영묘英廟로, 세조를 광묘光廟로 부르는 것도 이런 경우입니다. _인조실록 10년(1632) 5월 11일

영묘와 광묘는 영릉과 광릉이란 능호에서 따온 것이다. 조선은 제후국이었기에 중국에서 시호를 받았다.

대행대왕의 시호를 청나라에 요청했다. 소헌昭獻【덕을 밝히는 데에 공이 있음을 '소'라 하고, 총명하여 지혜가 있음을 '헌'이라 한다.】, 경헌敬憲【이른 아침부터 밤늦게까지 삼가고 경계함을 '경'이라 하고, 선을 행하여 규범이 될 만한 것을 '헌'이라 한다.】, 헌숙獻肅【'헌'은 위에 설명했고, 몸을 바르게 해서 아랫사람을 거느리는 것을 '숙'이라 한다.】의 세 가지 안을 추천하여 보냈으니, 허적과 김수항 등이 정한 것이다. _숙종실록 즉위년(1674) 10월 3일

조정에서 중국에 세 가지 안을 올려 그 가운데서 낙점을 받았다. 그렇지만 이듬해 정월 청나라에서 돌아온 사신의 보고를 보면 이번에는 낙점을 받지 못했다고 한다. 이듬해에야 장각莊恪이란 시호를 받았는데, 이 사실은 숙종실록에서 찾을 수 없다. 조선에서는 청나라로부터 왕의 시호를 받은 것을 숨겼기 때문이다. 태종의 경우에 명나라에서 받은 시호는 '공정恭定'이고, 국내에서 올린 시호는 '성덕신공문무광효'이다. 따라서 실록 첫머리에 '태종 공정 성덕신공문무광효 대왕'이라 실려 있다. 황제국을 지향했던 발해는 당나라의 인준을 받지 않은 채 스스로 시호를 정했기에 역사 기록에 '사사로이 시호'를 올렸다고 적었다.

한편, 묘호는 종묘그림 7에 올리는 호칭이지만 시호처럼 평가가 담겨 있다. 묘호는 원칙적으로 황제만이 쓸 수 있었다. 김유신과 함께 삼국통일의 위업을 달성한 김춘추에게 태종 무열왕이란 묘호와 시호를 올

그림 7 종묘 영녕전(2009. 5)

리자, 당나라에서 어찌 감히 태종이란 말을 썼냐고 추궁했고 그후로 신라는 묘호를 사용하지 못했다. 고려시대에 와서 본격적으로 묘호를 사용했는데, 이것은 중국의 묵인 아래 가능했다. 그마저 원나라 지배기부터는 쓰지 못하여 충렬왕, 충선왕 등으로 불렸다.

묘호에는 끝에 태조처럼 '조'자가 붙은 것이 있는가 하면 태종처럼 '종'자가 붙은 것이 있다. 이것도 물론 생전의 업적을 고려한 것이다. 태조와 고조는 건국자에게 붙이고, 그에 버금가는 왕에게는 태종이라 했다. 그러기에 당 태종, 신라 태종, 고려 태종, 조선 태종을 보면 각 왕조에서 남긴 업적이 비슷하다. 그리고 고려 광종도 여기에 비길 수 있다.

묘호는 대개 시호와 함께 사망 직후에 정해졌지만, 유독 2대 정종의 묘호는 숙종 때에 와서야 추증되었다. 그래서 실록 첫머리에 시호만 있고, 정종이란 묘호는 등장하지 않는다.

공정恭靖대왕의 묘호를 정종이라고 협의하여 결정했다. 대체로 시법에서 '백성을 편안하게 하고 크게 염려'한 의미를 취한 것이다. _숙종실록 7년(1681) 9월 18일

30여 년 전 학과 조교를 할 때에 제일 많이 문의 전화를 받은 것이 조와 종이 어떤 차이가 있느냐는 것이었다. 중국 기록에 "공이 있으면 조가 되고 덕이 있으면 종이 된다祖功宗德"고 하였다. 공훈은 구체적 사실을 적시할 수 있지만, 덕은 추상적이어서 의례적인 칭찬이 될 수 있다. 간단히 말해 공적이 있으면 조가 되고, 나머지는 종이 된다고 해석할 수 있다.

조라 하건 종이라 하건 높이는 것은 같습니다. 그렇지만 공이 있으면 반드시 조로 칭하는데, 그럼으로써 보통과 다르다는 것을 분명히 하려는 것입니다. _고종실록 26년(1889) 11월 27일

이에 따라 조가 종보다 더 높이 평가되어 태조가 태종보다 우위에 있게 된다. 이러하니 어느 쪽이냐를 두고 논쟁이 일곤 했다. 선조 사망 후에 일어난 논의를 보면 잘 이해할 수 있다.

선조가 승하한 초기에 조정에서 묘호를 의논하면서 모두 임금이 왕실 계보를 바르게 고치고 왜구를 물리친 두 가지 큰 공이 있으니, '조'로

삼는 것이 마땅하다고 하였다.

이에 판서 윤근수가 차자를 올려 "건국한 임금은 '조'를 칭하고, 계통을 이은 임금은 '종'을 칭하는 것이 고금의 예법입니다. 서한전한 200년 동안 고조 외에는 조를 칭한 임금이 없고, 동한후한 200년 동안에도 세조 외에는 조로 칭한 임금이 없습니다. 송나라 300년 동안에도 태조 외에는 조로 칭한 임금이 없고, 고려 때에도 태조 외에는 조로 칭한 임금이 없습니다. 그 사이에 공덕을 높이 평가하여 불천지위에 둔 경우는 많았지만 조로 칭한 이는 없었습니다. 명나라에 이르러서도 태조 외에는 태종에 대해서만 가정 17년1538에 성조로 추증한 적이 있습니다. 우리나라에서 세조의 시호로 역시 '조'자를 올렸습니다. 명나라의 성조 문황제는 건문황제의 자리를 물려받았고, 세조께서는 노산군단종의 선위를 받았으니 따로 조로 칭할 이유가 있는 것입니다. 이밖에 부자간에 계통을 이었을 경우에는 모두 종으로 불렀습니다"고 하니, 선종으로 결정했다.

광해군이 선종의 묘호를 고쳐 올려 선조라 하고, 휘호를 추가해 올렸다. _『연려실기술』 별집, 국조전고, 묘호·시호

이때까지만 해도 '조'는 건국한 임금에게 붙였고, 명 성조와 조선 세조는 예외적이었다. 이 두 임금은 조카의 자리를 빼앗아 왕위에 오른 공통점이 있다. 그것이 옳건 그르건 간에 윤근수의 글에서는 새로운 계보를 시작한 지배자란 의미에서 '조'를 붙였다고 설명했다.

선조를 두고는 두 가지 업적을 내세우며 조를 붙이려 했다. 명나라의 역사서에 이성계가 이인임의 후손으로 잘못 기록되어 있어 조선왕조에

서는 이를 고치려 200년간 노력하였는데, 마침내 선조 때에 와서 이를 해결한 것이 첫번째 업적이다. 또 임진왜란을 극복한 것이 두 번째 업적이다. 그렇지만, 윤근수는 높게 평가를 받아 종묘에서 영원히 제사를 받게 되는 지위, 즉 불천지위에 속한 임금이라도 조를 붙이지 않았다고 하여, 결국 선조가 아닌 선종으로 낙착되었다. 그러나 광해군은 아들 된 도리로서 나중에 선조로 높였다.

처음에는 조와 종에 차이가 없었고, 단지 새로 나라를 세웠거나 정통이 끊어졌다가 다시 이은 임금에게만 조를 붙였다. 다시 말해 계보의 시조가 되는 임금에게만 부여한 것이었다. 선조의 칭호에 반대한 신하들은 "외침을 당했지만 곧 수복한데다 정통이 중간에 끊어진 일이 없으니, 조라 칭하는 것은 옳지 않다"고 하였다.

그렇지만 시간이 흐르면서 조가 종보다 높은 것으로 인식되기 시작했다. 개국한 것 못지않은 큰 공을 세웠다는 명분을 내세운 것이다. 위에 인용한 윤근수의 글에서처럼 큰 공이 있으면 조를 붙이기 시작했고, 그 길을 연 것이 명나라 성조와 조선의 세조, 선조였다. 인조의 묘호를 정할 때에 다시 의견이 분분했다.

처음에 인조 시호묘호를 의논하면서 먼저 조·종 두 글자를 올리니, 효종이 '조'자를 쓰라고 지시했다. 처음에 열조烈祖라고 정했다가 도중에 헌조憲祖로 고쳤고, 최종적으로 인조로 정했다. 조로 호칭하는 것, 그리고 한 사당 안에서 인종의 인仁자와 중복되는 것이 좋지 않다는 외부의 의견이 많았다. _『연려실기술』 별집, 국조전고, 묘호·시호

그러나 심대부1586~1657는 인조로 삼는 것에 반대하며 상소했다.

예로부터 조·종의 칭호에 우열이 있는 것은 아니었습니다. 창업한 임금만이 홀로 조로 불린 것은 국가를 개창한 1대 임금이어서 자손이 시조로 삼았기 때문이니, 역대의 태조나 고조와 같은 부류에서 볼 수 있습니다. 그밖에 선대의 뒤를 이은 임금들은 비록 큰 공덕이 있어도 모두 조로 호칭하지 않았습니다. 이것은 옛날부터 지금까지 깨뜨릴 수 없는 규정입니다. _효종실록 즉위년(1649) 5월 23일

심대부는 왕망의 난을 평정하고 한나라를 다시 복구하여 후한시대를 연 광무제는 개국시조나 마찬가지기에 세조란 묘호를 올린 것이 타당하다고 하였다. 그러면서 명 태종을 성조로 올린 것은 당시 지식인들의 비난을 받았다는 사실을 지적했고, 조선 세조와 선조가 조로 칭해진 것은 옳지 않은 일이라고 비판함으로써, 인조 묘호의 채택에 반대했다.

그렇지만 세조, 선조, 인조가 부여되면서 조선에서 점차 이 원칙이 무너져 남발되었다. 조선시대에 태조를 비롯하여 세조, 선조, 인조, 영조, 정조, 순조는 이렇게 해서 등장했다. 영조나 정조의 경우만 해도 원래는 영종과 정종이었다가 고종 때에 비로소 조로 바꾸어 올렸다. 그러기에 실록에는 영종, 정종으로 적혀 있다. 순조는 홍경래의 난을 잘 극복했다는 명분으로 철종 때에 바뀐 것이다.

영종대왕의 묘호를 올려서 '영조'로 하고, 시호를 고쳐 올려서 '정문선무희경현효正文宣武熙敬顯孝'로 하였고, 존호를 추가해 올려서 '중화융도숙

장창훈中和隆道肅莊彰勳'으로 하였다. 정성왕후의 존호는 '원렬'로, 정순왕후의 존호는 '정현'으로 하였다. _고종실록 27년(1890) 1월 5일

반정의 공이 큰 중종도 중조로 삼으려는 시도가 있었다. 중종이 사망한 직후 인종은 세조의 사례를 들어 조자를 쓰고 싶어 했으나 신하들의 반대에 부딪혀 포기했고, 영조 때에도 재론되었지만 결국 성공하지 못했다. 이때만 해도 묘호 부여 원칙을 고수하려 했던 것이다. 반정에 성공한 두 임금인 중종과 인조가 서로 달라진 이유가 여기에 있다.

중종대왕이 난역을 물리치신 반정은 하늘에 응하고 인심에 순응한 것인 만큼, '조'로 묘호를 삼는 것이 마땅하지 '종'으로 삼는 것은 적절하지 않습니다. _영조실록 22년(1746) 10월 24일

1985년에 영월군 유적을 조사할 때에 KBS 방송국 안으로 옮겨져 있던 정조 태실비를 본 적이 있다. 실록에는 정조가 태어난 지 5개월이 지난 1753년 정월에 영월 계족산 서쪽에 묻었다고 하는데, 이것을 방송국 안으로 옮겼다가 다시 원래 자리인 태봉 부근으로 옮겼다고 한다. 전국에 태봉이란 지명이 많이 있는데, 대개 왕실의 태를 묻은 곳에서 비롯된 것이다. 태를 생명줄로 여겨 이를 땅에 정성껏 묻는 풍습은 중국에 없는 우리나라 특유의 풍습이니, 선조실록에 사관이 쓴 글에는 이런 풍습이 "신라와 고려 사이에 발생한 것으로 중국에는 없다"고 하면서 "의리에도 어긋나고 풍수지리설에도 근거가 없다"고 지적했다. 그런데 정조가 사망한 직후에 세운 이 비석 전면에는 '정종대왕태실'이라

그림 8 정종대왕 태실비(1985. 12)

적혀 있다.그림 8 정조는 원래 정종이었던 것이다.

시호와 묘호는 사후에 왕의 행실을 평가한 것이라 한다면, 존호尊號는 살아 있는 동안 신하들이 존경과 찬양의 의미로 올리는 것으로서, 조정의 경사가 있을 때마다 추가로 올렸다. 때로는 왕이 사망한 뒤에 생전의 업적을 재평가하여 올리는 예도 있었으니, 이를 추상존호追上尊號라 한다. 존호도 업적 평가의 의미가 있지만, 비난하는 존호는 있을 수 없다. 시호와 묘호는 선진시대에 이미 등장하지만 존호는 당나라 때부터 사용하였다. 측천무후는 처음에 '성신황제'라고 했다가 다섯 차례 변경하여 최종적으로 천책금륜성신황제天冊金輪聖神皇帝가 되었다. 그 뒤에 여러 차례 올려 받는 일이 자주 발생했으니, 요나라 성종은 최종적으로 22자에 이르렀다.

발해 정효공주 묘지명이 1980년 발굴됨에 따라 아버지 문왕의 존호가 '대흥보력효감금륜성법대왕大興寶曆孝感金輪聖法大王'임이 확인되었다.그림 9 대흥과 보력은 문왕 시대의 연호이고, 효감은 유교적, 금륜성법은 불교적 용어이다. 유교와 불교를 통해서 나라를 대흥시킨 임금임을 추정할 수 있다.

존호는 조선시대에 대체로 10자 미만이던 것이 숙종 때에 갑자기 30여 자로 늘어났고, 급기야 영조 때에는 50자가 넘었다. 시호에서 '조'가

남발되었듯이 존호에서도 인플레이션이 일어났다. 이런 점에서 조선후기에 시호와 묘호, 존호 모두 원칙이 무너졌다고 할 수 있다.

고종 27년1890에 영종을 영조로 바꾸고 시호와 존호를 또 올리기 전까지 사용된 영조의 호칭은 '영종/지행순덕영모의열/장의홍윤광인돈희/체천건극성공신화/대성광운개태기영/요명순철건건곤녕/배명수통경력홍휴/익문선무희경현효대왕英宗/至行純德英謨毅烈/章義弘倫光仁敦禧/體天建極聖功神化/大成廣運開泰基永/堯明舜哲乾健坤寧/配命垂統景曆洪休/翼文宣武熙敬顯孝大王'이다. 여기서 영종은 묘호이고, 그다음에 48자 존호가 따르며, 마지막 8자는 시호이다.

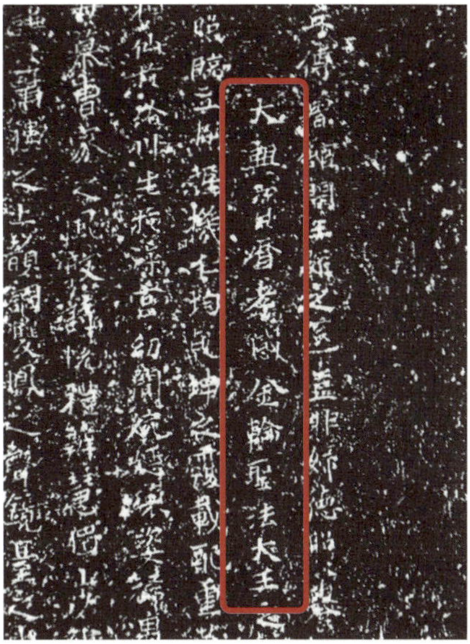

그림 9 문왕의 존호(오른쪽에서 둘째 줄)가 보이는 정효공주 묘지명

존호는 원래 8자가 원칙이므로 매번 8자씩 추가되었다. '지행~의열'은 영조 16년1740, '장의~돈희'는 28년1752, '체천~신화'는 32년1756, '대성~기영'은 48년1772, '요명~곤녕'은 52년1776에 부여된 것으로 생전에 다섯 번 존호를 올렸고, '배명~홍휴'는 사후인 정조 8년1784에 추가로 올린 것이다. 또 '익문~현효'는 사망 직후1776에 올린 시호이다. 존호만 보면 생전에 다섯 차례에 걸쳐 40자를 받았고, 정조 때에 8자, 고종 때에 8자 해서 모두 56자에 이르게 되었다.

영조의 존호에는 처음에 조심스러운 글자들이 쓰이다가 나중에는 '요·순 같은 명철함'을 비롯하여 최상의 글자들을 사용했다. 네 번째로 존호를 올릴 때의 일이다.

임금이 덕유당에 나아가 … 존호를 개정하게 했다. 신하들이 '대성광운개태영강大成廣運開泰永康'으로 의논해 올리니, 임금이 '광운'이란 글자는 옛 임금이 사용한 것이라 하여 거듭 사양하며 왕의 계통을 바르게 한 업적으로 존호를 얻고자 하였다. 이복원이 "'개태'란 두 글자는 태평함을 연다는 뜻을 띠고 있으니 '정통正統, 계통을 바르게 한다' 두 글자는 저절로 그 가운데 있습니다"고 말했다. _영조실록 48년(1772) 11월 5일

이렇게 해서 '개태'는 받아들여졌지만, '영강'은 '기영'으로 바뀌었다. 이처럼 존호는 신하와 왕이 상의하기 때문에 평가에 한계가 많을 수밖에 없었다. 그러기에 때로는 아부의 성격도 띠고 있었다.

당시에 임금 나이가 79세로서 즉위한 지 49년이 되고 중전이 재위한 지 15년이 되어서 신하들이 존호를 추가하고 축하연을 베풀기를 청했다. 임금이 사양하며 굳게 거절하니, 상하 신하들이 서로 버티며 날마다 이것을 일로 삼았다. _영조실록 48년(1772) 5월 1일

결국에는 신하들의 견해를 받아들여 존호를 받았고, 그것이 바로 위에 인용한 것이다. 존호와 달리 사후에 평가되는 시호와 묘호는 상대적으로 조금 더 자유로웠을 것이다. 군주는 자신이 땅속에 들어간 뒤에 어찌 평가될 것인가를 생각하면 게으름을 피울 수 없었다.

폭군과 성군

고주몽, 온조, 박혁거세, 대조영 하면 건국을 생각하게 되고 광개토왕, 진흥왕 하면 정복 전쟁을 벌이는 전쟁터가 그려진다. 무열왕과 문무왕 하면 삼국통일이 떠오르고, 의자왕 하면 나라를 망친 왕으로 각인되어 있다. 또 폭군은 연산군이나 광해군을 지목하게 되고, 성군은 세종을 당연히 손꼽게 된다.

우리나라 역대 대통령 가운데 박정희에 대한 평가가 가장 논란이 많다. 경제 발전을 중시하는 진영과 민주화를 중시하는 진영 사이에 대결 양상을 띤다. 그런가 하면 어떤 대통령은 독재자로 낙인 찍혀 있다. 잘못은 일단 제외하고 역대 대통령이 남긴 업적만 보면, 이승만은 건국, 박정희는 경제 개발, 전두환은 경제 안정, 노태우는 북방 외교, 김영삼은 금융실명제와 군부 숙정, 김대중은 경제위기 극복과 햇볕정책, 노무현은 권위주의 청산을 손꼽을 수 있겠다.

이런 식으로 왕의 치적을 요약하여 내세운 사례를 역사 기록에서도 찾을 수 있다. 영조가 사망한 직후에 손자인 정조는 영조의 치적으로 세 가지를 거론했다.

영의정이 이제 묘지문을 짓고 있거니와, 선대왕의 사업과 실적은 곧 균역均役, 탕평蕩平, 준천濬川이다. _정조실록 즉위년(1776) 5월 16일

영조는 세금 부담을 대폭 줄이는 균역법을 시행하여 백성들이 1년에 두 필씩 내던 군포를 한 필로 줄였다. 그 부족분은 지배층에서 거두어들여 사회 정의를 실현하고자 했다. 또 당쟁에 휘말려 있던 정국을 뜯어고치고 인재를 고루 등용하려 했으니, 이를 탕평정치라 한다. 그리고 준천사란 전담부서를 설치하여 청계천을 정기적으로 정비함으로써 백성들의 물난리 걱정을 덜어주었다. 몇 년이 흐른 뒤 정조는 다시 할아버지의 업적을 다섯 가지로 지목했다.

아, 선대왕께서 이룩하신 50년간의 거룩한 업적을 나 소자가 어찌 감히 다 따를 수 있겠는가? 만드신 법 가운데 큰 것을 삼가 상고해보면 다섯 가지가 있으니, 감필減疋, 준천, 금주, 호혼互婚, 거체祛髢이다. 앞의 두 가지는 잘 거행되어서 수십 년 동안 백성들이 구휼의 은혜를 입어 도탄에 빠지는 근심을 면할 수 있었다. 그다음 세 가지는 잠시 시행되었다가 이내 중지되었는데, 이 또한 선왕의 본의에서 나온 것이 아니라는 것은 역사 기록을 상고해보면 알 수 있다. _정조실록 12년(1788) 10월 3일

가발, 즉 다리를 얹는 풍조가 지나쳐서 정조가 이를 금지하는 조치를 내리면서 언급한 말이다. 감필과 준천은 앞글과 공통되지만, 탕평을 제외한 대신에 금주, 호혼, 거체를 지목했다. 금주는 영조 때에 엄하게 내린 금주령을 의미하고, 호혼은 천인과 양인이 혼인했을 때 그 소생에

대한 소속 규정을 다시 마련한 것이고, 거체는 머리에 얹는 가발인 다리에 대한 금지령이다.

왕의 업적은 비석이나 묘지로도 전해진다. 비석은 능 밖에 세웠고, 묘지는 돌에 새기거나 도자기에 구워서 무덤 안에 넣었다. 2009년 9월 초에 경주에서 문무왕릉 비석 조각이 200년 만에 재발견되었다는 기사가 났다. 1796년에 비석 조각 두 개가 처음 발견되었다가 종적이 묘연했는데, 1961년에 하나가 발견되어 경주박물관에 소장되어 있고, 나머지 하나가 주택가에서 다시 드러난 것이다.그림 1 이 비석에는 무열왕과 문무왕의 업적, 문무왕의 유언과 장례 등이 적혀 있다. 물론 신라의 모든 왕릉에 능비를 세웠던 것은 아니고, 무열왕과 문무왕, 선덕왕과 흥덕왕의 비석이 전해지고 있다. 왕릉 앞에 세우는 비석으로는 광개토왕비가, 무덤 속에 넣는 묘지명으로는 백제 무령왕 묘지석이 떠오를 것이다.

그림 1 새로 발견된 문무왕릉비

발해는 왕비와 공주의 묘지석이 무덤 안에서 발굴되었지만, 왕의 것은 아직 발견되지 않았다. 고려 때에는 왕릉에 묘지나 비석이 없었던 것 같다. 왕건릉만 해도 고려 때의 비석은 없고 묘지가 무덤에서 나왔다는 언급도 없다. 전해지는 고려 묘지명 가운데에도 왕은 보이지 않는다.

조선시대에는 왕릉 안에 묘지를 넣었다. 아버지가 직접 쓴 사도세자

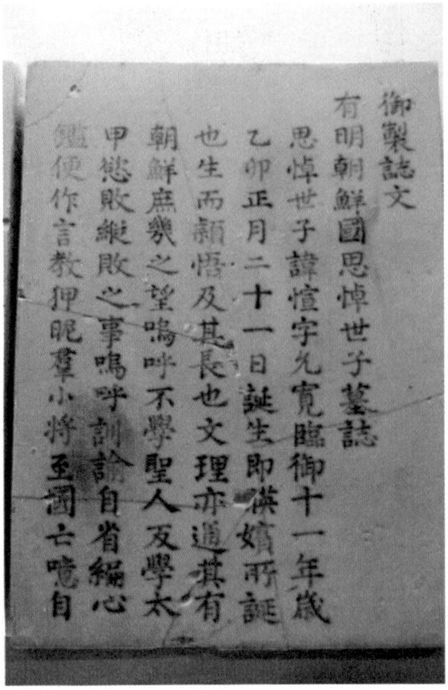

그림 2 사도세자 묘지(2009. 10)

묘지명이 국립중앙박물관에 전시되어 있다.[그림 2] 자신이 죽인 아들의 묘지문을 쓴 영조의 심경은 어떠했을까? 왕조 초창기에는 공훈이 있는 임금들에게 비석을 세웠다.

현릉[문종릉]에 비석 세우는 것이 가능한지 아닌지를 논의하도록 의정부에 지시했다.

영의정 정인지가 "대저 임금의 업적은 국사에 기록하는데 어찌 비석을 꼭 세워야 하겠습니까? 예전에 세종께서 헌릉[태종릉]에 비석을 세우고자 하여 신이 불가하다고 했더니, 세종께서 그대로 따르려 했습니다. 그러나 변계량이 '제왕의 무덤에 비석을 세우는 것은 예로부터 있었습니다. 명 태조 황릉에 비석이 있고 우리나라 건원릉[태조릉]에도 비석이 있는 것은 모두 건국자이기 때문입니다. 태종은 창업한 임금이 아니지만 나라를 열고 기틀을 다진 것이 모두 그의 공로인데 비석이 없을 수 없습니다'라고 건의하여, 세종께서 그 의견을 따랐습니다.

문종께서 장차 영릉[세종릉]에 비석을 세우려 할 때에 신이 또 불가하다고 했더니, 문종께서 '세종께서 대통을 계승하여 우리 조정의 각종 법률 제도를 빛나게 완비함으로써 후세인들이 여기에 의지하게 되었으니, 이른바 제사를 영원히 모시는 임금이 되셨다. 역시 비석을 세워 큰 업적을 기록하지 않을 수 없다'고 말씀하시고, 마침내 세우게 하셨습니다. 문종께서는 나라를 다스린 지 오래지 않아 별달리 기록할 만한 일이 없으니, 꼭 비석을 세울 필요는 없습니다"라고 대답하였고, 좌의정 한확 등은 "헌릉의 비석을 이미 만들었으니 마땅히 올가을에 세우소서"라고 대답했다. 세우지 말라고 명했다. _세조실록 2년(1456) 1월 25일

그림 3 태종릉인 헌릉의 신도비(2008. 8)

왕이나 고관의 무덤 앞에 세우는 비석을 신도비神道碑라 부르니, 신의 길 즉 무덤길에 세운 비석이란 뜻이다. 그림 3 신도비는 무덤 남동쪽에 세운다. 왕조 초기에 뚜렷한 업적을 남긴 태조, 태종, 세종은 비석이 있지만, 위의 논의를 계기로 문종부터는 신도비 세우는 전통이 끊어졌다.

왕은 하늘의 대리인이요 결함이 없는 성인군자로 포장되었으므로, 그런 존재를 신하가 비판하기란 매우 어려운 일이다. 사후에 왕을 평가하는 성격을 띤 시호와 묘호는 대개 아들이 즉위하여 아버지를 평가하는 것이기에 칭송 일변도로 흐를 가능성이 크다. 시호가 대부분 미칭에 속하는 것만 봐도 그렇다. 그럼에도 역사서에는 성군만 있지 않고 폭군도 등장한다. 시호와 묘호가 제도적이고 기계적인 평가인 데 비해서, 폭군이니 성군이니 하는 말은 좀 더 자유롭고 비공식적이기는 하지만

후세인이 내리는 평가요 역사적인 평가라서 그 나름의 의미가 있다.

폭군으로는 서양사에서 네로황제가 떠오르고, 중국사에서 전설적인 임금인 하나라의 걸桀, 은나라의 주紂가 떠오른다. 둘을 합하여 걸주라 하면 폭군의 상징어가 된다. 주 임금의 학정에서 나온 말이 바로 포락지형炮烙之刑과 주지육림酒池肉林이다. 포락형이란 기름칠한 구리 기둥을 숯불 위에 걸쳐놓은 다음, 죄인에게 그 위를 오르게 하여 떨어지면 불에 타 죽게 하던 잔인한 형벌이다. 상상만 해도 끔찍한 일이다. 주지육림은 아래 글에 나온다.

술과 음탕한 음악을 좋아하고 여자에 빠졌다. 달기를 총애하여 그녀의 말이면 무엇이든 따랐다. 사연에게 북리北里, 유곽의 춤과 미미靡靡, 퇴폐의 악곡이란 음탕한 음악을 짓게 했다. 세금을 무겁게 하여 녹대鹿臺, 창고를 돈으로 채우고 거교鉅橋, 창고를 곡식으로 채웠다. 더욱이 개와 말, 기이한 물건을 모아서 궁실을 가득 메웠다. 사구沙丘, 지명의 원대苑臺, 정원를 크게 확장하여 야수와 새들을 풀어놓았다. 그는 귀신도 우습게 알았다. 사구에 풍류놀이를 크게 열어 술로 연못을 만들고 고기를 숲처럼 빽빽이 걸어놓았다. 벌거벗은 남녀들이 그 안에서 서로 쫓아다니게 하면서 밤이 새도록 술을 마셨다. 백성의 원성이 높아가고 제후들도 배반하는 자가 있자, 주는 형벌을 강화하여 포락이라는 형벌까지 만들어냈다. _『사기』 은 본기

이리하여 '북리의 춤'과 '미미의 소리'는 나라를 망친 음악을 상징하게 되었다. 중국사를 보면 술 마시다가, 사치하다가, 방탕하다가 나라를 망친 제왕들이 있다. 전진前秦의 부생苻生, 355~357 재위은 날마다 술에 빠

졌고 신하들에게도 과음을 강요하며 즐겼다. 천성도 잔인하여 산 짐승의 가죽을 벗겨 궁궐에서 미쳐 날뛰게 하였고, 사람 얼굴의 가죽까지 벗긴 다음 춤을 추게 하고 신하들이 지켜보게 했다. 결국 폐위되어 죽임을 당할 때에도 술에 취해 혼미한 상태였으니, 이때 그의 나이 22세였다. 우리 고대사에서 폭군 하면 우선 고구려 모본왕이 떠오른다.

4년[51], 왕이 날로 포악해져 항상 사람을 깔고 앉거나 베고 누웠다. 그 사람이 움직이기라도 하면 용서하지 않고 죽였다. 이를 간하는 신하는 활을 당겨 쏘았다. _『삼국사기』 고구려 모본왕

결국 옆에서 시중을 들던 두로가 "나를 쓰다듬으면 임금이지만 나를 학대하면 원수다"는 『상서』 구절을 인용하면서 그를 찔러 죽이고 말았다. 폭군이랄 것은 없지만, 신라 진성여왕은 신하나 미소년과 음행을 저질러 국가의 기강을 무너뜨렸다. 고려시대가 되면 충혜왕이 있다. 사망한 직후의 평가이다.

왕은 전후 6년간 재위했고 사망했을 때 나이는 30세였다. … 왕의 성품이 호방하고 주색을 좋아했으며, 놀이에 빠지고 음탕하기가 절도가 없었다. 다른 사람의 처첩이 아름답다는 말을 들으면 친소와 귀천을 막론하고 모두 끌어들여 100여 명의 후궁을 거느렸다.

재물 이득에는 터럭만한 것도 따지며 항상 경영하기를 일삼으니, 소인배가 다투어 계책을 꾸몄다. 다른 사람의 토지와 노비를 빼앗아 모두 보흥고寶興庫에 넣었고, 좋은 말로 궁궐 마구간을 채웠다. 포布를 이슬람

인 집에 내려주어 그 이자를 받아냈고, 소를 잡아 날마다 15근씩 고기를 바치게 했다.

궁궐을 새로 지을 때에는 깃발을 벌이고 북을 설치해놓고 친히 담장에 올라 감독했다. 궁궐이 완성되자 각 도에 칠을 징수하고 단청 안료를 수송하게 하되, 기한을 어긴 자에게는 포를 두 배로 받아냈다. 관리는 이를 기화로 농간을 부리고, 백성은 근심하고 원망했으며, 소인배는 뜻을 얻고, 충직한 사람은 배척되었다. 한 사람이라도 직언하는 자가 있으면 반드시 살육했으니, 사람들이 단죄를 무서워하여 감히 말하지 못했다. _『고려사』 충혜왕 후5년(1344) 정월

충혜왕은 방탕하여 왕위에서 물러났다가 복위한 경력이 있다. 조선시대에는 단연 연산군과 광해군이 있다. 이들은 반정으로 왕위에서 쫓겨나 왕자로 강등되었고, 다음 왕은 즉위한 해부터 곧바로 원년으로 삼았으며, 이들이 통치하던 시대의 기록도 실록이 아닌 '일기'라 했다.그림 4 무덤도 왕릉이 아닌 묘이기에 세계문화유산에도 들지 못했다. 연산군 묘는 서울 도봉구에 있고, 광해군 묘는 경기도 남양주에 있다. 다음은 연산군을 총괄적으로 평가한 부분이다.

어렸을 적에 학문을 좋아하지 않았으니, 동궁의 관리가 공부를 권하면 가슴 속에 깊이 품어두었다. 즉위한 뒤에 궁중에서의 행실이 매우 나빴지만 외부에서는 오히려 알지 못했다. 만년에는 난잡해지고 주색에 빠졌으며, 포악한 정치를 크게 일삼았다. 대신·대간·시종을 거의 죽였는데, 불에 달구어 지지고 가슴을 베고 마디마디 끊고 뼈를 바수어 바람

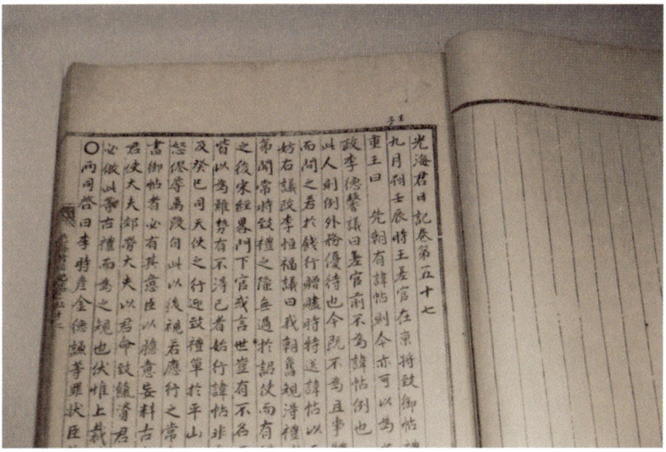

그림 4 광해군일기(2009. 10)

에 날리는 형벌까지도 있었다. 마침내 폐위시켜 교동喬桐, 강화군으로 옮기고 연산군으로 봉했는데, 몇 개월 살다가 병으로 죽으니 나이 31세이고 재위 12년이었다. _연산군일기 즉위년(1494) 총서

결국 그를 쫓아낸 중종반정이 일어났는데, 당시 이를 직접 목격한 내시가 전하는 폭군의 마지막 모습이다.

반정하던 날 숙직하던 승지는 윤장·이우·조계형이었습니다. 그날 새벽에 신이 자는 방 창문 밖에 승지들이 직접 와서 급히 부르며 "돈화문 밖에 군마가 많이 모였으니, 필시 큰일이 생긴 것이다. 속히 왕께 아뢰라"고 하기에 신이 즉시 그 사실을 아뢰었습니다. 폐주廢主는 곧 차비문 밖에 나가 신에게 승지들을 부르게 하여 "무슨 일이 있느냐?"고 물으니, 승지들이 "군마가 이미 성을 둘러싸고 나열해 있는데, 신도 그 까닭

을 모르겠습니다"고 아뢰었습니다.

폐주는 이 말을 듣고 놀랍고 두려워서 어쩔 줄 모르고 있는데, 어떤 사람이 와서 "군사가 담을 넘어 들어오기도 하고 담을 헐고 들어오기도 합니다"라고 보고하니, 폐주는 더욱 정신이 나갔습니다. 그때 승지 한 사람이 먼저 "신이 가보겠습니다"고 아뢰고는 가서 돌아오지 않았고, 두 승지도 뒤따라 나갔습니다. 신 역시 놀라 정신이 나갔기에 어느 승지가 먼저 나갔는지 알 수 없습니다. _중종실록 9년(1514) 1월 28일

반정을 갑자기 당한 연산군이 얼마나 얼이 빠졌는지 그림이 그려진다. 반정反正이란 바른 상태로 돌려놓는 일이니, 옳지 못한 임금을 쫓아내고 바른 임금을 세우는 것이다. 승지는 승정원의 고위직으로 가까이서 왕을 보필하던 벼슬아치인데, 이미 대세를 파악하고 피신했던 것 같다.

다음 폭군은 광해군이다. 그를 쫓아내면서 대왕대비가 지적한 그의 행실이다.

형과 아우를 살해하고 조카들을 도륙하고 서모庶母를 때려죽이기까지 했으며, 여러 차례 큰 옥사를 일으켜 무고한 사람들을 큰 고통에 빠뜨렸다. 민가 수천 호를 철거하고 두 궁궐을 창건했는데, 토목공사가 10년이 되도 끝나지 않았다.

선왕조의 원로대신들을 거의 모두 축출했고, 인척이나 궁녀나 환관 가운데 악한 짓을 유도하는 무리만 신임했다. 정사에 뇌물이 통하여 무식한 자들이 조정에 가득했고, 금을 싣고 와서 관직을 사는 것이 장사꾼이나 마찬가지였다. 부역이 과중하고 수탈에 원칙이 없었으니, 백성

들이 견딜 수 없어 도탄에 빠져 아우성을 쳤다. 국가를 마치 깃대 끝에 대롱대롱 매달린 술처럼 위험한 지경에 빠뜨렸다. 이것만 아니다. … 광해군은 중국의 은덕을 저버리고 천자의 명을 두려워하지 않았으며, 배반하는 마음을 품고 오랑캐와 화친했다. _광해군일기 15년(1623) 3월 14일

외교와 관련된 마지막의 죄목은 지금에 와서 재평가되었다. 명나라에서 청나라로 넘어가는 과도기에 독자적인 외교를 펼친 것으로 보는 것이다. 그렇지만 앞에 든 것은 폭군들이 흔히 저지르는 죄악들이다. 서울에 온 명나라 장수가 광해군의 악정을 기롱하면서 지은 시로 전해지는 것이 있다.

향내 나는 맛있는 술은 천 사람의 피고 淸香旨酒千人血
가늘게 썬 진기한 안주는 만백성의 고혈이네 細切珍羞萬姓膏
촛농이 떨어질 때 사람 눈물 떨어지고 燭淚落時人淚落
노랫소리 높은 곳에 원성 소리 높도다 歌聲高處怨聲高

_『속잡록』 임술년(1622) 2월 3일

이 시는 많이 익은 것이다. 춘향전에서 본관사또의 호화로운 잔치를 풍자한 시와 거의 같기 때문이다. 춘향전에서는 '청향지주'가 '금준미주金樽美酒'로, '세절진수'가 '옥반가효玉盤佳肴'로 바뀌었을 뿐이다. 춘향전의 시가 여기에서 유래되었다는 주장이 제기될 만하다.

2009년 10월에 단종의 비 무덤인 사릉을 들른 다음에 부근의 광해군 묘를 찾았다. 영락교회 공원묘지 안으로 들어가 오르다 보면 오른쪽

그림 5 광해군 묘비

그림 6 능성 구씨의 시제. 맨 위가 연산군 부부묘(2009. 11)

철망에 안내표지판이 나오고, 소나무 숲 속에 방치된 듯한 무덤이 보인다. 여기저기 파손된 장명등이 주변 축사의 소 울음과 함께 더욱 쓸쓸한 분위기를 자아냈다. 남편이 군이 되니 배우자도 왕비가 아니라 군부인으로 묘비에 새겨 있었다.그림 5

11월에는 우이령 입구에 있는 연산군 묘에도 가보았다. 부부 무덤 아래쪽에는 태종의 후궁 묘가 있고, 그 아래에는 연산군의 딸과 사위 무덤이 있다. 마침 연산군의 사위 집안인 능성 구씨들이 시제를 지내고 있었다.그림 6

도덕군자인 성군보다는 폭군이 사람들의 흥취를 더 자아낸다. 남겨진 사실들이 입에 오르기 좋을 만큼 흥미진진하기 때문이다. 이에 비해서 성군은 모범적이긴 하지만 얘깃거리는 밋밋하기 마련이다. 중국에서 제일 위대한 성군은 영조의 존호에도 들어가 있는 요, 순 임금이다.

이들에 이어서 우왕, 탕왕, 문왕, 무왕, 주공과 같은 성군들이 다스리던 태평성대가 펼쳐졌다. 그러기에 중국에서 이상사회는 미래에 있지 않고 과거에 있었고, 항상 과거를 그리워하고 그때로 돌아가려는 상고적, 복고적 인식을 하게 되었다. 하지만 이때는 전설적인 시대였다. 후대의 제왕 가운데에는 당 태종의 정관 연간貞觀之治이나 당 현종의 개원 연간開元之治이 태평성대를 상징한다. 또 청나라 강희제와 건륭제는 '강희·건륭의 시대'란 전성기를 열었다.

우리나라에서는 단연 세종이다. 관습적으로 대왕이라 부르는 몇 안 되는 임금 가운데 하나다. 세종 어진은 전해지는 것이 없어 아쉽지만 덕수궁이나 여주 영릉 등에 동상이 있고, 2009년 한글날을 계기로 광화문에 또 하나의 동상이 세워졌다.그림 7 성웅 이순신과 성군 세종이 광화문에 나란히 서게 되었다. 물론 1만 원짜리 화폐에도 초상이 들어 있다. 그러나 북한에서는 이데올로기 때문에 누가 한글 창제를 했는지 가르치지 않고 있다.

실록에서 '해동의 요순'이요 '동방의 성주'라고 하면서 가장 많이 언급된 임금이다. 공부하는 왕인 세종은 독서열이 대단했으니, 사관이 이렇게 적었다.

임금이 동궁으로 있을 때부터 배우길 좋아하고 게을리하지 않아서, 일찍이 가벼운 병환이 있어도 오히려 책읽기를 그치지 않았다. 태종이 어린 내시를 시켜서 서책을 다 감추고 다만 송나라 구양수와 소식의 편지를 모은 책만 곁에 두었더니, 이를 모두 읽어버렸다. 즉위한 뒤로는 손에서 책을 놓지 않았고, 수라를 들 때에도 반드시 책을 좌우에 펼쳐놓

그림 7
세종대왕 동상과
한글날 현수막(2009. 10)

앉으며, 한밤중이 되도록 힘써 읽고 싫증내지 않았다. 일찍이 근신에게 "내가 궁중에 있으면서 손을 거두고 한가롭게 앉아 있을 때는 없다"고 말했다. _세종실록 5년(1423) 12월 23일

한여름에 책을 많이 읽어 건강을 해칠까 신하가 염려하자 "나는 글을 읽을 때에 백 번 되풀이하지 않은 것이 없다"고 말했을 정도다. 그가 사망한 뒤에도 찬사는 끊이지 않았으니, 세조는 할아버지 태종보다 아버지 세종을 더 높이 평가했다.

임금이 조용히 좌의정 강맹경에게 말했다. "태종과 세종은 모두 덕이 많은 영결한 군주였으나, 예악을 만들고 법도를 세우고 규정을 정하는 데 완전무결하게 한 것은 태종이 진실로 세종만 못하다." 강맹경이 대

답했다. "어찌 우열이 있겠습니까? 태종은 초창기라서 겨를이 없었을 뿐입니다. 세종의 정치는 사실 태종의 범위 안에 있습니다." _세조실록 5년(1459) 2월 8일

중종 때에는 세종의 업적 가운데 제사와 사대에 대한 정성을 손꼽았다.

국가의 제도와 정치가 세종 때에 극성했는데, 당시에 가장 중히 여긴 것이 신神을 섬기고 대국을 섬기는 예절이었습니다. 신이 들으니 세종은 향실香室에 자주 납시어 정성스럽지 못한 일이 있으면 담당 관리를 처벌했고, 사대의 예절도 지극하게 하지 않은 적이 없었다고 합니다. _중종실록 13년(1518) 4월 17일

향실은 국가 제사를 담당하던 관청이다. 영조 때에는 인재를 배양한 성군으로 세종을 묘사하였다.

임금이 "선조 때에 인재가 그렇게 성했는데도 지금 사람들이 매번 영묘세종 때보다 못하다고 말하는 것은 무슨 까닭인가?" 하니, 원경하가 "영묘 때는 우리나라에서 제일 으뜸가는 문명의 시대였습니다. 도덕과 문장이 능한 선비가 배출되었을 뿐 아니라 예악을 만들어가던 시대라서 박연처럼 기술과 예능이 뛰어난 온갖 장인들도 시대에 부응하여 태어났습니다. 또 경쇠를 만드는 옥돌이나 율관을 만드는 기장黍도 시대에 부응하여 출현하게 되었습니다"고 답했다. 임금이 "남양의 옥과 해

주의 기장도 그때에 나온 것들이다"고 말했다. _영조실록 26년(1750) 1월 9일

박연이 편경을 만들 때에 경기도 남양에서 나는 옥을 사용했고, 음을 조율하는 율관을 만들 때에는 해주에서 나는 기장을 썼다고 한다. 선비와 장인은 물론이고 사물마저도 시대에 맞춰 등장한 시기로 묘사되어 있다. 이처럼 문치에 뛰어났기에 세종이 사망한 뒤 묘호를 문종으로 하는 것이 좋지 않겠나 하는 논의가 있었다.

허후·정인지 등이 의논하여 "역대로 세종이라고 일컬었던 임금은 중흥했거나 창업한 경우였습니다. 대행대왕은 이와 같지 않은데도 세종이라고 일컫게 되면 덕행을 기록하는 뜻에 어긋나고 역대 칭호의 의도와도 다르게 됩니다. 청컨대 문종文宗이라 고쳐서 실제의 덕행을 기록하게 하소서"라고 아뢰니, 임금이 "비록 세종이라 했지만 선왕의 덕행을 누가 모르겠는가? 더구나 북방 경략에 공훈이 있었으니 세종으로 삼는 것도 옳지 않겠는가?"라고 말했다. _문종실록 즉위년(1450) 3월 13일

이처럼 조선시대에는 세종을 가장 높이 평가했으며, 다른 왕들을 평가하는 기준이 되었다. 세종 다음으로 높이 평가받은 성군은 성종이었던 것 같다. 다음은 인조 때에 최명길이 아뢴 말이다.

공훈으로는 태조·태종·세조보다 더 큰 분이 없고 덕행으로는 세종보다 더 훌륭한 분이 없지만, 이들은 연대가 멀어서 귀와 눈이 미치지 못합니다. 제도와 문물을 볼 수 있고 유풍과 은택이 아직 사라지지 않아

서 오늘날까지 사람들이 칭송하여 마지않는 분은 오직 성종뿐이니, 지금 잊지 못하는 심정을 본다면 당시 신민들의 마음도 상상할 수 있습니다. _인조실록 13년(1635) 3월 4일

중종 때에도 세종과 성종을 비교한 적이 있다. 잡학이나 장인을 중시했던 세종이나 군사 훈련을 중시했던 성종을 본받아야 한다는 지시다.

어제 대간이 세종을 본받으라고 한 말은 지당하다. 세종이 치적에 부지런히 힘써서 예악과 문물을 완비하고 온갖 장인의 기술과 예능에도 모두 정통했던 것을 모름지기 본받아야 한다. 세종은 천문에도 정통하여 밤낮으로 연구했고, 한 장인에게 흠경각欽敬閣을 짓도록 하여 천시天時를 관찰하게 했으니, 이는 지금까지도 아름답게 여기고 있다. 삼학三學; 천문학, 지리학, 명과학과 의술이 잡학이라고는 하나 각각 그 소임에 충실해야 할 것이다. 그림에 관한 일만 보더라도 세종 때의 도화圖畫는 지금과 비교하면 사뭇 달랐고, 서책과 인쇄 종이도 모두 아름다웠다. 작은 일이라도 가볍게 생각하면 안 될 것이다.

내가 아는 것으로 말하면 성종 역시 나랏일에 부지런했다. 책을 강론하고 문장을 짓는 일에는 더욱 범연히 하지 않았고 군비를 갖추는 데도 정성을 기울였다. 『경국대전』에는 한 달에 두 번 군사 진법을 익힌다고 했는데, 두 번 다 하지는 못했을지라도 어찌 한 번마저 폐지했겠는가? 추위를 헤아리지 않고 10월과 정월에도 당연히 했고, 단옷날에는 으레 모화관에 행차하여 무술 재주를 관람했다고 한다. _중종실록 33년(1538) 10월 5일

종묘의 신위를 옮기는 문제를 두고 논하는 과정에서 조선초기 왕들을 비교한 대목도 주목된다.

우리 태조·태종은 주나라 문왕·무왕과 송나라 태조·태종이요, 세종은 송나라 인종이며, 세조 역시 중흥한 임금입니다. 공으로 보나 덕으로 보나 모두 백세 불천의 신위이니, 태종은 결코 옮길 수 없습니다. _연산군일기 1년(1495) 10월 2일

우리가 잘 알고 있는 영조나 정조에 대한 평가는 자료가 많지 않다. 왕조가 그 뒤로 오래가지 못하여 평가를 할 시간적 여유가 없었던 데 원인이 있을 것이다. 이들이 '조선의 르네상스'를 이끈 성군으로 평가된 것은 후세 역사학자들의 힘이다. 과연 대한민국의 역대 대통령 가운데 성군처럼 평가되는 인물은 언제쯤이나 나올지 궁금하다. 그때가 되면 태평성대가 다시 올 것이리라.

상서와 재이

2010년은 경인년으로 60년 만에 돌아온 백호의 해다. 경인庚寅의 '경'은 방위로는 서쪽에, 색깔로는 흰색에 해당하고, '인'은 호랑이를 가리킨다. 지금도 때때로 흰 까치, 흰 사슴, 흰 노루 등이 나타나면 신문 가십을 장식한다. 또 흰 뱀은 민간에서 희귀한 보약으로 여겨 많은 돈을 주고 사 먹는다. 이들은 몸에 색소가 형성되지 않는 알비노 현상 때문에 나타난 돌연변이란 걸 잘 알고 있다. 그럼에도 다른 한편으로는 이런 흰 동물이 나타나면 길조라고 생각하니, 이것은 첨단 과학시대에 남아 있는 과거 전통적 사고의 일단이라 할 것이다.

전통시대에 흰색 동물은 상서로운 것으로 생각했다. 고구려 벽화에 보이듯이 서쪽 수호신이 백호이고,그림 1 한라산 백록담에도 흰 사슴과 관련된 전설이 서려 있다. 일본에서는 조정에 바쳐진 흰 꿩이 길조라 하여 그해를 백치白雉 원년650으로 삼았다. 이런 생각은 이미 삼국시대부터 있었다.

48년213 7월에 서부인 회회가 흰 사슴을 잡아서 바쳤다. 왕이 상서롭게 여겨 곡식 100섬을 내려주었다. _『삼국사기』 백제 초고왕

그림 1 강서중묘 서벽의 백호

태조대왕을 비롯하여 고구려 몇몇 왕은 사냥을 나가 흰 사슴을 잡은 것으로 기록되어 있다. 고려시대에는 이런 물건을 바치는 일이 잘 보이지 않지만, 조선시대가 되면 왕에게 아부하거나 자신의 승진을 바라면서 협잡을 하는 경우도 보인다.

충청도관찰사 김양경이 흰 노루를 잡아서 축하 글과 함께 바쳤다. 원상院相, 왕의 후견 재상인 창녕군 조석문 및 승지 등이 축하를 올리겠다고 했으나 윤허하지 않았다.

강령현감 김처례가 흰 사슴을 바쳐서 차례를 뛰어넘어 관직에 제수되었는데, 이로부터 여러 도에서 흰 꿩이나 흰 까치처럼 기이한 것을 얻으면 경쟁적으로 바쳐서 상을 바라는 자가 제법 많았다. _예종실록 1년(1469) 5월 10일

상서의 징조는 이것만 아니었다. 우리 역사에는 목연리木連理, 가화嘉禾에 관한 기록도 보인다. 목연리란 뿌리가 다른 두 나무가 서로 얽혀서 한 줄기가 된 것이요, 가화란 곡식 한 줄기에 이삭 하나가 정상인데 여러 이삭이 나온 것이다.

그림 2 자금성 연리지 앞의 부부(2010. 6)

신라 나물이사금 7년362 4월에 시조묘 뜰에 있는 나무들이 합쳐졌다고 했고, 벌휴이사금 3년186에 남신현에서 가화를 바쳤다고 했다. 중국 자금성의 후원에는 목연리를 보여주는 나무들이 많이 있다. 정치를 잘해서 상서로운 현상이 나타났다고 자랑하는 정치적 조작이다. 그런데 시간이 흐르면서 뜻이 바뀌어 부부애를 상징하는 의미로 해석되었다. 두 나무가 하나가 되듯이 두 사람이 하나가 되는 상징물이 된 것이다. 당나라 현종과 양귀비의 사랑을 노래한 백거이의 「장한가」에는 "하늘에선 비익조比翼鳥가 되고, 땅에서는 연리지連理枝가 되길"이란 구절이 있다. 비익조는 날개가 하나만 있어 둘이 함께해야만 날 수 있는 새다.

자금성 목연리 앞에는 쌍쌍이 사진을 찍는 장면을 볼 수 있다.그림 2 우리나라에 있는 연리지란 예식장도 이렇게 변화된 상징성을 보여준다. 폐백 때에 던져주는 밤과 대추의 의미도 실은 뜻이 바뀌어버린 사례이다. 밤은 딸이요 씨가 있는 대추는 아들이라 생각하면서 던지지만 원래는 빨리 자식을 가지라는 의미였다. 조와 율의 열매 즉 조율자棗栗子

그림 3 상서도

는 중국어로 조립자早立子 즉 '일찍 아이가 들어선다'는 글자와 발음이 똑같아서 유래한 것이다. 동양화의 그림들이 같은 발음의 글자를 그림으로 형상화한 것과 유사한 발상이다. 복蝠, 박쥐은 복福, 순筍, 죽순은 손孫, 손자, 술戌, 개은 수守, 지키다, 궐鱖, 쏘가리은 궐厥, 대궐을 상징한다. 이밖에 새해에 소나무, 표범, 까치를 그려서 '신년보희新年報喜'를 상징했으니, 표豹는 보報와 음이 같기 때문이다. 그런데 우리 민화에는 표범이 호랑이로 둔갑하여 작호도鵲虎圖로 바뀌고 말았다.

이밖에 하늘에서 단 이슬이 내리는 감로甘露도 있지만, 우리나라 기록에는 별로 보이지 않는다. 이러한 상서 관념은 중국에서 들어왔다. 중국 감숙성의 한 절벽에 새겨진 상서도에는 백록, 황룡, 목연리, 가화가 선각되어 있고, 감로가 내리고 또 이를 받는 것도 묘사되어 있다.그림 3 이것이 다섯 가지 상서 즉 오서五瑞이다. 더 나아가면 상상의 동물인 봉황과 기린도 출현한다. 중국 청나라 때인 옹정제 시대가 되면 그러한 상서들이 남발되는 현상이 보인다.

> 또 옹정 4년1726에 친히 적전籍田, 제왕이 경작하던 농경지에 나가 밭을 가는데, 가화가 한 줄기에 두 이삭이 나왔고 심지어 8, 9이삭까지 달했다. 이때 오나라 지역에서 상서로운 고치를 바쳤는데 크기가 모자만 했다. 이밖에도 기린이 나타나고 봉황이 울고 황하가 맑아지고 오색구름이 뜨고

단 이슬과 영지靈芝가 났다는 등의 길조가 출현하지 않은 해가 없었다. 사사정이 쓴 일기에 이것은 도리어 재앙이라고 했고, 혹은 중국에 진인眞人이 나올 조짐이라 하였다. _『열하일기』 동란섭필銅蘭涉筆

청나라는 만주족의 나라이다. 옹정제 시대에 이런 상서들을 끌어다가 그가 이상사회를 이룩했다고 아부를 했다. 사사정과 같은 한족 출신 관리들은 이를 곱게 볼 리 없었다. 그래서 재앙이요 진인이요 하는 말을 했다가 그를 필두로 수만 호가 연루되어 감옥에 갇히는 일이 벌어졌다. 진인은 난세에 이 세상을 구제할 구세주를 가리킨다. 조선말기인 고종 때에도 이처럼 퇴영적인 상서 현상이 보인다.

전교했다. "강원도와 관서지방에서 모두 흰 꿩이 나타나고, 호좌湖左, 현 충청남도에서 한 줄기에 16이삭이 달린 옥당玉穗이 나타나 운현궁에 바친 사람이 있는데, 모두 기이한 일이다. 내가 곧 자전께 보여드리고 서문을 지어 기쁨을 삼고자 한다. 종친·의빈儀賓, 왕족에 장가든 자, 승지와 사관, 여러 각신閣臣, 규장각 관원과 유신儒臣, 홍문관 관원 등에게 글을 내려보내니, 모두 화답하는 글을 지어서 올려라." _고종실록 2년(1865) 11월 13일

상서는 태평성대를 상징하므로 제왕의 통치에 대한 칭찬의 성격을 띠고 있다. 그 반대가 재이災異이니, 정치가 잘못되면 각종 자연재해가 일어나는 것으로 생각해왔다. 상서와는 달리 재이는 실생활에 손해를 주는 경우가 많아서, 왕과 신하 모두 큰 근심거리였다. 따라서 이에 대한 역사 기록도 상서보다 더 많다.

재이는 하늘의 재앙과 땅의 이변으로 나뉘니, 이를 합쳐서 '천재지변'이라 한다. 원래 사람이 낸 불은 화火이고, 하늘이 낸 불은 재災라 한다. 그러기에 하늘에서 발생한 변고를 천재天災라 부른다. 천재에는 일식과 월식, 햇무리와 달무리, 혜성 등장, 별의 이상 등이 있다. 또 지변에는 가뭄과 홍수, 지진, 화재, 해일, 산 붕괴 등 매우 다양하다.

그림 4 일식도

일식과 월식은 예측할 수 있어 다른 재이들과 사정이 다르다. 『삼재도회』에 실린 일식도日蝕圖에는 "일월이 경도와 위도가 같은 곳에 있으면, 해가 달에게 가리기 때문에 일식이 된다"고 설명되어 있다.그림 4 이렇게 예견된 것인데도 이를 재이로 여기는 까닭은 승정원이 아뢴 말에서 찾을 수 있다.

일식과 월식은 모두 나타나는 시기가 있어서 미리 계산하여 알 수 있습니다. 따라서 일상적인 일로 여길 만한데도 옛사람들은 변고로 생각했습니다. 잘 다스려지는 시대에는 시절이 평온하고 기운이 조화로워 음이 양을 이기지 못하니, 식食, 일식과 월식이 있어야 할 때도 그런 일이 일어나지 않습니다. 반면에 말세가 되면 인간사의 잘못으로 음이 성하고 양이 미약해지니, 식이 일어나야 할 때에 반드시 일어나게 됩니다. 그러니 일식과 월식이 정해진 규칙에 따라 나타난다고 해도 사실 큰 변고인 것입니다. _인조실록 4년(1626) 윤6월 29일이처럼 하늘의 변고는 인간사와 직접 관련이 있다. 아니 그렇다고 믿었다. 그런 변고 가운데 일식을 가장 중요시했다. 왕의 상징인 태양이 먹히며 빛을 잃어버리니 큰일이 아닐 수 없다.

왕이 "일식과 월식, 지진은 모두 재변인데, 옛사람들이 일식은 반드시 적되 월식은 적지 않았으니 왜 그런가? 월식 역시 지진과 같은 부류인 것이다"고 전교하니, 승정원에서 "해는 양의 정기로서 임금의 상징인데, 이것이 먹히니 특별히 기록하여 경계를 남기는 것입니다. 달은 음의 정기로서 양에게 침해를 받아 먹히는 것이 흔한 일이기 때문에 기록하지 않습니다. 지진은 이와 다릅니다. 땅의 도리는 항상 고요하여 움직이는 것이 아닌데도 움직이는 것은 이 역시 음기가 성한 것이니, 또한 큰 재변입니다"고 아뢰었다. _연산군일기 9년(1503) 8월 23일

이러하니 일식을 예측하는 일은 매우 중요했다. 해당 관청에서는 이런 현상이 일어나기 몇 달 전에 미리 보고해야 했고, 예측을 제대로 했는지에 따라 상벌을 내렸다.

8월 초하루 임신일, 서운관승 지거원이 일식을 예고했으나 일어나지 않았다. 중방重房, 무신집권기 최고기관에서 그에게 죄 줄 것을 청하자 장 70대를 때렸다. _『고려사』 신우 9년(1383)

월식을 추산해낸 관리 조희윤에게 옷 한 벌을 내려주었으니, 천체 관측에 착오가 없었기 때문이다. _성종실록 15년(1484) 9월 16일

이밖에 예측할 수 없는 천둥이나 번개, 지진 등의 이상 현상이 일어나면 그 즉시 보고하게 했다. 이 일을 제대로 하지 못하면 역시 징벌을 받았다. 그런데 날이 흐리거나 하면 일식이나 월식이 일어났는지를 알기 어려웠다. 이에 차라리 일식을 볼 수 없게 된 것을 다행으로 여긴 경우가 있다.

4월 초하루 정해일, 태사관이 "오늘은 일식이 있는 날인데 구름이 끼어서 보이지 않습니다"고 아뢰니, 신하들이 글을 올려 축하했다. _『고려사』 정종 11년(1045)

반면에 세종은 발생 여부를 확인하기 위해 국내외 정보를 수집하도록 예조에 지시했다. 세종다운 지시였다.

예전에는 날이 흐리면 일식이나 월식의 변고를 보지 못하여 그날에 과연 일어났는지를 알지 못했으니, 매우 불편했다. 앞으로는 북경에 가는 사신이나 일본에 가는 사신이 돌아올 때에 반드시 일식이나 월식이 일어났는지를 묻고, 지방 각 고을에도 꼭 공문을 보내어 확인하게 하라. _세종실록 15년(1433) 8월 1일

일월이 빛을 잃는 것은 큰 재난이었다. 그러기에 하늘의 계시에 그저 바라만 볼 수는 없었다. 일식은 음기가 양기를 잡아먹는 것이요, 월식은 그 반대이다. 따라서 이를 극복하는 데에 미력이나마 보태고자 했으니, "일식에는 북을 쳐서 양기를 도와주고, 월식에는 종을 쳐서 음기를

그림 5 인정전 월대(2007. 8)

도와주었다." 북소리는 양기이고 종소리는 음기이기 때문이다. 왕은 신하들을 이끌고 일월이 먹히는 것을 구하는 구식救食 행사도 치렀다.

일식이 있었다. 왕이 소복을 입고 인정전의 월대 위에 행차하여 구식했다. 시신들이 의식에 맞게 시위하였다. 백관들도 소복 차림으로 조방朝房, 신하들이 조회를 기다리던 방에 모여서 구식을 행했다. 해가 회복되어 빛이 났다. 왕이 섬돌로 내려와 해를 향하여 네 번 절했다. 1각刻, 15분을 앞당겨 예보했기에 예측 담당자인 이천봉에게 장형을 내렸다. _세종실록 4년(1422) 1월 1일

월대는 건물 축대 위에 형성된 평지다.그림 5 왕은 그릇에 담은 물을 통해 간접적으로 일식을 관찰했고, 바람이 불어 물이 출렁일 때에는 규일경窺日鏡 또는 규일영窺日影이란 것을 통해 해를 직접 바라보았다. 영조는 중국에서 사온 물건 가운데 규일영이 들어 있는 것을 보고, 해를 직

접 바라보는 것은 나쁜 무리가 왕의 자리를 넘보는 것을 연상시킨다고 하여 이를 깨버린 적이 있다.

고대 그리스에서도 일식이나 월식이 일어나면 제우스의 뜻을 보여주는 계시이며 불길한 징조라고 하여 회의를 중단시켰다고 한다. 일식과 월식에 대한 두려움은 이처럼 전 세계에 보편적으로 퍼져 있었다.

햇무리나 달무리, 혜성 등도 하늘의 이상 현상이었다. 신라시대에 하늘에 두 해가 나타나자 월명사는 도솔가란 향가를 지어서 괴변이 사라지게 했고, 혜성이 등장하자 융천사가 혜성가를 지어 물리쳤다. 이처럼 신라 때는 승려들이 주술사 역할을 했다. 다음은 조선시대 햇무리의 사례이다.

햇무리가 나타났는데 귀고리 두 개가 달렸다. 햇무리 위에는 갓을 쓰고 햇무리 아래에는 신발을 신었는데, 안은 붉고 바깥은 푸르렀다. 흰 기운이 두 귀고리 가장자리에서 나와 햇무리 위로 여러 번 지나다가 사라졌다. _영조실록 23년(1747) 2월 28일

이런 현상들이 보이면 신하들의 비판에 봉착할 것이기에 왕은 숨기고 싶었을 것이다. 연산군이 속내를 드러낸 부분이다.

관상감에서 별의 변괴를 아뢰자 김응기를 불러들여 물었다. 김응기가 "이것은 혜성입니다"고 대답하고, 『문헌통고』를 상고하여 혜성이 은밀히 영향을 주는 곳을 논해서 아뢰었다. "그 분야分野가 어디인가?"고 전교하니, 김응기가 "위衛나라 분야입니다"고 아뢰었다. 전교하기를 "이

것은 아직 정확히 알 수 없는 일이다. 그러니 떠들어서는 안 된다. 만일 대간에게 말이 새면 반드시 시끄럽게 와서 말할 것이다"고 하였다. _연산군일기 6년(1500) 4월 21일

중국에서는 28수宿의 방위에 따라 지방을 각각 배속해놓았으니, 하늘의 변고와 해당 지역의 재난 사이에 상관관계가 있다고 생각했기 때문이다. 이번 혜성은 바로 중국 위나라 지역과 연관된 곳에서 나타난 것이다.

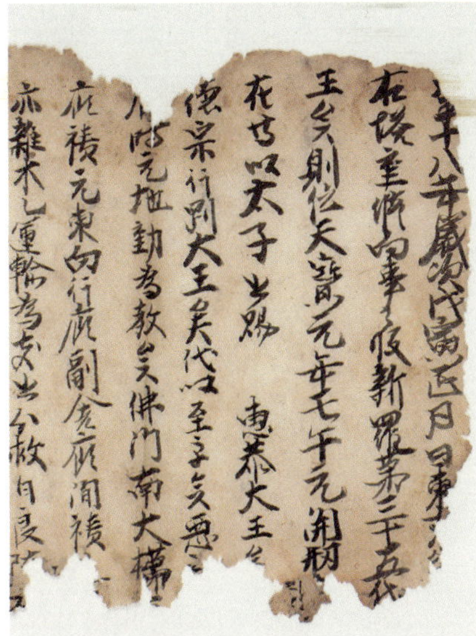

그림 6 지진을 전하는 문서 조각

이렇게 배속된 각 지역을 '분야'라고 한다. 국보로 지정된 우리나라 천문도인 '천상열차분야지도天象列次分野之圖'에도 분야란 말이 들어 있다. 지금 흔히 쓰는 분야란 말은 여기서 유래했다. 조선에서는 17세기경부터 비로소 중국 땅 대신에 우리 땅을 배속해놓았다고 한다.

땅에서의 변고는 아주 다양하다. 한반도는 아직 지진 안전지대라고 하지만, 근래에 지진이 자주 발생하고 있다. 옛날에도 강한 지진이 일어난 역사 기록이 제법 있다. 불국사 석가탑에서 나온 문서는, 고려 정종 때인 1036년과 1038년에 큰 지진이 발생하여 탑이 기울어지자 이를 해체 복원한 사실을 증언해준다. 여기에 제시한 문서의 제6행에 나오는 지동地動은 1036년의 지진을 전하는 부분이다.그림 6 다음은 순조 때 함경감사가 보고한 지진 사례이다.

같은 날 부령부에서도 지진이 일어나 38집이 무너지고 사람과 가축이 압사했습니다. 16일부터 29일에 이르기까지 지진이 없는 날이 없어 하루 밤낮 사이에 8, 9차례 혹 5, 6차례씩 있었는데, 간혹 땅이 꺼지고 우물과 샘이 막힌 곳도 있다고 합니다. _순조실록 10년(1810) 1월 27일

1906년 4월에는 미국 샌프란시스코에서 대지진이 일어났고, 그곳에 머무는 우리 교포들도 피해를 보았다고 하여 고종이 이를 구휼할 방도를 강구하라는 지시를 내렸다. 때로는 땅에서 불이 붙기도 했다. 아마 지하에 매장된 가스가 불에 탄 것이리라. 아랍 쪽에 가면 그런 현상을 자주 볼 수 있으니, 땅에서 자연 발화하여 계속 타는 것을 보면 경외감을 갖지 않을 수 없다. 이것이 불을 신성시하는 배화교의 시작이 되었을 것이다.

영남 영해부에서 땅불이 나왔다.【영해부 남면 송현에서 땅불이 나와 연기가 땅 위로 솟아올랐는데, 흙과 돌이 달구어져 손발을 가까이할 수 없었다. 그 땅의 길이는 8척이고 너비는 1척 5촌이었다.】_현종실록 15년(1674) 1월 24일

이보다 앞서 중종 26년1531 5월에는 황해도 연안에서도 땅불이 솟아올라 몇 달 동안이나 지속된 적이 있다. 우박도 재해였다.

평안도 평양에 이달 9일 우박이 내렸는데, 크기가 오리알만 하고 땅에 반 자 정도 쌓였다. 네 살 아이가 우박에 맞아 즉사하고, 꿩·토끼·까마

귀·까치들이 많이 죽었다. 강서·중화·선천·곽산·증산 등 고을에 같은 날 우박이 내려 벼를 남김없이 쓸어버렸다. _현종실록 11년(1670) 5월 17일

큰 화재도 재해였다. 중종 때 도성에서 대화재가 발생하여 민가뿐 아니라 관청까지 손해를 입었을 때에 좌의정과 우의정이 왕에게 아뢴 말이다.

처음 불이 났을 때에 사람의 실화에서 비롯되었다고 말할 수는 있지만, 불꽃이 거세게 일어나 번진 것은 실로 더없이 큰 하늘의 경고입니다. 옛날 일을 상고하건대, "서울에 큰불이 났다"거나 "서울에 불이 났다"고 한 것은 모두 큰 재이로 여겨 기록한 것입니다. _중종실록 31년(1536) 9월 13일

이상과 같은 천재와 지변은 단순한 자연 현상이 아니었다. 바로 인간의 잘못에 대한 하늘의 경고였다. "여자가 한을 품으면 오뉴월에도 서리가 내린다"는 속담은 사람과 자연의 교감을 잘 대변한다. 햇무리가 지고 흰 무지개가 해를 뚫는 이변이 발생했을 때에 사관은 이렇게 적어 놓았다.

사신은 논한다. 이때 권세는 외척에게로 돌아가고 정치는 개인 집에서 이루어졌으며, 선비들은 모두 제거되고 소인배들이 득세했다. 재변은 헛되이 생기는 것이 아니니, 어찌 크게 두려워하지 않을 수 있겠는가?
_명종실록 1년(1546) 2월 13일

사헌부에서 광해군에게 아뢴 말에서도 그런 인식이 보인다.

근래에 하늘의 재앙과 땅의 변고들이 거듭 나타나 환히 경고하고 있습니다. 비록 어느 재앙이 어떤 일에 반응하여 나타난 것이라고 감히 지적할 수는 없지만, 인간사로 말하자면 역逆과 순順이 분명하지 않아 사람들이 의구심을 품고 있습니다. 이에 따라 천심이 뭉쳐 풀리지 않고 지축이 진동하여 경고를 보임으로써, 성상께서 깨닫기를 바라는 것이 아니겠습니까? _광해군일기 8년(1616) 9월 28일

심지어 송충이가 크게 번지는 것도 정치를 잘못했기 때문으로 해석했다.

정해일에 조서를 내렸다. "태안 2년 병인년1086에 송충이가 서산에서 처음 발생하여 백주, 노산 능지로 퍼졌는데 근래에는 더욱 번성하고 있다. 이는 필시 형벌을 잘못 처리한 까닭이니, 밤낮으로 두려워하고 신하들과 더불어 스스로 책망하고 …" _『고려사』 숙종 7년(1102) 6월

이렇게 자연 현상을 인간사와 결부시키니, 왕조가 망할 때에는 수많은 흉조가 일어나는 게 당연했다. 물론 이때에 유독 많은 재변이 발생한 것이라 보기는 어려울 것이다. 오히려 그것은 흉흉한 민심의 다른 표현일 뿐이다. 백제 말년에 등장한 불길한 징조들은 매우 다양했다.

19년659 2월에 여우들이 궁궐에 들어왔는데, 흰 여우 한 마리가 상좌평

의 책상 위에 앉았다. 4월에 태자궁에서 암탉이 작은 참새와 교미했다. … 5월에 서울 서남쪽 사비하에 큰 물고기가 나와 죽었는데, 길이가 세 길이나 되었다. 8월에 여자 시체가 생초진에서 떠올랐으니 길이가 18자였다. 9월에 궁중의 홰나무가 울었는데, 사람의 곡소리 같았다. 밤에 귀신이 궁궐 남쪽 길에서 울었다.

20년660 2월에 서울의 우물물이 핏빛으로 변했다. 서해 바닷가에서 작은 물고기들이 나와 죽었는데 백성들이 다 먹을 수가 없었다. 사비하의 물이 피처럼 붉어졌다. 4월에 두꺼비 수만 마리가 나무 위에 모였다. 서울 저자 사람들이 까닭 없이 놀라 달아났는데, 마치 붙잡으려는 사람이 있는 것처럼 하였다. 넘어져 죽은 자가 100여 명이나 되었고, 재물을 잃은 것은 헤아릴 수 없었다.

5월에 비바람이 크게 일더니 천왕사와 도양사 두 절의 탑에 벼락이 쳤고, 백석사 강당에도 벼락이 쳤다. 검은 구름이 용처럼 일어나 동쪽과 서쪽 공중에서 서로 싸웠다. _『삼국사기』 백제 의자왕

이 뒤에도 이상한 일들이 계속된다. 불행은 혼자 오지 않는다는 말이 연상된다. 임진왜란이 일어나기 직전에도 조선 각지에서 이상한 현상들이 발생했다고 적었는데, 그 일부만 인용해보겠다.

이해에 죽산 태평원 뒤에서 돌이 저절로 일어나 섰고, 통진현에서는 쓰러진 버드나무가 다시 일어났다. 민간에서는 장차 천도할 것이라는 헛소문이 돌았다. 삼척·양양·울진 등지에서는 개미떼가 바다를 덮고 나와 해안에 가득 찼는데, 전투하는 형상과 같았으며 그중에 생기 있는

놈들은 날아가버렸다. 선산 땅의 어느 집에서는 버들잎만한 작은 참새가 늙은 갈까마귀만한 새끼를 낳았는데, 오색이 찬란했고 자라자 날아가버렸다.

또 동해의 물고기가 서해에 가서 알을 낳고 차츰 한강으로 들어왔다. 해주의 청어가 10여 년 전부터 사라져 나지 않고 요해로 옮겨 낳으니, 요동 사람들이 신어新魚라고 하였다. 서울 안 유밀의 집 뜰 앞에 있는 5, 6칸 정도의 땅에 검은 개미가 깔렸는데, 어떤 것은 머리가 잘리고 어떤 것은 허리가 잘려 죽은 것이 부지기수였다.

또 큰 거북이 바다에 나타났는데 가로로 몇 리나 걸쳐 있었고, 고성의 산 속에는 흰 꿩이 많이 나타나 두루 날아다녔다. 평양에서는 승냥이가 나타나 자주 성 안으로 들어왔고, 대동강 물이 붉어져 동쪽은 흐리고 서쪽은 맑았다. … 심지어 흰 무지개가 해를 꿰뚫고 태백성이 하늘을 지났으며, 검은 기운이 천지에 가득 찼는데 연기도 아니고 안개도 아니었다. 여러 가지 상서롭지 못한 변고가 없는 날이 없었으니, 사람들이 근심하고 두려워했다. _『재조번방지』 권1

이처럼 재앙이 일어나면 왕 스스로 잘못을 깨닫고 근신해야 했다. 다음은 고려 때에 이숭인이 우왕에게 올린 상소문의 일부이다.

듣건대 근일에 서운관에서 하늘에 변고가 있다고 보고했다는데, 이것은 하늘이 전하를 사랑하여 경고하는 것입니다. 마땅히 수라상의 음식 가짓수를 줄이고 음악을 중지하여, 두려워하면서 스스로 반성하고 덕을 닦아야 합니다. 그리하여 위로는 인자하게 사랑하는 하늘의 마음에

보답하고, 아래로는 올려다보며 기대하는 신하들의 심정을 위로해야 합니다. _『고려사』 이숭인 전기

심지어 겨울철에 천둥소리가 나도 음식을 줄이는 감선減膳을 행했다. 물론 재이가 일어나면 제사도 지냈다. 심지어 도교 제사를 관장하던 소격서에도 의지했다. 또 하나 중요한 일은 여론을 수렴하는 일이었으니, 신하와 백성들의 말을 들어보는 구언求言을 행했다.

교시를 내려 구언했다. 교서는 이러했다. "근년에 물·가뭄·바람·서리·비·우박 등의 재해가 발생하고, 산이 무너지고 우레와 벼락이 치고 하늘 이변이 나타났다. 이렇게 여러 차례 나를 견책하여 경고하니 이 어찌 우연한 일이겠는가? 정치의 잘잘못과 백성들의 기쁨·근심에 대해서 현직에 있건 직무가 없건간에 모두 갖추어 아뢰되 숨김이 없도록 하라." _태종실록 9년(1409) 6월 20일

이렇게 되면 자연스레 왕을 비판하게 되고, 이는 왕을 견제하는 역할을 하였다. 왕이 절대 권력을 발휘하는 데에 제동장치가 되었던 것이다. 문제는 재이의 원인을 이미 규정해놓았기에 왜 그런 일이 발생했는지에 대한 원인 규명에 나서지 못한 태생적 한계가 있었다. 농경이나 재이에 대한 과학적 측정은 발달했지만, 발생 원인을 인간사와 결부시키다 보니 과학적 연구에 눈을 돌릴 수가 없었다. 서양과 같이 자연과학이 발달하지 못한 원인이 여기에 있었다. 지진의 원인을 인간사와 결부시켜 연산군에게 아뢴 다음의 말은 이를 잘 대변해준다.

삼가 앞시대의 기록을 살펴보니 "임금이 약하고 신하가 강하거나 포악하여 함부로 사람을 죽이면 지진이 있고, 여자들이 정사를 어지럽히면 지진이 있고, 외척이 전횡하고 환관이 권력을 휘두르면 지진이 있고, 형벌이 중심을 잃거나 감옥에 원통한 죄수가 있으면 지진이 있고, 임금이 간하는 말을 듣지 않거나 안으로 여색에 빠지면 지진이 있고, 밖의 오랑캐가 침범하여 사방에 전쟁의 조짐이 있으면 지진이 있다"고 하였습니다. _연산군일기 4년(1498) 7월 8일

이따금 과학적 의식을 보여주는 꼬투리가 있지만, 이런 생각은 제대로 뿌리를 내리기가 어려웠다. 다음은 연생전에 벼락이 떨어져 사람이 죽은 사건에 대해서 세종과 신하들이 나눈 대화이다.

임금이 "… 지금 하늘이 내전에 벼락을 쳐서 꾸짖는 뜻을 보이니 내가 심히 두렵다. 사면령을 내려 비상한 은혜를 베풀고자 하는데 어떻겠는가? 무릇 백성을 즐겁게 할 수 있는 일을 함께 의논하여 아뢰라"고 이르니, 신하들이 합의하여 "하늘의 천둥과 벼락은 양기가 부딪쳐 발생하는 것으로서 그 기운에 저촉되는 자는 죽습니다. 나무와 돌과 새와 짐승에 이르기까지 간혹 벼락을 맞아 죽는 일이 있으니, 어찌 선하고 악한 인간사에 달려 있겠습니까? 또 연생전은 본래 정전이 아니고 또 큰 벼락에 해당하는 것도 아니니, 재변이라고 말할 수는 없습니다 …"고 아뢰었다. _세종실록 26년(1444) 7월 10일

신하들이 왕을 위로하려 한 말이지만, 여기서는 사람 때문에 발생한

것이 아니라 양기가 서로 부딪쳐 발생한 것이라고 하여 제법 과학적 접근을 하였다. 그러나 이런 생각은 서양 과학이 도입되기 전까지 더는 발전하지 못했다. 재앙이 하늘에서 내려주는 것이란 생각에는 동서양이 일치했지만, 서양에서는 자연과학적으로 이해하여 과학 혁명을 이루어낸 반면에 동양에서는 군주가 근신하는 등의 도덕적 반성에 주안점을 둠으로써, 그뒤로 인류 역사에서 상반된 길을 걷게 되었다.

가뭄과 홍수

우리는 봄철에 가뭄이 심하고 여름에는 태풍과 홍수로 피해를 자주 보는 땅에 살고 있다. 농업을 생업으로 삼는 사람들에게는 치명적인 약점을 안고 있다. 지금도 가뭄과 홍수로 고통받는 일이 종종 있는데, 하물며 전통시대에는 얼마나 큰 재앙이었겠는가? 그러기에 가뭄과 홍수, 그중에서도 특히 가뭄에 대한 대책은 쉴 새 없이 등장한다.

가뭄이나 홍수를 불러오는 중요한 요소는 바람, 비, 구름일 것이다. 이들을 주관하거나 잘 다스리는 것은 농경사회에서 가장 기본적인 소망이었다. 단군신화에서는 환웅천왕이 하늘에서 내려와 인간세계를 다스리면서 풍백, 우사, 운사를 거느렸다고 했다.

이를 환웅천왕이라 한다. 그는 풍백風伯, 우사雨師, 운사雲師를 거느리고, 곡식·수명·질병·형벌·선악 및 인간 360여 가지 일을 주관하면서, 세상을 다스려 교화시켰다. _『삼국유사』 고조선

풍백, 우사, 운사란 명칭은 중국 신화에 나온다. 『한비자』에는 전설적인 임금인 황제가 행차할 때에 전쟁의 신 치우가 앞에 서고, 바람의 신

풍백이 길을 청소하고, 비의 신 우사가 길에 물을 뿌렸다고 하였다. 『산해경』에는 치우가 황제와 싸울 때에 풍백과 우사에게 부탁하여 폭풍우를 쏟아내게 했다고 전한다. 운사도 중국에서 구름의 신을 이른다. 이런 기상의 신들은 농경사회의 왕이 거느려야 할 필수 요소여서, 이처럼 단군신화에도 등장한다. 가뭄과 홍수를 얼마나 중요시했는가는 부여국의 기록에서 여실히 드러난다.

> 옛날 부여의 풍속에 홍수가 나거나 가뭄이 들어 오곡이 익지 않으면, 허물을 왕에게 돌려 왕을 교체해야 한다거나 죽여야 한다고 말했다.
>
> _『삼국지』 부여국 전기

이 기록은 제임스 조지 프레이저가 지은 『황금가지*The Golden Bough*』에도 인용되어 있을 정도로 유명하다. 부여의 중심지는 중국 지린성 지린시 일대인데,그림 1 동이족 거주지에서 가장 넓고 평탄한 곳으로서 오곡을 심기에 적당한 곳이라고 전한다. 자연 재해를 왕의 허물로 돌리는 것은 왕이 제사장 또는 주술사의 성격을 함께 띠고 있기 때문이었다.

이와 비슷한 사례는 세계 곳곳에서 발견된다. 아프리카의 경우 추장은 원래 주술사나 강우사降雨師 출신이고, 비를 내리는 데에 실패한 추장은 추방되거나 살해당했다고 한다. 고대 스키타이족은 식량이 부족해지면 왕을 감금했고, 고대 이집트에서는 흉작이 들면 왕이 처벌을 받았다. 사람들은 왕이 제때에 비와 햇빛을 내려주어 곡물 성장을 촉진시켜주길 기대하였고, 그에 부응하지 못하면 슬픈 결과를 가져왔다.

이로부터 거의 2천 년이 지나 사제왕의 성격이 사라진 시대에도 가

그림 1 부여국의 중심지(2005. 7)

뭄은 역시 왕의 허물이었다. 조선 정조의 애타는 마음에서 이를 읽을 수 있다.

병중에 가뭄 걱정으로 속이 타고 피가 마른다. 약을 먹어도 효과가 없고 밤이 되면 더욱 지쳐서 문을 열고 은하수를 바라보니 저 높이 밝게 빛나고만 있구나. 나의 애타는 마음이 하늘에 통하는 것은 기대할 수 없지만, 이 땅에 사는 백성들이 우러러 바라는 뜻이 높이높이 통할 만도 한데, 비 한 방울 내리지 않은 지가 40일이나 되었다. 앞으로 5일 동안 비가 오지 않으면 봄 가뭄의 수십 일과 맞먹고, 열흘 동안 비가 오지 않으면 몇 달과 맞먹게 된다. 보리와 벼가 없다면 어떻게 해를 넘길 수 있겠는가? _정조실록 18년(1794) 7월 26일이 뒤에는 자신을 책망하는 말이 이어진다. 그러면서 무슨 억울한 일이 쌓여서 그런지 모르겠으니 자신을 깨우쳐달라고 신하들에게 지시를 내렸다. 이렇게 가뭄에 노심초사하는 마음은 사적으로 보낸 그의 편지에서도 여러 번 등장한다.

편지를 받고 위안이 되었다. 요사이 가뭄 걱정이 날로 심해져 매일 동트기 전에 일어나 아침에 응답이 있기를 기다린 지가 며칠이나 되었다. 하지만 아직도 사방 천 리에 내릴 비를 사방 한 치 속에서 애타게 빌고 있으니, 얼마나 답답한 노릇인가? _정조어찰 1800. 4. 29.

상림桑林은 은나라 탕왕이 기우제를 지냈던 곳인데, 상림 천 리에 내리는 비도 가슴 속 사방 한 치에 있는 마음에서 얻을 수 있다고 했다. 어찰의 글귀는 이를 염두에 두고 쓴 것이다. 다음은 정희대비가 어린 성종을 대신하여 수렴청정할 때에 신하들과 가뭄을 걱정하는 대목이다.

대비가 "들으니 삼남지방에 흙비가 내렸다는데, 그러한가?" 하니, 이극증이 "신도 전해들었습니다만, 재이가 아니기 때문에 아뢰지 않았습니다" 하고, 이숭원은 "어제 신이 중 수미의 말을 들으니, 예전에도 흙비가 내린 일이 있는데 그해에 풍년이 들었다고 합니다. 참으로 그 말과 같다면 이것은 풍년이 들 상서인데, 어찌하여 이처럼 가문지 모르겠습니다" 하였다. _성종실록 1년(1470) 4월 21일

흙비는 물론 황사 때문일 것이다. 흙비는 예삿일이 아닌데도, 재이가

아니라 상서라 한 말이 흥미롭다. 이렇게 애를 태우다가 기대했던 비가 오면 왕은 기뻐 어쩔 줄 몰랐다. 정조의 기쁜 마음은 다음 편지에서 읽을 수 있다.

편지를 받고 위안이 되었다. 반가운 비구나 반가운 비구나. 어찌 이처럼 반가운 비가 있겠는가? 아침 경연 자리에서 이미 전교를 내렸다. 내 생각에 이후의 농사는 오직 사람이 어떻게 하느냐에 달려 있다. 이 때문에 애가 탄다. 수확하기 전까지는 하루도 걱정하지 않는 날이 없을 것이니, 임금 노릇 하기가 이처럼 어려운 법이다. _정조어찰 1799. 5. 29.

반가운 비가 오니, 그 다음에는 농사일이 걱정되었다. 이처럼 성군은 끊임없이 시름과 걱정에 사로잡혀 있었다. 정조는 기우제를 지내다가 비가 오자 강우량을 측정하면서 좀 더 내리길 바라며 제사를 계속하게 했다.

네 번째 기우제를 지내려 했는데, 동틀녘부터 밤까지 비가 3촌 7푼이 내렸다. 이에 하교했다. "단비가 쏟아지는데 계속 내려 1척까지 차기를 간절히 바라고 있으니, 기우제를 중지해서는 안 된다. 사단社壇, 토지신 제단의 기우제는 그대로 실행하고, 술과 여훈茹葷, 마늘, 파 등의 매운 채소을 금하도록 특별히 더 신칙하라." _정조실록 1년(1777) 6월 7일

숙종은 반가운 비 때문에 건물 이름마저 바꾸어버렸다.

그림 2 희우정, 서향각, 주합루(왼쪽부터)

이때 오래 가물어서 대신들까지 보내서 비를 빌었는데, 이날 비로소 비가 내렸다. 임금이 매우 기뻐서 후원의 취향정을 고쳐서 희우정喜雨亭이라 명명하고, 친히 정자에 글을 지어 달았다. _숙종실록 16년(1690) 4월 28일

'동궐도'를 보면, 규장각이 있던 주합루가 있고 그 서쪽에 서고인 서향각이 있으며 다시 그 서쪽에 희우정이 있다.그림 2 사진을 보니 이 건물은 단청을 하지 않은 두 칸짜리 아담한 모습으로 남아 있다.

비를 기다리다 안 되면 기도를 하거나 주술을 행하게 된다. 기우 행위는 세계 도처에서 장소를 가리지 않고 다양하게 발견되지만, 대개 비나 구름, 천둥이나 번개 따위를 가장한다는 점에서는 공통적이다. 비가

오길 빌 때에는 물을 뿌리는 등의 행위를 하고, 비가 멈추길 빌 때에는 물과 상극인 불을 피우는 등의 행위를 한다. 비를 기원하는 사례 하나를 보겠다.

러시아 도르파트 근처의 한 마을에서는 비가 오지 않아 애먹을 때, 세 명의 남자가 어떤 신성한 숲 속에 들어가 전나무에 올라간다. 그중 한 사람이 두 개의 막대기에 불을 붙여 불꽃을 날리면서 번갯불을 모방한다. 이번에는 강우사라고 부르는 세번째 남자가 한 다발의 나뭇가지를 사용하여 통 속의 물을 사방에다 흩뿌린다. _제임스 조지 프레이저 책, 184~185쪽

가뭄이 심하면 지금도 가끔 기우제를 지내지만, 전통시대에는 중국 문헌에서 효험이 있다고 하는 온갖 주술이 다 동원되었다. 신에게 애원하거나 때로는 신을 협박하기도 한다. 또 도교, 불교, 유교를 가리지 않았다. 18세기 초인 조선 숙종 30년1704에 유교식으로 정리되기 전까지는 그러했다.

다양한 주술 가운데는 위의 사례처럼 고개가 끄덕여지는 것이 있는가 하면, 왜 그 행위를 하는지 이유를 제대로 알지 못하는 것들도 있다. 우선 고대사에 보이는 기우법을 보겠다.

5월부터 7월까지 비가 오지 않았다. 조상의 사당과 이름난 산에 제사지내며 비니 비가 내렸다. _『삼국사기』 신라 점해이사금 7년(253)

여름에 큰 가뭄이 들어 시장을 옮기고 용을 그려 비가 내리기를 빌었

다. 가을과 겨울에 백성들이 굶주려 자녀를 팔기까지 했다. _『삼국사기』 신라 진평왕 50년(628)

시장 옮기는 문제는 잠시 접어두고, 조상이나 산신에게 비는 것이나 용을 그려서 비는 것은 이해된다. 신에게 도움을 청하거나 구름과 비를 자유로이 부리는 용에게 의지하는 행위이기 때문이다. 중국은 용의 나라라 해도 과언이 아니니, 그들의 주술법을 잠시 보겠다.

중국인들은 난동을 부려 천국을 강탈하는 데에 명수다. 그들은 비가 필요하면 종이나 나무로 비의 신을 상징하는 거대한 용을 만들어서 행렬을 지어 그것을 끌고 돌아다닌다. 그래도 비가 오지 않으면 모의 용신을 갈기갈기 찢어버린다. 그래도 안 되면 이번에는 용신을 협박하거나 두들겨패기도 하고, 때로는 정식으로 용신의 지위를 박탈하기까지 한다. 하지만 바라던 대로 비가 오면 칙령을 내려 용신의 등급을 더 높여준다. _제임스 조지 프레이저 책, 204쪽

우리나라에서는 용의 대용물을 주로 사용했다. 용을 그리거나 흙으로 용을 만들어 제사를 지냈다. 2007년에 국립문화재연구소에서 발굴자료를 공개하는 전시회가 있었다. 이 전시회에서 구리로 만든 용을 볼 수 있었다.그림 3 길이가 146.5센티이고 무게가 66.5킬로그램이나 나간다고 한다. 1997년 경회루 연못을 준설할 때에 북쪽 바닥에서 발견되었다. 몸통과 머리가 분리되어 큰 돌에 눌린 채 직사각형 석판 위에 놓여 있었다고 한다.

그림 3 구리 용(2007. 5) (위)
그림 4 경회루(2009. 6) (아래)

경회루의 건축 원리가 적혀 있는 『경회루전도』에는 원래 두 마리의 청동 용을 못에 넣었다고 하는데, 그중 한 마리가 발견된 것이다. 구리 색깔과 '2'란 숫자는 불을 상징하고, 이를 물속에 넣는 것은 불을 가둔다는 의미가 있다고 한다. 음양오행설로 풀이된 것이다. 경회루그림 4는 불을 억제하기 위해서 물의 상징물로 지은 것이다. 따라서 물의 기운을 높이고 화기를 누르기 위해서 물과 관련된 용을 연못에 넣은 것이 분명하다.

경회루에서는 다른 기우 행사들도 종종 치렀다. 도마뱀이나 도롱뇽처럼 용과 비슷한 동물을 이용하는 행사였다.

승려를 모아 흥천사 사리각에서 비를 빌게 했고, 아이들을 모아 경회루 못에서 석척 기우蜥蜴祈雨를 행했다. _단종실록 2년(1454) 7월 27일

석척은 도마뱀이다. 이 기우법도 중국에서 유래한 것으로서 구체적인 방법은 이렇다.

창덕궁 후원과 경회루, 모화관의 연못가 세 곳에 도마뱀을 물동이 속에 띄우고, 푸른 옷 입은 동자 수십 명이 버들가지로 동이를 두드리고 징을 치면서 크게 소리내어 "도마뱀아 도마뱀아, 구름을 일으키고 안개를 토해내어 비를 퍼붓게 하면 너희를 보내주마" 하고 외친다. _『용재총화』 권7

이와 비슷한 주술은 전 세계에 퍼져 있었다. 보통 두꺼비와 개구리는 물과 밀접하여 비의 수호신으로 여겨졌다. 오리노코의 인디언은 두꺼비를 항아리에 가두어놓고 회초리로 쳤고, 중부 인도에서는 님나무의 푸른 잎과 가지로 개구리를 묶어 사방에 돌아다니며 "개구리여, 어서 물방울 보석을 내려다오! 들판의 보리와 밀이 여물게 해다오"라고 노래했다.

그런가 하면 용을 자극하는 행위도 이루어졌다. 용이 사는 곳에 호랑이 머리를 던져넣어 그야말로 용호상박의 형세를 만든 것이다. 그러면 용이 놀라 용솟음치며 비가 온다고 믿었다. 국가에서는 호랑이 머

리를 한강 등에 집어넣었지만, 민간에서는 개나 돼지를 용소, 용연, 용지 등과 같이 용 이름이 붙은 웅덩이나 연못에 던져넣는 풍습이 전해 내려왔다.

한편, 가뭄이 들면 양산이나 모자 등을 사용하지 않는 풍습도 있다. 고려시대 기록을 보겠다.

날씨가 크게 가물어 왕이 양산을 쓰지 않았고, 양반의 모자 착용을 금했다. _『고려사』 원종 1년(1260) 6월

계사일, 가뭄이 심하여 사람들의 부채 사용과 삿갓 착용을 금했다.
을미일, 이백기 등에게 과거급제를 내려주었으나, 날이 가물어 꽃을 주는 의식은 거행하지 않았다. 시장을 옮겼다. _『고려사』 충렬왕 6년(1280) 4월

위의 행위들은 언뜻 이해되지 않는다. 아마 양산이나 모자, 삿갓 사용을 금지한 것은 하늘을 가리기 때문인 것 같고, 부채 사용을 금지한 것은 물의 기운이 흩어지게 하기 때문인 것 같다. 다른 한편으로, 이런 물건들을 사용하지 않는 것은 뜨거운 햇볕에 노출해 스스로 반성하고 자학하는 행위로도 해석된다. 어사화를 내리는 의식을 생략한 것도 절제하며 근신하는 뜻을 보이는 것이다.

가뭄이 들면 무당을 모아서 뙤약볕이나 고열에 고생시켰다. 이를 폭무暴巫 또는 분무焚巫라 한다.

예조에서 아뢰었다. "『문헌통고』에 있는 동중서董仲舒, 기원전 2세기 인물의 기

우법에 따르면 '도성 남문을 닫고 북문을 열어놓는다'고 했습니다." 또 아뢰었다. "무당을 모아서 기우하면서 심한 더위 속에 동옷을 입고 머리에 화로를 이게 하는데, 이것은 신에게 기도하는 뜻에 어그러지는 것입니다. 이후로는 동옷과 화로를 사용하지 말고, 3일 동안 정성껏 부지런히 기도하게 하소서." 왕이 모두 따랐다. _세종실록 7년(1425) 6월 20일

뙤약볕에 솜옷을 입고 화로를 이게 했으니, 무당들은 고통에 못 이겨 죽을 지경이었다.

무당을 모아 6일간 비를 빌었는데, 무당이 고통스러워하며 모두 도망가 숨어버렸다. 이에 여염집을 두루 수색하여 잡아왔다.【사신 백문보가 말한다. 음과 양을 조화시켜 다스리는 것은 재상의 임무다. 가뭄이 크게 들면 더욱 공경하고 두려워하여 하늘의 견책에 응답해야 하는데, 일찍이 이를 생각하지 않고 비 내리는 책임을 헛되이 무당과 박수에게 돌리니, 어찌 잘못된 일이 아니겠는가?】_『고려사절요』 충숙왕 16년(1329) 5월

이런 행위는 고려시대부터 보이는데, 주술 전문가인 무당에게 가뭄을 해결하지 못한 책임을 물어 처벌하는 의미가 있으며, 이들의 고통으로 하늘의 연민을 사서 강우를 유도하는 의미도 있었다. 그렇지만 이를 음양설로 해석하기도 한다. 여성은 음기에 속하고 무당은 이보다 더 강한 음기에 속하는 것으로 생각하여, 강한 음기로 양기를 퇴치하려 했다고 해석한다.

가뭄으로 시장을 옮기는 것은 고대부터 보이지만, 그 이유는 잘 모른

다. 음습하다는 말이 있듯이 습한 것은 음기와 관련된다. 따라서 비를 내리게 하려면 양기를 누르고 음기를 북돋워야 한다. 그런데 시장은 원래 태양신이 강림하는 신성한 제사지역이어서, 양기를 누르기 위해 시장을 닫아놓고 비를 빌었다. 시간이 흐르면서 시장은 정반대로 음기지역으로 인식되었고, 시장을 남쪽으로 옮겨 양기를 막는 주술로 바뀌었다. 조선시대에는 종로에 있던 시장을 남쪽인 남대문이나 충무로 쪽으로 옮겼다고 한다. 가뭄이 들었을 때에 남문을 닫고 북문을 열어놓는 것도 양기를 막고 음기를 강화시켜주는 행위이다. 그렇지만 다른 해석도 있다. 시장은 일상의 편안과 풍요를 상징하니, 이를 억제하여 반성하는 의미라는 것이다.

억울한 일들이 쌓여도 비가 내리지 않는다고 생각했다.

어떤 사람이 그의 누이를 겁탈하다가 감옥에 갇혀 있었다. 당시에 오랫동안 날이 가물었는데, 윤해가 "이 자를 죽여야 하늘이 곧 비를 내릴 것이다"고 말했으나 장관長官, 지방 책임자이 듣지 않았다. 어느 날 장관이 윤해와 함께 시냇가에서 술을 마시기로 했는데, 윤해가 가는 도중에 누이 겁탈자를 끌어내다가 죄를 일일이 따지고 돌로 머리를 짓눌러 죽였더니, 하늘이 과연 큰 비를 내렸다. _『고려사』 윤해 전기

'어사 비'라는 말도 이래서 생겨났다. 성임이 성종에게 아뢴 말에 나온다.

예전에 어사가 지방을 순행하며 억울한 옥사를 판결하자 하늘이 곧 비

를 내렸으니, 당시에 사람들이 '어사 비御史雨'라고 불렀습니다. 마땅히 억울한 일들을 심리하여 사람들의 바라는 마음을 위로해야 합니다. _성종실록 13년(1482) 7월 4일

태종이 죽은 뒤에 비를 내려주었다고 해서 '태종 비'란 말도 생겨났다.

세종 4년 임인년에 임금【그때는 상왕】이 승하하시려고 할 때에 "가뭄이 극심하니 죽은 뒤에도 생각이 있다면 반드시 이날 비가 오게 하겠다"고 하교했다. 이 뒤로 제삿날마다 비가 왔기에 세상에서 '태종 비'라 불렀다. _『조야첨재』; 『연려실기술』 태종조고사본말 재수록

지금까지가 기우제에 관한 것이다. 역사 기록에는 기우제가 절대 다수를 차지하고, 비가 그치길 바라는 기청제祈晴祭는 비교할 수 없을 정도로 아주 적다. 1636년부터 1889년까지 253년간 기후와 관련된 의례를 정리한 책에 따르면 1,811건 가운데 기청제가 191건, 기설제가 26건에 그칠 따름이다.

이제 기청제를 보기 전에, 갑자기 불어난 홍수 때문에 왕위에 오르지 못한 비운의 인물로 얘기를 시작하겠다.

원성왕이 왕위에 올랐다. … 선덕왕이 죽었으나 아들이 없어서 신하들이 논의하여 왕의 조카뻘 되는 김주원을 왕으로 세우려 하였다. 이때 김주원은 서울 북쪽 20리 되는 곳에 살았는데, 마침 큰 비가 내려 알천경주 북천이 범람하는 바람에 건너지 못했다. 어떤 사람이 "임금이란 큰 지

위는 본래 사람이 도모할 수 있는 자리가 아니다. 오늘의 폭우는 하늘이 혹시 김주원을 세우고 싶지 않아서 그런 게 아닌가? 지금 상대등 김경신은 전 임금의 아우로 본디 덕망이 높고 임금의 체모를 지녔다"고 말했다. 이에 중론이 일치하여 그를 세워 왕위를 계승하게 했다. 조금 뒤에 비가 그치니 국인國人들이 모두 만세를 불렀다.

_『삼국사기』 원성왕 1년(785)

그림 5 명주군왕릉(2009. 7)

이처럼 장마나 홍수 때문에 벌어지는 일도 하늘의 뜻으로 생각했다. 이 사건으로 김주원은 경주를 떠나 강릉에서 강릉 김씨의 시조가 되어 지방세력을 대표했다. 그의 무덤이 강릉 부근 산골 깊은 곳에 있으니, 명주군왕릉이라 부른다.그림 5 그렇지만 그의 아들 김헌창은 이 불운에 분을 삭이지 못하고 822년 공주에서 반란을 일으켜 신라의 멸망을 재촉했다.

홍수 피해를 전하는 기록은 매우 많은데, 평안도관찰사가 대동강 홍수를 보고한 사례를 보겠다.

평양에 사흘 동안 폭우가 내려 대동강 물이 넘쳐 성문까지 잠기고, 강연안의 위아래 들판과 섬들이 모두 물에 잠겼습니다. 사람들에게 배를 타고 가서 섬에 거주하는 백성 100여 호를 구해오게 하여, 사람과 물건이 모두 표류하는 것을 면했습니다. 성 안의 물이 강물에 막혀 흘러나가지 못하니, 성 안에서 낮은 곳은 수심이 3, 4척이나 되었습니다. 침몰된 민가는 내성에 128채, 외성에 65채가 되지만 무너지지는 않았습니다. 삼과 곡물이 여러 날 물에 잠겨 모두 썩을 형편입니다. 수재가 참혹하여 백성들의 생계가 염려스럽습니다. _중종실록 20년(1525) 6월 20일

대동강 물이 불어서 강가에 있는 평양성에 큰 수재가 난 상황이다. 조선후기가 되면 온돌이 보급되고 화전도 늘어나면서 땔감 채취로 민둥산이 불어나 수재가 더욱 커졌다.

경상도관찰사 조진택이 도내의 명산에는 현재 화전을 일구어 농사짓는 곳이 없다고 급히 아뢰니, 다음과 같이 깨우쳐 답했다. "근래 조금만 장마가 져도 곧바로 물이 범람한다는데, 연전에 일어난 양산 등 몇 고을의 일을 통하여 이를 더욱 잘 알 수 있다. 이것이 어찌 강물 흐름이 더욱 빨라져서 그렇겠는가? 바로 산이 날로 벌거숭이가 되어가기 때문에 벌어지는 것이다. 소나무 벌채를 금지하는 일 외에도 화전 일구는 것은 더욱 한계를 정하여 금지해야 할 것이니, 지금부터 바로잡을 방도를 특별히 강구하라." _정조실록 17년(1793) 12월 17일

화전을 일구다 불을 내면 큰 피해를 가져왔기에, 산불을 조심하라는 글을 새겨놓았다. 문경새재를 넘다 보면 우리나라에서 가장 오래된 한

그림 6 산불조심 비석(2002. 10)

글 불조심 비석이 서 있는 것을 볼 수 있다. 조선후기에 세운 것으로 돌에는 '산불됴심'이라 쓰여 있다.그림 6

장맛비가 내리면 가물 때와 마찬가지로 왕은 근신해야 했다.

> 왕이 글을 써서 승정원에 내렸다. "장맛비가 너무 많이 내리니, 내가 매우 염려하고 있다. 수라상의 음식 가짓수를 줄이고 음악을 중지하라." _세조실록 5년(1459) 7월 11일

날이 개기를 비는 제사는 기우제만큼 다양하지는 않았다. 중국의 방식을 채용하여 서울 사대문에서 빌고, 안 되면 산천에 빌고, 안 되면 사직과 종묘에 빌었다. 첫번째 제사는 성문에서 지내는 것으로서 이를 사문영제四門禜祭라 하였다. 이러한 영제는 홍수가 난 급박한 상황에서 길일을 택할 여유가 없어서 급히 성문에서 해당 방위에 있는 산천의 신들을 향해 제사를 지내는 것이다.

이밖에 겨울 가뭄에 눈이 내리길 비는 기설제도 간혹 있었다. 눈이 와야 보리농사가 잘 되고, 봄에 눈 녹은 물로 가뭄을 덜 탈 수 있었기 때문이다.

북쪽 교외에서 기설제祈雪祭를 지냈다. 겨울이 봄처럼 따스해서 한 점의

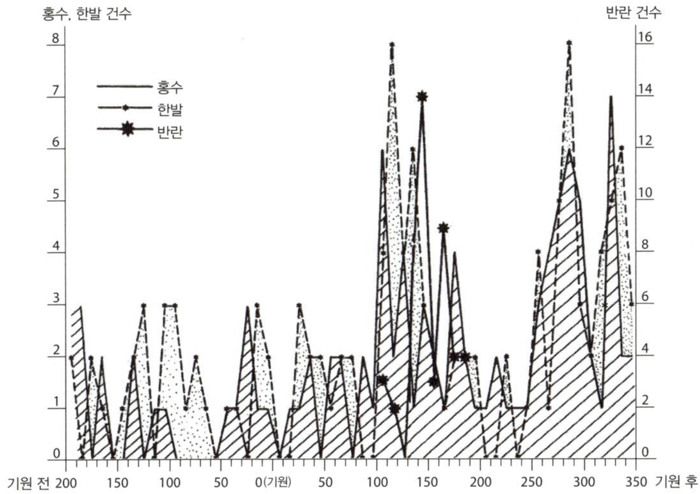

그림 7 홍수, 한발 그리고 반란

눈도 내리지 않았다. 이 때문에 해당 관서에 특별히 명하여 거행하게 했다. _숙종실록 8년(1682) 10월 30일

지금까지 가뭄과 홍수에 관한 대처법들을 보았다. 이런 자연현상은 결국 하늘의 뜻이 반영된 것으로 여겼기에 왕은 전전긍긍할 수밖에 없었다. 지금으로서는 믿기 어려운 것이지만, 기원전 200년부터 기원후 350년까지의 중국 자료를 그래프로 표시한 분석 자료그림 7는 그런 믿음이 어느 정도 신빙성이 있음을 보여준다.

그래프를 보면, 기원후 100~150년과 기원후 250~340년에 홍수와 한발이 절정을 이룬다. 이 무렵에 기후가 한랭해지는 것과 연관이 있다고 한다. 한랭화는 선비족을 비롯한 북방 민족들이 남쪽으로 밀려내려오게 했다. 이런 내우외환으로 중국사회는 위기를 겪게 되었다.

그런데 더욱 주목되는 것은 그래프에서 반란의 최고조는 홍수와 한발에 뒤이어 약간 늦게 나타난다는 점이다. 홍수나 한발과 같은 자연재해로 흉년과 기근이 들면, 일정 기간 이를 감내하던 백성은 결국에 가서 반란을 일으켜 사회 혼란을 야기하게 된다. 그런 과정이 반복되는 것을 그래프에서 볼 수 있다. 따라서 자연재해는 결과적으로 제왕의 자리마저 위태롭게 했다. 그런 점에서 전통시대에 왕에게 경고를 내리는 하늘의 뜻으로 재해를 이해했던 것은 그 나름의 이유가 있었다.

임금 주변

궁궐 속 세상 | 왕의 그림자, 환관 | 궁궐의 살림꾼, 궁녀
왕의 눈, 암행어사 | 국정의 파수꾼, 대간

궁궐 속 세상

서울이 아름다운 것은 현대와 과거가 어우러진 고도이기 때문이다. 도심에 고층 빌딩이 들어찰수록 과거는 더욱 가치를 발한다. 그 과거의 중심에 궁궐이 있다. 궁궐 안에서 주변 빌딩 숲을 올려다보거나, 높은 건물에서 궁궐을 내려다보는 기회를 한 번 가지길 바란다. 서울이 역사가 있는 도시임을 새삼 느낄 수 있다. 숲과 함께 있는 궁궐은 도시에 생기를 불어넣는 허파요 쉼터이다.그림 1

그림 1 덕수궁과 빌딩 숲(2004. 3)

그림 2 '궐' 모형(2010. 2)

왕이 사는 곳을 궁전 또는 궁궐이라 한다. 궁宮은 왕이 생활하는 건물이고, 전殿은 왕이 업무를 보는 건물이고, 궐闕은 궁전 출입구 좌우에 세우던 두 개의 망루를 가리킨다.그림 2 궁전은 내부의 건물들에 초점을 맞춘 말이고, 궁궐은 전체 구조에 초점을 맞춘 말이라 할 수 있다. 이들보다 입에 더 익은 것으로 '대궐'이란 말이 있는데, 중국에서는 사용하지 않는 우리 고유의 용어다.

궁과 전은 높고 큰 최고 등급의 건물을 가리킨다. 왕은 세속의 최고 지배자요, 부처는 정신세계의 최고지배자이다. 그러기에 왕이 거처하는 건물과 불상이 안치된 건물에는 모두 전殿자를 붙인다. 근정전과 대웅전을 생각해보라. 이런 건물은 높은 축대 위에 세워져 있어 사람들이 자연스럽게 올려다보면서 경외감을 갖도록 해놓았다. 건물 내부의 옥좌나 불좌 위에는 공통으로 또 하나의 지붕인 닫집이 있다.

궁궐이나 절에 들어갈 때에는 개천을 건너게 되어 있다. 이를 건너면 속세와 구별된 지극히 성스러운 공간으로 들어가는 상징성이 있다.

왕궁과 사찰의 공간 구성은 그런 점에서 서로 닮았다. 경복궁 흥례문을 들어서면 영제교를 건너고, 창덕궁 돈화문을 들어서면 금천교를 건넌다. 절에 들어갈 때는 극락교, 안양교 등의 다리를 건너게 된다. 경복궁의 금천은 태종 때에 만든 인공수로였다.

경복궁 안에 개천을 파도록 명했다. 임금이 말했다. "경복궁은 태조께서 창건하셨으니 마땅히 여기에 거처하여 자손에게 시범을 보여야겠다. 풍수하는 자가 '흠이 되는 것은 명당수明堂水가 없는 것이라'고 말하니 도랑을 만들게 하라."_태종실록 11년(1411) 7월 30일

도성을 설계하면서 궁궐을 어디에 두느냐는 것은 아주 중요한 문제다. 중국은 산이 없어 평지에 성을 쌓고 그 안에 궁궐을 두었다. 성곽이란 말이 있는데, 이때 성城은 궁궐의 담장이요 곽郭, 廓은 도시를 두른 담장이니, 성은 내성이요 곽은 외성이다. 중국에서는 전통적으로 외성 한가운데에 궁성을 두는 것이 기본이어서 성곽 평면이 회回자형을 이룬다. 그래야 외부 침입에 안전할 수 있기 때문이다. 궁궐 앞에는 관청을 두고 뒤에는 시장을 두었다.

그런데 남북조시대에서 수·당나라 때까지는 궁성을 한가운데 두지 않고 북쪽에 치우쳐 두는 파격이 일어났다. 평면이 인囙자형을 이루게 된다.그림 3 궁성 북쪽에 있던 시장도 앞으로 옮겨졌다. 왜 이런 변화가 생겼는지에 대해서 학자마다 의견이 구구하다. 북방 유목민이 중원에서 활동하던 시기인 점을 감안하면, 아마 북쪽 후원을 통해 탈출을 쉽게 하기 위한 조치가 아닌가 하는 견해가 있다. 농경민족은 성 안에서

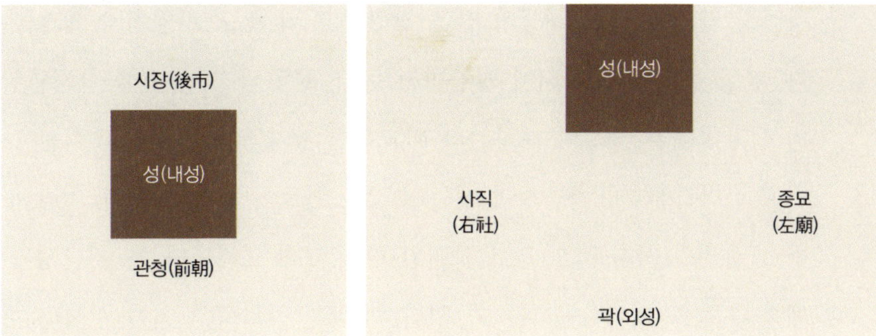

그림 3 회자형과 인자형 성곽

끝까지 버티려 생각하지만, 유목민족은 유사시 성에서 긴급히 탈출하는 것을 먼저 생각했던 것 같다.

이에 따라 당나라 장안성도 궁궐이 도성 북쪽에 자리잡았고, 그 영향을 받은 발해 도성이나 일본의 도성도 북쪽에 치우쳐 있다. 신라는 초기 도읍지인 월성은 도시 남쪽에 있다. 통일기에 와서 당나라 영향을 받으면서 궁궐을 북쪽으로 옮겼을 것으로 추측하지만, 아직은 그 증거가 발견되지 않았다.

전반에 걸쳐 볼 때에 우리나라는 중국의 도성 축조 원칙이 별로 지켜지지 않았다. 고려나 조선의 도성은 산이 많은 자연지세를 이용했기에 평원에 조성한 중국과 다르다. 외성의 형태도 장방형이 아니라 원형에 가깝고, 궁궐도 산 능선이나 산기슭에 만들다 보니 도시 한가운데에 있지 않다. 남북 중심선을 따라 주요 건물을 배치하는 좌우대칭형의 원칙이 제대로 지켜지지 않은 것이다. 경복궁과 창덕궁만 해도 동쪽과 서쪽에 치우쳐 있다.

중국의 자금성은 그 규모가 어마어마하다. '마지막 황제'란 영화에는 자금성 담장이 정말 세상과 담을 쌓았다고 할 정도로 엄청 높게 나온다. 담장 높이가 10미터에 달한다고 한다. 궁궐의 핵심 건물인 경복궁의 근정전을 자금성의 태화전과 비교하면 황제국과 왕국의 격차를 느끼게 한다. 게다가 자금성 안에는 수많은 건물이 살아 있는데, 지금 우리 궁궐은 그러지 않으니 그 차이가 더욱 크게 드러난다. 또 자금성 안에는 후원을 제외하곤 나무가 없다. 자객을 방지하기 위한 것이라 한다. 다소 황량한 느낌을 주는 이 점에서도 우리 궁궐과 다르다.

중국 황제가 자금성과 비교해서 조선의 궁궐이 어떠한지 물어본 적이 있다. 그도 궁금했던 모양이다. 그래서 조선에 다녀온 사신에게 이것저것 물으면서 궁궐에 대해서도 언급했다. 중국 칙사의 대표인 상칙사에게서 전해 들은 것을 정조에게 보고한 내용이다.

상칙사가 "그밖에 귀국의 산천과 음식과 궁전의 규모 등에 대해서 자세히 묻지 않은 것이 없었는데, 우리는 묻는 대로 아뢰었습니다. 황제께서 '궁전은 우리의 태화전과 비교하여 어떻던가?'라고 말씀하시기에 '어찌 감히 태화전에 비기겠습니까?'라고 대답했고, 황제가 또 '근정전과는 어떻던가?'라고 묻기에 '역시 멀리 미치지 못합니다'라고 대답했습니다"고 말했습니다. 근정전은 황상이 정사를 보는 편전입니다. _정조실록 9년(1785) 2월 14일

여기서 말하는 근정전은 경복궁이 아니라 현재 중국 고위층이 거주하고 있는 자금성 옆의 중난하이中南海에 있는 건물이다. 편전이란 왕이 평상시 업무를 보는 건물을 이른다. 외국 사신을 접대하는 장소이기도

한 궁궐은 국가의 얼굴이었다. 임진왜란 후 경운궁에 임시로 머물 때에 오키나와 표류인들을 접대하면서 궁궐 체면 문제가 제기되었다.

예조가 아뢰기를 "표류해온 유구국 사람들에게 궁궐 뜰에서 대접하는 일을 13일에 행해야 합니다. 그런데 유구국 사람들은 경운궁이 시어소時御所, 임시 처소인 줄 모를 것이니, 뜰이 비좁아서 외국인이 보기에 궁궐 뜰같아 보이지 않을 듯합니다. 인정전 안뜰에서 대접하는 게 좋을 듯하여 감히 아룁니다. 대접하는 음식도 아주 소략하니 해당 관청에게 명하여 닭과 돼지 등을 조금 더 마련해주는 것이 어떻겠습니까?"라고 하니, 전교하기를 "윤허한다. 대궐이 비어 황량하니 수위하는 것이 소략하면 도리어 모욕을 받을까 걱정이다. 이 뜻을 병조에 말하여 특별히 엄하게 지키되, 너무 매몰차게 하지는 않도록 하라. 대접하는 따위의 일도 넉넉하게 하는 것이 옳다"고 하였다. _광해군일기 4년(1612) 9월 12일

서울에는 5대 고궁이 있다고 흔히 말한다. 먼저 경복궁과 창덕궁, 창경궁이 떠오르고, 그다음에는 경희궁경덕궁, 덕수궁이 떠오를 것이다.그림 4 이 5대 고궁 가운데 제일 중심에 있는 것이 경복궁과 창덕궁이다. 으뜸이 되는 이런 궁궐을 법궁法宮이라 한다.

아, 을미년1895 이후 경운궁으로 옮기신 것은 변란을 당하여 임시로 취한 조치였습니다. … 하물며 경복궁과 창덕궁 두 궁궐은 우리 고황제태조께서 잡은 옛 터전이요 역대 임금들이 거처해온 법궁으로서, 폐하께서 그 지위를 복구하고 그 섬돌을 밟으셨으니 그 의리로 보아 오래 떨어져 있

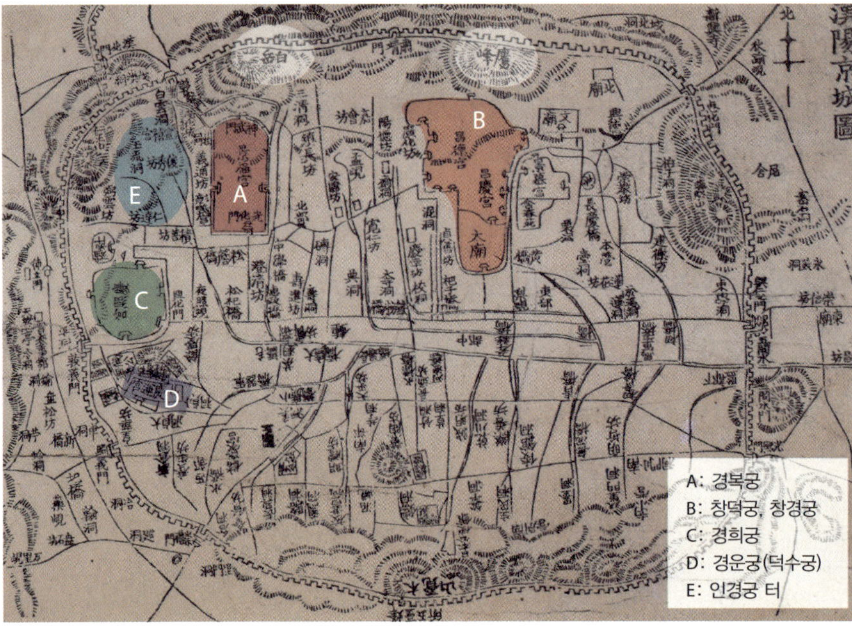

그림 4 서울의 주요 궁궐

지 말아야 할 것이 아니겠습니까? 이 경운궁으로 말하면 우리 선조 임금께서 귀환하시던 날 처음으로 짓고 거처했으니, 대체로 전란 중에 옛 궁궐이 불타 미처 중건하지 못했기 때문이었습니다. _고종실록 41년(1904) 7월 15일

고종이 경운궁에서 집무할 때의 일이다. 1895년 을미사변이 일어나자 신변에 위협을 느낀 고종은 이듬해 2월에 러시아 공사관으로 피신했고, 1년 뒤인 1897년에 경복궁이 아닌 경운궁으로 돌아왔다. 그해 10월에 황제국을 선포함으로써, 경운궁은 10여 년에 걸친 대한제국 역사의 산실이 되었다. 그런데 1904년 4월에 경운궁에 대화재가 일어나 많은 건물이 소실되자 고종이 이를 중건하려 했다. 이 상소문은 이를 반

대하며 고종 초년에 새로 복구한 법궁으로 옮기길 요청하고 있다.

이 글을 보면 경복궁과 창덕궁이 법궁에 해당한다. 법궁 대신에 지금은 '정궁正宮'이란 말도 쓴다. 이에 비해 경희궁, 경운궁, 인경궁 등은 그 아래의 궁궐 즉 이궁離宮이나 별궁別宮에 속했다. 경복궁은 건국과 더불어 왕이 거처하는 중심 궁전이었지만, 임진왜란 때에 불에 타 폐허가 된 뒤로는 창덕궁이 핵심이 되었다. 고종 때에 와서야 경복궁이 비로소 중건되어 1868년부터 30년 가까이 그 중심 지위를 회복했을 뿐이다. 경복궁은 일제강점기에 다시 훼손되는 아픔을 겪었는데, 이와 비슷하게 조선이 건국되면서 고려 궁궐도 상처를 입었다.

고려의 수창궁壽昌宮은 우리 조정에 들어와 개성부의 양곡을 저장하는 창고가 되었다. 내금위청이 그것인데, 임진년에 왜적에게 불타버렸다. 마당 가운데 있는 연못은 오늘날 돼지 키우는 구역이 되고 말았다. _『오산설림초고』

조선 전반기와 말기에는 경복궁이, 조선 후반기에는 창덕궁이 으뜸 궁전이 되었다. 서울을 뒤에서 지켜주는 북한산 자락이 남쪽으로 내려와 백악산을 이루고, 여기서 다시 동쪽으로 뻗어나와 응봉을 이루니, 백악산에 의지한 것이 경복궁이요 응봉에 의지한 것이 창덕궁이다. 흔히 경복궁은 '북궐'이라 하고 창덕궁과 창경궁은 '동궐'이라 한다. 창덕궁에 붙어 있으면서 특이하게 동쪽을 바라보고 있는 창경궁은 성종 때에 세 명의 대비를 위해서 건설한 보조 궁궐이다. 경복궁은 서쪽의 인왕산이나 북쪽의 백악산에서 내려다보일 정도로 노출되어 있어그림 5 여

그림 5 인왕산에서 내려다보이는 경복궁(2010. 9)

성들이 거처하기에 불편했기 때문이다.

경복궁은 임진왜란으로 불에 타 폐허로 방치되었다. 터만 남은 경복궁 그림이 몇 점 전하는데, 1754년에 그린 정선의 그림에는 광화문과 경회루의 자취만 돌기둥 형태로 남아 있는 것을 볼 수 있다.그림 6 이런 상태이니 가끔 이곳을 놀이터로 삼는 일이 벌어졌고, 때때로 발각되어 처벌을 받았다.

사헌부가 아뢰었다. "빈 대궐터에 무지한 자들이 멋대로 드나들며 술자리까지 벌이고 있습니다. 신들이 사람을 보내어 살피게 했더니, 이달 18일 초저녁에 동산東山의 산지기라 자칭하는 남녀 8, 9명이 모여 노래 부르며 술을 마셨다고 합니다. 이들은 빈 대궐터에 들어갈 수 있는 사람들이지만, 과거 궐내의 지엄했던 곳에서 이처럼 불경스런 짓을 했으니, 극히 통분스럽습니다. 당직하던 부장部將, 무관 벼슬은 금지할 뜻이 없었으니, 심히 해괴하고 놀라운 일입니다. 파직시키소서. …" _선조실록 37년(1604) 6월 19일

그림 6
경복궁 모습(정선)

선조 39년1606 9월에는 근정전 뜰에 깔렸던 박석薄石을 가져다가 선조가 임시로 머물러 있는 곳에 쓰려고도 했다. 이에 궁궐 조성을 담당했던 관청이 다른 데서 조달할 수 있으니 그대로 두자고 해서 왕의 허가를 얻었다. 이렇게 비어 있던 경복궁을 광해군이 중건하려 했지만, 폐위되는 바람에 미수에 그치고 말았다. 광해군은 불행한 사건이 두 번이나 일어난 창덕궁에 거처하는 것을 꺼렸다.

예조가 "3월 12일에 창덕궁으로 거처를 옮기소서"라고 아뢰니, 왕이 "법궁으로 아주 옮기는 것이니 길일을 택하지 않을 수 없다. 각전各殿, 왕비나 동궁 등이 모두 날짜를 협의하여 다시 별도로 택일하여 아뢰라" 했다.

【왕이 일찍이 지관地官 이의신에게 "창덕궁은 큰일을 두 번 겪었으니 내가 거처하고 싶지 않다"고 말하며 몰래 물었는데, 이는 노산군단종과 연산군이 쫓겨난 사건을 가리킨다. 이의신이 답하기를 "이는 고금의 제왕들이 피할 수 없었던 변고입니다. 궁전의 길흉에 달린 것이 아니라 도성의 기운이 고갈되었기 때문입니다. 빨리 옮길 날짜를 잡는 게 좋습니다" 하였다. 왕이 이로써 창덕궁에 거처하지 않았는데, 군신들이 옮겨가자고 여러 번 청했으나 왕이 따르지 않았다. 그후 행궁에 변괴가 나타나자 비로소 창덕궁에 거처하면서 꽃과 돌로 더욱 꾸몄지만, 오래 있을 뜻이 없었다. 이에 창경궁을 짓도록 재촉하고는 궁이 완성되자 또 거처하지 않았고, 드디어 새 궁궐 두 곳을 짓게 했다. 완성 후에 거처하려 했기 때문인데, 경덕궁을 먼저 완성했지만 인경궁은 미처 완성되기 전에 폐위되었다. 이 모두 이의신이 아뢴 것이었다.】_광해군일기 5년(1613) 1월 1일

광해군은 자신이 거처할 새로운 궁으로 경덕궁과 인경궁을 짓게 했다. 인경궁은 인왕산 아래에 있던 궁궐이니 경복궁 서쪽에 해당한다. 경덕궁은 지금의 경희궁으로서, 이를 '서별궁'이라고 했다. 그렇지만 그가 꺼리던 두 사건의 전철을 밟아 마침내 궁궐에서 쫓겨나고 말았다.

법궁인 두 궁전과 비교하면 나머지 궁궐은 격이 떨어진다. 경운궁은 세조의 큰손자인 월산대군의 개인 저택이었다. 그로부터 100년 뒤에 임진왜란이 일어나 서울의 궁궐이 불에 타자, 피란길에서 돌아온 선조는 이곳을 임시 거처로 정하여 궁궐로서의 역사가 시작되었다. 광해군이 인목대비를 유폐시키면서 경운궁을 '서궁'이라 불렀는데, 이때 인목대비가 거처했던 곳이 특이하게 2층으로 된 석어당이다.그림 7 고종이 경

그림 7 석어당(2007. 11)

운궁에 머물면서 비로소 으뜸 궁궐이 될 수 있었고, 고종 퇴위 뒤에는 덕수궁으로 이름이 바뀌었다.

중심 궁궐을 법궁이라 하듯이 궁궐의 으뜸 건물을 법전法殿이라 했다. 법전은 다른 건물과 격식이 달랐다. 그중 하나가 둥근 기둥을 사용하는 것이었다. 다음은 창경궁 중건을 담당한 관청이 보고한 것이다.

비망기에 "문정전은 법전이므로 둥근 기둥으로 만들어 세우는 것이 마땅할 듯하다. 그런데 지금 사각 기둥으로 만들어 세우니, 둥근 기둥으로 고쳐 세울 수 없는지 자세히 의논하여 아뢰라"고 교시를 하셨습니다. 애초 준비할 때에 보니, 명정전 이외에 문정전과 환경전 등은 모두 사각 주초여서 옛날 제도가 분명했습니다. 이리하여 과거 방식에 따라 사각 기둥으로 마련하여 지었습니다. 이제 성상의 분부를 받들어 신들이 여러 번 상세히 의논하고 장인들에게 널리 물어 둥근 기둥으로 고치려고

그림 8 문정전(2009. 6)

하였습니다. 그런데 기둥 및 각종 재목을 거의 모두 다시 마련해야 하고, 주춧돌 역시 다시 설치해야 한다고 합니다. _광해군일기 7년(1615) 11월 11일

여기에 비망기가 나오는데, 조선시대 국왕의 말은 용도와 방법에 따라 22종으로 다양하게 표현되었다. 교敎, 비망기, 교지, 비批, 유諭, 전지傳旨, 윤음 등이 그것이다. 교는 임금의 말이나 명령을 가리키고, 비망기란 임금이 명령을 적어서 승지나 당사자에게 전하던 문서이다. 비답은 상소 등에 대한 임금의 답변이고, 유는 지방에 부임하는 관원에게 주는 군사적인 명령이고, 전지는 관청이나 관리에게 전하는 임금의 뜻이다. 윤발綸綍은 원래 황제의 칙서인데, 영조가 왕권 강화를 위해서 이를 윤음으로 바꾸어 받아들여 공식 용어로 만들었다고 한다.

지금 창경궁을 돌아보면 확인할 수 있겠지만, 위에서 언급하고 있는 명정전은 둥근 기둥이고, 문정전그림 8과 환경전은 사각기둥이다. 이렇게

기둥만 봐도 건물들의 위상을 짐작할 수 있다. 경복궁의 근정전도 법전이다. 국가 대사를 치르는 곳이기에 이곳은 행랑에 둘러싸여 있고 박석을 깐 널찍한 마당이 있으며, 그 마당에는 관료들이 품계에 따라 서 있을 수 있도록 품계석이 있다. 조정朝廷이란 말은 정치적 상징 장소인 이 마당을 가리킨다. 그런데 자금성 태화전 앞마당에는 박석 대신에 전돌이 깔렸고, 신하들이 서는 자리에는 품계석 대신에 하얀 표지석만 박혀 있다.그림 9 청나라 사행 기록을 보면 당시에는 청동 표지가 박혀 있었다고 한다.

그림 9 자금성의 표지석(2010. 6)

궁궐을 구경하다 보면 중요한 전각의 처마 아래에 그물이 처져 있는 것을 볼 수 있다. 단청을 보호하기 위해서 새를 막으려는 것이려니 생각할 것이다. 맞는 말이다. 처마 아래 들쑥날쑥한 공포에는 새들이 집을 짓기가 좋다. 새가 깃들이면 새똥이 건물을 더럽힐 뿐 아니라, 새를 노리는 뱀 따위가 출몰하게 된다. 그리하면 신성한 공간에서 살생이 일어날 가능성이 있어, 이를 미연에 방지하려는 시설이라고 한다. 이 그물을 부시罘罳라고 하는데, 근래에 친 것이 아니라 조선시대부터 그렇게 해왔다.

"인정전의 노끈 그물이 낡아 찢어져 바람에 날리니 철망을 속히 만들어 쳐라"고 전교했다. 【나라 안에 철사를 만드는 장인이 없어서 평시에

그림 10 부시 안의 말벌집(2007. 8)

그림 11 새를 쫓는 침(2013. 10)

는 푸른 노끈으로 짠 세밀한 그물로 궁전 건물과 현판을 막아서 보호했다. 이때에 철망을 치라고 명령하니 작업이 매우 커서 끝내 이루지 못했다. 이에 요遼, 랴오닝성와 연燕, 베이징에서 무역하여 만 리 길을 실어오니, 번거롭고 비용이 많이 드는 것이 이루 말할 수 없었다.】_광해군일기 7년(1615) 4월 21일

2007년 8월에 창덕궁을 답사하다 보니, 인정전 한 귀퉁이에는 큼지막한 말벌집이 부시 아래에 자리잡고 있었다.그림 10 서양에서는 조각물을 보호하기 위해서 침을 촘촘히 꽂아놓아 새가 앉지 못하게 하고 있었다.그림 11 우리나라에서도 처마 아래 보뺄목에 작은 가지창을 꽂아놓았다.

궁궐문을 자세히 본 사람은 알겠지만, 중요한 문은 출입구가 세 개이다. 그뿐 아니라 땅바닥에 난 길도 셋으로 나뉘어 있다. 가운데 것은

물론 왕의 전용이고, 그 양쪽으로는 동반과 서반 관료들이 이용하였다. 왕의 전유물은 세자도 감히 범할 수 없었다.

왕세자의 입학 의식에 대하여 승정원에서 "세자의 출입은 어느 문으로 하는 것이 옳겠습니까?"고 아뢰니, "명정전 서쪽 협문夾門, 옆문이 좋겠다"고 전교했다. 이에 "이 문은 바로 임금이 행차하시는 곳이니 다른 사람이 출입할 수 없습니다"고 다시 아뢰자 "그렇다면 서쪽 작은 협문으로 출입하게 하라"고 전교했다. _성종실록 18년(1487) 2월 14일

연산군 10년1504 4월에는 의식을 담당하던 김극회가 왕을 인도하여 계단을 내려가다가 잘못하여 어로御路를 범한 일이 있어, 잡혀가 심문을 받은 일도 있다. 영조는 왕의 명령서는 반드시 정문을 통하도록 지시했다.

비록 신하들에게 내린 교서敎書나 유서諭書라 하더라도 모두 정문을 거쳐야 한다. 교명敎命, 책봉 명령서·죽책竹冊, 대나무에 새긴 책봉서·시책諡冊, 시호를 새긴 글 등은 더욱 중대한 일로서 마땅히 정문을 거쳐야 하는데, 모두 동문을 거쳤다고 하니 사리가 그렇지 않다. 이 뒤로는 왕이 직접 대청에 나와 책봉을 할 때에 세자가 책서를 받고 나서 내가 세자와 함께 동문을 이용하더라도, 교명과 죽책은 먼저 정문을 거쳐 행해야 한다. _영조실록 28년(1752) 4월 10일

궁궐에는 많은 사람이 기거했다. 그렇지만 왕의 자녀라 해서 모두 거주하는 것은 아니었다. 어느 정도 자란 뒤에는 세자를 제외하고 궁궐

밖으로 독립해 나갔다. 비숍은 경복궁에 사는 사람들을 이렇게 적었다.

800여 명의 병사와 1,500명 정도의 수행원내시와 궁녀들, 온갖 임무를 띤 관리-조신과 그들의 수행원들, 서기, 승지, 하인들 등으로 궁궐이라는 이 광대한 울타리 안은 마치 혼잡하고 조밀한 도시 그 자체인 듯싶었다. _이사벨라 버드 비숍 책, 294쪽

이를 보면, 19세기 말에 경복궁에는 2천 명 이상의 사람들이 상주했던 것으로 보인다. 결과적으로 궁궐에서 소비하는 음식도 대단했을 것이다. 현재의 단위로 환산하기는 어렵지만, 다음은 그 일단을 엿볼 수 있는 자료다. 궁궐에서 절제있게 써야 한다고 사관이 언급한 대목에 나온다.

사신은 논한다. 정월부터 오늘까지 대궐에서 사용한 것을 계산해 보니, 기름 7섬, 밀가루 10섬, 꿀 10섬, 솜 250근, 색실 150근, 설탕과 침향 각 100근, 황밀黃蜜 200근, 단목丹木 400근, 여러 가지 과일 24섬이며, 다른 물건도 많아서 모두 기록하기 어렵다. _중종실록 25년(1530) 2월 30일

두 달 동안에 소비한 명세다. 난방과 취사를 위한 숯 및 땔나무 소비량도 대단했을 것이다. 윤원형이 임금께 아뢴 말이다.

국가의 씀씀이는 모두 회계를 하는데, 선공감의 숯과 사재감의 땔나무만은 회계를 하지 않아서, 들여온 숫자만 기록할 뿐 사용된 숫자는 기

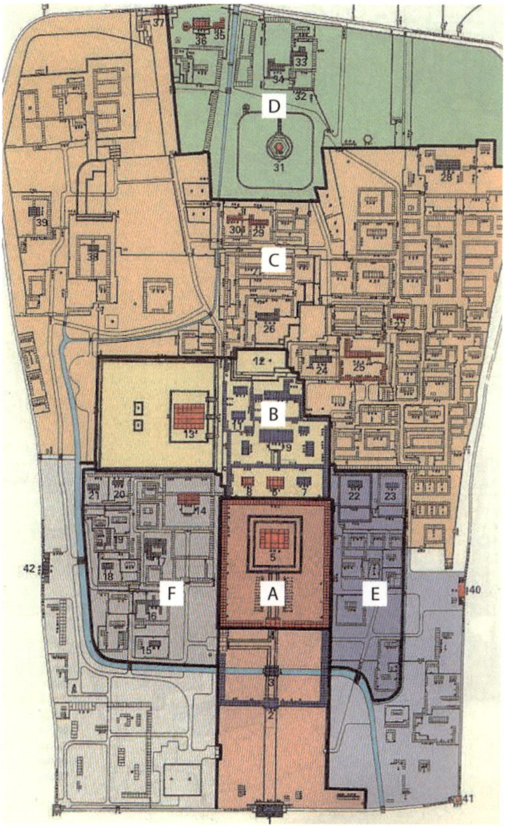

A: 외전
B: 내전
C: 대비, 후궁, 왕자 등 주거공간
D: 후원
E: 동궁
F: 궐내각사

그림 12
경복궁의 공간 구분

록하지 않고 있습니다. 숫만 하더라도 1년에 들여온 것이 1만 3천여 섬에 이르는데, 그중 9천여 섬이 간 곳이 없다고 합니다. 낭비가 많다는 것을 이로써 알 수 있습니다. _중종실록 34년(1539) 5월 18일

궁궐 안에는 몇 개의 구역이 있다. 외전外殿, 내전內殿, 기타 사람들의 생활공간, 후원, 동궁, 궐내각사로 구분된다. 이를 현재 남아 있는 경복궁 내부의 건물과 대응해보면 이해가 좀 더 쉬울 것이다.그림 12 외전A은

국가의 공식 행사를 치르는 곳이니, 근정전 일대이다. 내전B은 왕과 왕비의 공식 활동과 일상생활의 공간으로서, 왕이 기거하는 대전大殿과 왕비가 기거하는 중전中殿으로 나뉜다. 왕이 일상적으로 업무를 보던 편전인 사정전, 왕의 침실인 강녕전, 왕비의 침실인 교태전이 있다. 그 뒤로는 대비, 후궁, 왕자 등이 생활하던 공간C이 있으니, 자경전이나 집경당 등이 이에 속한다. 다시 그 뒤로는 휴식의 공간인 후원D이 있어서 향원정과 그 뒤쪽의 집옥재 등이 여기에 속한다. 후원은 창덕궁에서 제일 특징적으로 발달하였기에 과거에는 창덕궁을 비원이라 부른 적이 있다. 동궁E은 세자의 공간으로서 궁궐 동부에 있어서 이렇게 부르는데, 자선당, 비현각 등이 그것이다. 또 궐내각사F는 궁궐 안에 두었던 관청들로서, 승정원, 홍문관, 예문관, 춘추관 등이 있었다.

구중궁궐이란 말이 있듯이 왕이 있는 내전은 겹겹이 둘러싸인 깊숙한 곳에 숨어 있다. 왕이 잠을 자는 곳은 정井자 모양으로 구획되어 있어, 가운데 큰 방에서 왕이 자고 이를 둘러싼 작은 방에서는 숙직하는 상궁들이 잤다. 또 방은 이중벽으로 두텁게 되어 있고, 사람이 숨을 가능성이 있어서 큰 세간도 들이지 않았다. 이것은 왕의 신변을 보호하려는 조치였다. 일본에서는 자객의 침입을 막기 위해서 마룻바닥을 일부러 삐걱거리게 하였다고 한다. 그럼에도 궁궐 안 대전까지 도둑이 들어 소란을 피웠던 사건이 있었다.

7월에 대전에 도둑이 들었다. 왕은 조회를 파하고 매번 존현각에 가서 야밤이 되도록 책을 보셨다. 이날 밤에도 촛불 아래서 책을 보자니, 갑자기 발걸음 소리가 들렸다. 보장문 동북쪽에서 행랑 지붕을 따라오는 소리였는데, 어좌御座가 있는 가운데 방 지붕에 이르더니 기왓장을 던지고 자갈을 뿌렸다. 왕이 조용히 듣고 있다가 도둑이 든 것을 알고 내시와 액례掖隷, 액정소 소속 잡일꾼를 불러 불을 밝히게 했는데, 도둑은 이미 달아나고 가운데 방 지붕 위에는 기왓장과 자갈들이 널려 있었다. _정조실록, 정조 대왕 행장

이 사건은 정조 원년1777 7월에 일어났다. 이때 군사를 동원하여 안팎을 뒤졌지만, 결국 찾아내지 못했다. 이 사건으로 경희궁 존현각이 불안하다고 하여 왕의 거처를 창덕궁으로 옮겼는데, 8월에 여기서도 도둑이 담을 넘어온 사건이 발생하였다. 이때 마침 해코지한 범인들이 잡혀서 모반 사건으로 밝혀졌다. 또 궁궐 안에서는 처음에 신발을 신지 못하게 했던 모양이다.

병조와 오위도총부에 교시를 내렸다. "지금부터는 조정 관리로서 궁궐 안에서 투혜套鞋, 발막신를 신은 사람과 우산을 가진 사람을 금지하지 말라"고 하였다. _성종실록 1년(1470) 1월 5일

그 이유는 광해군과 환관 이봉정의 문답에서 알 수 있다.

또 "대전 안이 매우 시끄러운데 선왕조 때도 그랬느냐?"고 이르니, "선왕조 때에는 상궁 이하 모두 베버선 발로 궁전과 섬돌을 다니고 감히 신발을 신지 못했습니다. 그런데 지금은 신을 신는데다가 바닥에는 징까지 박아서 신 끄는 소리가 탁탁 울리니, 어찌 시끄럽지 않겠습니까?"

했다. _『태천잡기』; 『연려실기술』 별집, 관직전고, 환관 재인용

후원에는 왕이 상징적으로 농사를 짓던 논이 있었다. 이뿐 아니라 분뇨를 사용하여 채소 농사를 짓던 텃밭도 있었던 모양이다.

영사 김응기가 "문소전文昭殿, 태조와 태조비를 모신 사당과 아주 가까운 곳에서 분뇨를 모아서 채소를 심고, 또 궁궐 안에 조금이라도 빈 땅이 있으면 모두 경작을 하는데, 이는 지난날 궁궐을 비웠을 때에 하던 일이 지금까지 계속되는 것입니다. 중국의 대궐 마당에는 모두 벽돌을 깔았으니, 마당에 빈 땅이 조금 있다고 해도 어찌 경작하겠습니까? 하물며 제사를 드리는 곳 가까이에서는 더욱 부당한 일이니 일절 금지하게 하소서"라고 아뢰니, 상이 "내 미처 알지 못했다. 금하도록 하라"고 일렀다.
_중종실록 9년(1514) 3월 14일

같은 날에 궁궐 안에 채소밭이 15개나 된다고 보고하자, 전부터 경작하던 것이니 해로울 것이 없다고 하교했다. 위의 지시를 번복한 것이다. 건국 후 100여 년이 지난 뒤에도 궁궐 안에 건물만 들어찬 것이 아니라, 이처럼 목가적 풍경을 자아낼 수 있는 공간들이 있었던 것 같다. 궁궐 안에는 상주하는 사람들도 있지만, 관리처럼 밖에서 자고 출퇴근하는 사람들도 많았다. 예종은 1년1469 6월에 궁궐 안에서 허가받지 않고 자는 사람이 너무 많으니, 궁궐 문을 닫은 뒤에 찾아내서 처벌하라는 지시를 내렸다.

궁궐 문은 어둑할 무렵에 닫아 자물쇠를 채워놓았다가 날이 밝으면

열었다. 이 전통은 남이南怡의 사건 때부터 시작된 것으로, 그 전에는 인정人定, 밤 10시 때에 성문과 궁문을 닫고 파루罷漏, 4시 때에 열었다고 한다. 문을 닫아야 하는데도 특별한 일이 있어 열어두어야 하는 일도 있었는데, 이를 유문留門이라 한다. 개폐 시간을 자칫 놓치게 되면 궁궐 담장을 넘어다녀야 했다. 이런 사례는 실록에 다수 보이는데, 법대로 한다면 사형에 해당하는 중죄를 범하는 것이었다. 인조반정이 일어나자 광해군도 담장을 넘어 피신했다.

왕이 북쪽 후원에 있는 소나무숲 속에서 사다리를 놓고 궁성을 넘어갔다.【평상시에 궁인들이 후원에 긴 사다리를 설치하여 야간 출입에 편하게 했는데, 왕이 이 사다리로 궁성을 넘어갔다.】젊은 내시가 업고 가고 궁인 한 사람이 앞에서 인도하여 사복시 개천가에 있는 의관 안국신의 집에 숨었다. _광해군일기 15년(1623) 3월 12일

궁궐 담장에는 물을 내보내는 수구문이 있게 마련이다. 이것도 개구멍 역할을 했다. 성종 7년1476 12월 창덕궁에 근무하러 들어온 한 노비가 북쪽 담장에 있는 수구로 몰래 빠져나가 제집에서 자고 이튿날 다시 그곳으로 들어왔다가 잡힌 일이 있다. 이리하여 사형당할 처지에 놓였지만, 왕이 형벌을 감면해주었다. 이처럼 법적으로는 사형에 해당하지만, 대부분은 유배를 보내는 등 감형해주는 일이 많았다. 그만큼 궁궐을 몰래 드나드는 일이 흔했던 듯하다.

궁궐 가운데 세계문화유산이 된 것은 창덕궁뿐이다. 창덕궁은 궁궐 뒤쪽의 정원이 일품인데다, 후원이 궁궐 건물들과 잘 조화되는 점이 높

그림 13 경복궁 수문장 교대식(2007. 11)

은 평가를 받고 있다. 그렇지만 많이 남아 있다는 창덕궁 건물도 실은 원래 규모의 21퍼센트인 390칸 정도만 있고, 경복궁은 원래의 10퍼센트쯤 된다고 한다. 궁궐을 돌아다니다 보면 건물이 별로 없는데다가, 과거에는 창호지마저 구멍이 숭숭 뚫려 있어 을씨년스럽기까지 했다. 그야말로 옛날에 쓰던 '고궁古宮'에 불과했다.

다행히 1990년대부터 경복궁 등의 궁궐을 복원하여 건물들이 새로 들어서고 있다. 게다가 방에는 가구, 집기 등을 들여놓아 궁궐의 일상생활을 짐작할 수 있게 해준다. 또 덕수궁에서 음악회를 열고, 경복궁에서 수문장 교대식을 열고,그림 13 창경궁에서 정조 오순잔치를 재현하는 등 각종 행사를 통해 궁궐에 생기를 불어넣고 있다. 이제 먼 옛날의 고궁이 아닌 지금의 궁궐로 다시 탄생하고 있다.

왕의 그림자, 환관

대전 현충원 애국지사 묘역에 반하경이란 인물이 안장되어 있다. 그는 철종부터 순종까지 3대에 걸쳐 임금을 모신 내시였다. 그러나 을사늑약이 체결되자 내시를 그만두고 경기도 파주 집으로 내려갔고, 국권이 찬탈된 뒤에 파주 삽다리 장터에 나가 사람들이 보는 앞에서 유서를 꺼내 자결했다고 한다. 뒤늦게 파주 내시촌 인근에서 그의 묘가 확인되어 2001년에 이곳으로 이장된 것이라 한다조선일보 2010. 2. 13.

2009년 5월에 오랫동안 벼르던 답사길에 나섰다. 조선시대 내시와 궁녀 무덤들이 많이 있다는 초안산에 올랐다. 녹천역에서 내려 서쪽으로 나오면 바로 앞에 초안산이 있는데, 이 산 남쪽 사면에 무덤들이 집중되어 있다. 가장 이른 내시 묘는 17세기까지 올라간다고 한다. 1천기가 넘는다고 하는데 거의 방치되어 석물들이 널브러져 있고,그림 1 봉분 위에는 큰 나무가 자라고 있었다. 어느 비석은 깨진 채 등산길 가운데에 버려져 오가는 사람들이 걸터앉는 쉼터가 되었고, 다른 한 비석에는 분무기로 낙서까지 되어 있었다. 심지어 배드민턴장도 들어서 있었다. 앞으로 이 유적을 정비할 것이라 하니 다행스러운 일이다.

환관과 내시는 지금 같은 의미로 사용한다. 내시는 가까이서 왕을 모시거나 호위하던 벼슬아치로서 고려시대에는 귀족 자제들이나 문신이 담당했다. 그러다가 고자인 환관이 이 일을 점차 떠맡게 되면서 내시는 곧 환관이란 등식이 생기게 되었다.

임무나 직책과 관련하여 환관을 내관內官, 중관中官, 중사中使, 태감太監 등으로 불렀다. 또 고자라는 신체적 특성 때문에 붙여진 명칭도 다양했다.

환관을 엄인閹人이라 하고, 또 탁인椓人이라고 한다. '탁'이란 『설문說文』에 음부를 제거하는 형벌이라고 한다. 화자火者라고도 하는데, 대체로 부형腐刑을 가리킨다. 정신淨身이라고도 하는데, 스스로 음부를 제거한 자를 말한다. _『지봉유설』 인물부, 척환戚宦

선천적이든 후천적이든, 또는 자의든 타의든 성적 기능이 제거된 사람들이란 공통점이 있다.그림 2 부형은 거세하는 형벌인 궁형宮刑을 가리키는데, 생식기를 자르면 썩은 냄새가 난다고 해서 붙여졌다. 또 화자는 거세한 뒤에 불로 지졌기 때문에 붙여진 이름이다. 경복궁 서쪽에 효자동이 있는데, 필자가 30여 년 전 이곳에 살 때에 효자가 많이 나서 붙인 것인가 생각한 적이 있다. 근래 서울시 역사를 보니, 그게 아니고 원래 환관들의 집단 거주지로서 화자동이라 불리다가 변경되었다는 설이 있다고 한다.

동양 역사학의 아버지인 사마천이 궁형을 받는 치욕을 당했지만, 자살하지 않고 마침내 『사기』란 역사서를 집필하였다. 그런가 하면 '정신'이란 말처럼 자발적으로 거세하는 예도 있었으니, 이를 자궁自宮이라 한다.

그림 1 방치된 초안산 고분군(2009. 5)

그림 2 중국 환관의 거세된 모습

우리나라에서는 궁형이 없었고 대개 선천적인 불구이거나 사고로 고자가 된 사람들이 궁궐로 들어갔다. 조선에 사신으로 온 동월도 형벌에 궁형을 행하지 않는다고 하면서 이렇게 주를 달아놓았다.

엄환閹宦, 내시은 모두 궁형을 당한 자가 아니다. 오직 어렸을 때에 다치거나 병을 앓았던 자를 데려다 삼으므로 매우 드물다. _『조선부』

그렇지만 비천한 사람들에게는 출세하는 통로가 되었기에, 점차 인위적으로 거세하는 사람들이 등장했다.

고려의 엄인은 본래 백성이 아니면 천한 종 출신이었다. 고려에서는 부형을 쓰지 않았으니, 어렸을 때 개에게 고환을 먹힌 자들이다. … 이리하여 잔인하고 요행을 바라는 무리가 서로 따라했으니, 아비가 아들을 거세하고 형이 아우를 거세했다. 또 우악스러운 자들은 조금 분한 일이 있으면 스스로 거세했으니, 수십 년이 되지 않은 사이에 칼질해대는 무리가 무척 많아졌다. _『고려사』 환자 열전 서문

아이들이 변을 보면 똥개가 기다리고 있다가 핥아먹게 했는데, 자칫 아이의 불알까지 물어뜯어 사고가 나는 경우가 있었다. 이밖에도 중국의 환관 요구가 심해지자 일부러 거세해서 환관을 만드는 일이 많아졌던 것 같다. 그래서 고려가 멸망하기 1년 전에는 명나라 황제가 이를 금지했다.

요사이 듣건대 고려에는 엄시閹寺가 아주 적어서 짐을 위하여 거세해서 보낸다 하는데, 만약 이런 일이 있으면 금지할 것이다. _공양왕 3년(1391) 12월

고려에 큰 해독을 끼친 환관 임백안독고사任伯顔禿古思도 스스로 거세한 사람이었다. 그런데 조선에 들어와서 인위적인 거세는 원칙적으로 금지했다. 성리학에서 볼 때에 신체를 절단하는 것은 불효였기 때문이다.

임금이 판부사 허조에게 "황제의 지시를 듣건대 불알을 깐 환자를 구한다 하는데, 우리 궁중에는 본래 거세한 내시가 없으니, 이 뜻을 일러 보내는 것이 어떠한가?"라고 일렀다. … 찬성 권진도 "우리나라에 비록 거세한 환관은 없지만, 없다고 말해도 아마 믿지 않을 것입니다. 그러니

보내는 것만 못합니다"고 아뢰니, 임금이 "그렇다"고 했다. _세종실록 10년 (1428) 7월 13일

성종 때에는 일부러 거세해서 환관이 된 사실이 발각되어 쫓겨나기도 했다.

성종이 어느 날 사랑하는 환관 5, 6명과 민간에 관한 일을 말하다가 시중 드는 자에게 고기를 주도록 명했다. 어떤 환관이 사양하며 먹지 않고 "오늘은 국기일國忌日, 나라의 제삿날이니 고기를 먹지 않음이 옳습니다"고 했다. 임금이 "내 선조의 세대가 멀어서 그러는데, 네 어찌 정떨어지는 말을 하는가? 어찌 네 아비냐. 물러가라"고 일렀다.

좌우가 이 때문에 앞에 나와 아뢰었다. "아무개는 바로 함흥의 천한 사람입니다. 젊었을 적에 사람들과 함께 산에 나무하러 갔습니다. 그때에 환관 아무개가 명을 받아서 함흥으로 가는데, 앞에는 빛나는 말이 있고 붉은 옷 입은 자가 나각을 불고 엄숙히 앞에서 인도하였으니 역마를 타고 가는 모습이 매우 성대했습니다. 나무꾼 아이들이 머리를 한데 모으고 발돋음하며 이를 구경했습니다. 이에 환관 아무개가 너무나 부러워하니, 나무꾼 중에 일을 아는 자가 있어 '저 사람은 환자임에도 귀함이 이와 같다' 하였습니다. 이 환관이 어떻게 하면 환자가 되느냐고 물었더니, 그 나무꾼이 그렇게 되는 방법을 말해주었습니다. 이 환관은 바로 집에 돌아가 창으로 거세하고 곧 중상시中常侍, 내시 관청의 반열에 적을 올리게 되었습니다." 임금이 "그렇다면 상서롭지 못한 사람이다"고 이르고, 환관의 명부에서 빼버렸다. _『오산설림초고』

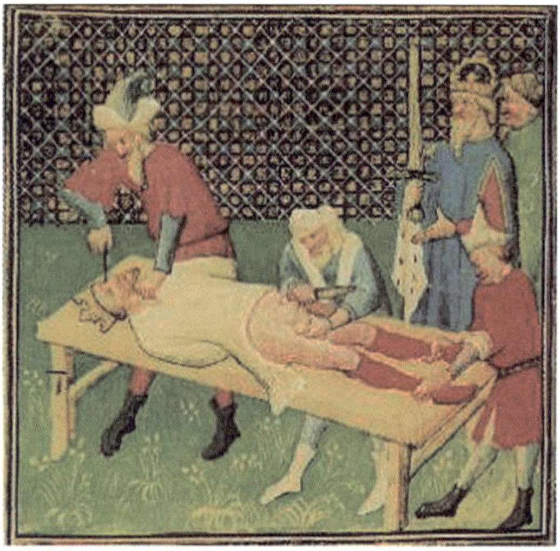

그림 3
서양 중세의 거세 장면

중국에서는 한미한 집에서 궁궐에 들어가 출세하려는 목적으로 수술을 받아서 거세를 하는 일이 많았다고 한다. 조선은 이와 대비된다. 정약용이 1794년에 지은 시에 '애절양哀絶陽'이 있다. 군역에 못 이겨 애를 더는 낳지 않겠다고 자신의 양근을 잘라버린 것을 슬퍼하는 시다. 이것을 보면, 조선에서도 일부러 거세하는 일이 아주 없었던 것은 아니다.

한편, 서양 중세기에 이탈리아에서 소년들을 거세하여 성인 소프라노 가수인 카스트라토를 만들어냈다고 한다. 이들은 남자도 여자도 아닌 상태로 평생을 살았다. 또 성경에서 천국을 위하여 스스로 고자가 된 경우가 있다고 하여, 신을 위해서 스스로 거세하는 종파가 나타나기도 했다.그림 3

어려서 거세하면 신체적으로 큰 변화가 일어난다고 한다. 내시 하면 떠오르는 이미지는 수염이 없고 상체를 숙인 채 종종걸음으로 걸으며, 우리가 흔히 간신 목소리라 하는 톤 높고 가는 소리를 낸다. 또 몸은 통

통해지고 호르몬 부조화로 감정의 기복이 심해진다고 한다. 이들은 모두 거세된 사람에게서 나타나는 일반적 현상이라고 한다. 일제강점기에 한반도를 방문했던 영국 화가 엘리자베스 키스는 내시 그림그림 4을 남기면서 이렇게 적었다.

그림 4 20세기 전반의 내시

서울에서 길을 가다 수염이 하나도 없고, 목소리가 여자처럼 높은 이 사람을 두어 번 본 적이 있었다. 옷이나 모자가 아주 구식인 그는 구한말 왕을 섬기던 내시였으며, 지금은 사라져버린 왕조 체제의 슬픈 유산이다. … 이 사람이 자꾸 안절부절 못해서 나는 재빨리 스케치를 끝냈어야 했다. 그의 과거를 연상시키는 배경으로는 옛 궁궐 뒤에 있는 삼각산을 집어넣었다. _엘리자베스 키스 외 책, 200쪽

최근에 아동 성범죄가 큰 사회적 이슈가 되자, 범죄자를 거세해야 한다는 주장이 제기되었다. 전통적인 방식인 외과적 거세는 할 수 없으니, 약물이나 여성 호르몬을 투여해서 성적 충동이 일어나지 않게 화학적으로 거세하자는 것이다. 고자로 알았던 내시 가운데에는 불완전한 예도 있었다. 연산군이 내시들의 불알을 검사한 적이 있다.

왕이 지시를 내렸다. "지금 풍속에 거짓이 많아 어린 환관들 가운데 혹시 진짜가 아닌 자가 있을 수 있다. 승지 강징이 의원 김흥수·고세보와

그림 5 서양의 환관(1749)

함께 협양문 밖에서 음신陰腎이 있는지를 조사하여 보고하라."

왕이 지시를 내렸다. "내관 김세필은 음신에 아직 뿌리가 남아 있는데도 속이고 환관 중에 끼었으니 칼을 씌우고 수갑을 채워 가두고, 그의 수양동생 이세륜 등과 수양사촌, 수양아비 최결, 최결의 수양동생 김만수 등은 모두 잡아다 빈청에서 국문하되, 그 사실을 알았는지를 심문하라." _연산군일기 10년(1504) 5월 3일

환관은 동양뿐 아니라 아시리아, 이집트, 페르시아, 그리스와 로마, 비잔틴 제국, 인도 등 세계 곳곳에 존재했다. 동아시아 국가 가운데 중국, 베트남에는 있었지만, 일본에는 없었다. 영어로 유넉eunuch이라 번역하는 것은 환관이 이처럼 동서양에 공통적이었기 때문이다.그림 5 헤로도토스의 『역사』에는 자신을 거세한 상인을 잔인하게 복수한 환관 얘기가 나온다.

우리가 아는 한 누구도 자신에게 가해진 모욕에 대해 이 헤르모티모스보다 더 무섭게 복수한 자는 아무도 없다. 말하자면 헤르모티모스는 전쟁 포로가 되어 매물로 나왔다가 파니오니오스라는 키오스인에게 팔렸다. 파니오니오스는 가장 잔혹한 방법으로 생계를 유지하고 있었는데, 미소년들을 구해 거세한 다음 사르데이스와 에페소스의 장터로 데리고 나가 비싼 값에 팔곤 했던 것이다. 외국에서는 내시들이 전적으로 믿을

수 있다 하여 온전한 남자들보다 더 값이 나갔다. 파니오니오스는 거세하는 것이 생업인지라 많은 사람을 거세했는데, 그중 한 명이 헤르모티모스였다. 그러나 그는 불행 중 다행으로 사르데이스에서 다른 진상품들과 함께 왕에게 보내졌고, 그 뒤 오래지 않아 모든 내시 중에서 크세르크세스에게 가장 총애받았다. _헤로도토스 책, 813쪽

환관으로 성공한 헤르모티모스는 나중에 파니오니오스 가족을 유인하여 그로 하여금 자기 자식들을 강제로 거세하고, 그다음에는 아들을 시켜서 아버지를 거세해버렸다고 한다.

우리나라에서 환관은 고대부터 나온다. 신라 흥덕왕은 왕비가 죽은 뒤에 새장가도 들지 않고 시녀들도 가까이하지 않아서, 주변에는 심부름하는 환관들만 있었다고 한다. 환관에 대한 자료는 고려와 조선에 와서 본격적으로 등장한다. 환관은 원래 궁중에서 문을 지키고 등불을 밝히고 명령을 전달하고 청소를 하고 궁궐 음식물을 감독하는 등의 잡일을 담당하는 하찮은 존재였다. 다음은 세종이 경연하면서 나눈 대화이다.

왕이 "옛날의 제왕이 어찌 환관들이 하는 일을 알지 못하고 그들을 깊이 믿었을까? 환관은 후사가 없어 원대한 계책은 없고 다만 임금의 위엄만을 빌릴 뿐이다"고 이르니, 설순이 "한나라와 당나라 때에는 환관이 황제를 폐하기까지 했으니, 그들이 어찌 원대한 계책이 없겠습니까? 『대학연의』에 음양의 나쁜 기운이 쌓여서 겉과 속이 같지 않다고 환자를 논평했으니, 국사를 의논할 수는 없습니다"고 아뢰니, 임금이

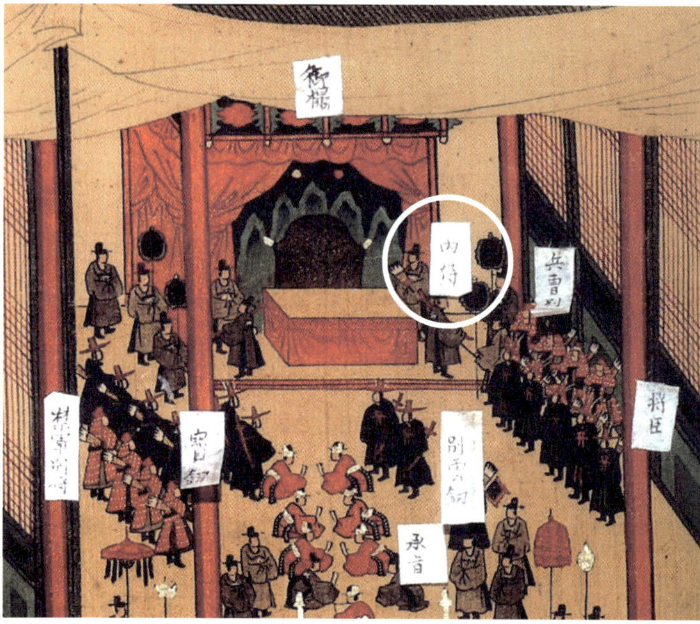

그림 6 내시의 대령 위치

아주 옳게 여기면서 "환관에게는 다만 청소와 심부름만 맡길 뿐이니, 어찌 함께 정치를 논할 수 있겠는가?" 했다. _세종실록 10년(1428) 2월 18일

환관은 항상 왕 옆을 지켰다.그림 6 그러다가 자칫 졸거나 하면 벌을 받았다.

상당군 한명회가 "아침 경연에 시위 내관 한 명이 어탑 아래에서 코를 골며 졸았으니 청컨대 국문하소서"라고 아뢰니, 내관 이원례를 의금부에 내려보내도록 명했다. _성종실록 1년(1470) 2월 28일어탑御榻은 임금이 앉는 용상이다. 환관은 이처럼 최고권력자를 가까이서 그림자처럼 모시기에 보고도 보지 않은 척, 들어도 듣지 않은 척 몸조심을 해야 했다. 연산군은 환관들에게 이런 경고패를 차게 했다.

"입은 화의 문이요, 혀는 몸을 베는 칼이다. 입을 닫고 혀를 깊이 감추면, 몸이 편안하고 곳곳마다 안온하리라口是禍之門 舌是斬身刀 閉口深藏舌 安身處處牢"는 네 구절을 나무패에 새겨 환관들이 모두 차게 했다. _연산군일기 10년(1504) 3월 13일

그렇지만 실제로는 단순한 잡일꾼에 그치지 않고 군주의 대리인이 되곤 했다.

예조판서 홍서봉이 여러 왕릉에 가서 살펴보고 들어와서 영릉英陵을 홍제동에 쓸 만하다고 하였는데, 상이 홍제동은 서울과 거리가 멀다고 하면서 다시 가서 살펴 선택하게 하였다. 이어서 환자 서후행에게 홍서봉을 따라가도록 명했다. 산릉 자리를 선택할 때에 환관이 함께 가는 것이 이때부터 시작되었다. _인조실록 14년(1636) 1월 2일

이들은 왕의 보호자요 조언자이기도 했다.

효종 때에 늙은 환관 김언겸은 90세에 가까워 정신이 쇠약해지니, 단지 식지 않은 시체에 불과했다. 그런데도 임금이 항상 궁궐 안에 두고 집으로 가지 못하게 하며 날마다 임금이 드는 음식을 주니, 다른 사람들

은 임금의 뜻을 알지 못했다.

뒷날에 현종이 하교했다. "김언겸이 소현세자를 모시고 심양에 있을 때에 세자에게 잘못이 있으면 그가 울면서 종일 먹지도 않고 간했고, 다음날에 또다시 간했다. 선왕께서 일찍이 이렇게 하는 것을 보았으므로, 항상 후하게 돌보아주신 것이다." _『공사견문록』 116쪽

내시는 풍유로써 왕을 일깨웠으니, 사관은 이렇게 적어놓았다.

왕이 일찍이 환시 이봉정에게 "너는 어찌 이렇게 뚱뚱해졌냐?"고 물으니, 이봉정이 "돌아가신 임금 때에는 선왕께서 장시간 공사청公事廳, 내시 근무처에 납시어 온갖 일을 근면히 재결하셨기 때문에, 소신은 항상 옆에서 모시느라 낮에는 밥 먹을 겨를이 없고 밤에도 편히 자지 못했습니다. 지금은 전하께서 공사청에 납시는 때가 없으니, 소신은 종일 누워서 쉬고 밤에도 편히 누워 잡니다. 이렇게 수고하는 일이 없으니 어찌 살이 찌지 않겠습니까?"라고 답했다. 이것은 대개 풍자로 깨우치려 한 것이다. _광해군일기 3년(1611) 10월 14일

대체로 환관은 살진 모습을 하고 있었을 터인데, 왕이 내시에게 왜 뚱뚱하냐고 묻자 임금의 태만을 은근히 깨우친 것이다. 이와 반대로 임금을 옳은 길로 인도하려다 처참한 죽음을 맞은 적도 있다. 연산군 때에 김처선?~1505이 그러했다.

환관 김처선을 궁중에서 죽이고, 그 양자 이공신도 죽였다. 왕이 지시

했다. "내관 김처선이 술에 취해 임금을 꾸짖었으니, 가산을 몰수하고 그 집터를 연못으로 만들고 그 본관인 전의를 혁파하라."

… 김처선의 죄는 바깥사람들이 알지 못한다. 사람들은 "왕이 김처선에게 술을 권하니, 그가 취해서 옳은 도리로 간하는 말을 했다. 이에 왕이 노하여 친히 칼을 들고 그의 팔다리를 자르고서 활을 쏘아 죽였다"고 말한다. _연산군일기 11년(1505) 4월 1일

다음 자료에 보이는 환관 주처신은 혹시 위의 김처선이 아닌지 모르겠다.

하루는 궁중에서 연회가 있었는데, 연산군이 총애하는 환관 주처신의 팔을 끌고 함께 춤추자고 했다. 주처신이 "어찌 임금과 신하가 함께 일어나 춤을 출 수가 있겠습니까?" 하고 고개를 숙인 채 일어나지 않았다.

임금이 웃으며 "네가 죽고 싶으냐?" 하니, 주처신이 "어찌 죽음을 두려워하지 않겠습니까? 성상께서 허물이 되실까 두려워 감히 출 수가 없습니다" 하였다. 임금이 노하여 눈을 부릅뜨고 노려보며 "네 발을 하나 잘라도 못 추겠느냐?" 하니, 주처신이 "요사이 항간에 이상한 말들이 많이 나돕니다. 신의 발은 자를 수 있겠지만, 뒤에 반드시 후회가 있을 것입니다" 하였다. 임금이 더욱 화가 나서 즉시 한쪽 발을 자르고, 또 한쪽 팔을 잘랐다. 그리고 "네가 그래도 못 출까?" 하였다. 주처신이 "발 없는 사람이 어떻게 일어나 춥니까?" 하니, 다른 발 하나를 마저 잘랐다. 주처신이 "이 나라가 얼마나 갈까?" 하니, 임금이 분노를 참지 못하고 호랑이 울에 던져 먹히게 했다. _『장빈거사호찬』

그림 7
출근하는 내시(김준근)

환관 가운데는 궁궐에 항상 거주하는 부류가 있는가 하면 궁궐 주변에 살면서 출퇴근을 하는 부류가 있었다.그림 7 물론 전자가 왕의 총애를 받기 쉬웠을 것이다. 때로는 조언자에서 더 나아가 왕의 일거수일투족을 지시하는 경우가 샤이에 롱의 여행기에 보인다.그림 8

옆에 서 있는 환관들은 마찬가지로 궁중 예법에 정해진 대로, 우리 식으로 말하자면 마치 무대 뒤에서 대사를 불러주는 사람과도 같은 역할을 수행했다. 즉 환관이 왕의 귀에다 대고 해야 할 말을 속삭였고, 왕이 그것을 토대로 주사에게 말하면 주사는 그것을 다시 적절한 형태로 바꾸어 통역관에게 왕의 의사를 전하는 것이었다. _샤를 바라·샤이에 롱 책, 262쪽

그림 8 고종과 사진 왼쪽의 내시

문종 2년1452 3월에 세종은 환관을 엄격히 대우했는데 지금 임금은 그에 미치지 못한다고 한 신하가 말하자, "내가 어찌 감히 선왕처럼 되길 바라겠는가? 나는 깊은 궁궐에서 태어나고 자라면서 조석으로 놈들환관과 함께 살았으니, 나를 두려워함이 선왕과 같지 않은 것은 이 때문이다"고 했다. 어려서부터 함께 생활해온 환관을 통제하기란 쉽지 않았을 것이다.

중국에서는 환관으로 재상까지 오른 경우가 있었다. 그렇지만 고려와 조선에서는 환관의 발호를 염려하여 내신인 환관이 외신 관료의 직책을 맡지 못하게 했다. 조정 관료가 되는 길을 막아서 정치에 개입하는 것을 예방한 것이다. 그럼에도 공신이 되고 고위직에 오른 경우도 있었다.

하음군 전균이 죽었다. … 환관으로 공신이 되고 작위가 1품에 이른 것은 전균으로부터 비롯되었다. _성종실록 1년(1470) 3월 6일

전균1409~1470은 세조의 왕위 찬탈에 적극 협조한 공이 있었다.

지방에 파견된 내시가 월권하여 신하들이 처벌을 요구하는 일도 있었다.

엄인은 다만 임금을 가까이 모시고 호위하며 명령을 전달하고 청소나 맡을 뿐입니다. 혹시 공무로 외부에 나간다 해도 결코 대부大夫가 외방으로 나가는 것과 비교할 수 없습니다. 지난날 경기전의 영정을 모시고 간 내관 최언순이 지나는 길에서 받은 백성의 소장을 가지고 와서 성상의 귀를 더럽혔습니다. 그중에서 감사·병사와 수령의 선정을 포상하는 일은 어명을 받들고 나간 신하라도 감히 멋대로 하지 못하는 법인데, 하찮은 일개 중관이 상벌 권한을 멋대로 휘둘러 성상의 지혜를 시험한 것이 이처럼 극심한 지경에 이르렀습니다. _광해군일기 6년(1614) 12월 2일

이런 사례 때문에 환관을 탄핵한 일들이 실록에 종종 등장한다. 중국은 후한, 당, 명나라 때에 환관이 발호했으니, 환관이 재상이 되거나 황제를 시역하기까지 했다. 당나라 때에 환관은 경종을 죽였고, 왕조 말기에 이르러서는 환관의 난이 계속 일어났다. 우리 역사에는 원나라 지배기에 한때 환관이 득세하고 환관 최만생이 공민왕을 죽인 사태가 일어났지만, 전반적으로는 환관 세력을 억누르는 정책이 성공을 거두었다. 중국에서 벌어진 폐해를 익히 보아왔기 때문이다. 이것이 중국사와 다른 점이다.

중종 13년1518 4월에 중국에서 나라가 위태로워진 것은 외척들이 환관들과 한통속이 되어서 간악한 일을 저질렀기 때문이라고 정응이 왕

에게 아뢰었다. 그러자 중종도 외척과 환관은 대대로 걱정거리가 되어 왔다고 지적하면서, 그래도 외척은 통제할 수 있지만 환관은 그렇게 하기 어렵다고 답했다.

환관을 억제하는 정책은 특별히 조선 태종과 세종 때에 강력히 시행했다. 고려말기 환관의 폐단을 직접 목격했기에 이들에게 잡일만 시키고 정사에 관여하는 것은 엄격히 금지했다. 그렇지만 예종 무렵부터 그 규제가 다소 풀리기 시작하여 신하들이 이를 반대하는 상소문을 올리기도 했다. 다음은 성종에게 올린 글의 한 부분이다.

환관이 권세를 이용하여 국가의 근심이 된 지 오래되었습니다. 한나라에서는 조절·후람·홍공·석현이, 당나라에서는 구사량·이보국·어조은·양복공의 무리가 괴수가 되어 권세가 천하에 진동하고 보검의 칼자루가 그들 손에 들렸습니다. … 우리 태종·세종께서 그 폐단을 깊이 아시고 환관을 억제했으니, 궁중에서 명령을 전달하는 것도 지위가 낮은 자에게 시켰고, 일찍이 한 사람도 환관의 덕을 입어 조정의 반열에 끼게 되었다는 것을 듣지 못했습니다. _성종실록 9년(1478) 9월 16일

환관 박상검1702~1722은 영조가 왕위에 오르는 것을 적극 저지했고, 즉위한 직후에는 환관 나필웅이 그에게 반기를 들었다. 이에 영조는 7년1731 10월에 환관의 폐해를 자신이 직접 겪어서 잘 안다고 말했다. 그러한 영조 시대에도 조선초기보다 내시가 많이 증가해 있었다.

지금 들으니, 우리 조정에는 환관이 335명, 궁녀가 684명인데, 이들이

받는 녹을 다 합치면 1만 1,430석이나 된다고 한다. _『성호사설』 경사문, 환관궁녀宦官宮女

이것은 『경국대전』에 내시부 정원을 140명으로 정한 것이나 인조 때의 실제 인원보다 훨씬 웃돈다.

신들이 듣자니 환관과 궁첩이 점점 많아져서 내관이 160명, 나인이 230명, 별감이 150명이라 합니다. _인조실록 14년(1636) 8월 1일

참고로 중국에서는 최저 3천 명에서 최고 1만 2, 3천 명에 이르렀다고 하고, 인도 무굴제국에서는 수천 명에 달했다고 한다. 당나라 현종 때에는 환관 가운데 '황색 관복黃衣, 6품 이상이 3천 명'에 달하고, 그중에서 3~5품이 1천 명에 달했다고 한다. 땅이 너른 중국에 비교하면 우리나라 환관은 상대적으로 적기는 하다. 환관은 비록 자식을 낳지 못하지만 혼인을 했다. 신하들은 환관이 가정을 이루는 것을 반대했다.

하물며 내시에게 아내가 있는 것은 실로 천지간에 큰 변고입니다. 썩어버린 나머지 부부의 즐거움이 있을 수 없으니, 보인保人, 봉족이나 주어서 물 뿌리고 청소하는 일을 하게 하는 것이 본래 그의 직분입니다. 그런데 외람되게 관직과 작위를 탐하고 각자 가정을 이루고 있으니, 한 여자의 원망으로 재앙을 부르기에 충분한데 지금 내시의 아내가 얼마나 되는지 알 수 없을 정도입니다. _중종실록 5년(1510) 12월 19일

환관이 혼인하는 것은 우리나라에서만 있는 것이란 지적도 있다. 사실 중국에서는 공식적으로 부부 생활을 금지했다.

환관이 부녀자와 혼인하여 가족을 이루는 것은 중국의 법이 아닌데 우리나라에서만 유독 허용한 것입니다. 음양의 조화를 상실하여 수재와 한재의 재앙을 부르니, 이것이 여섯 번째 폐단입니다. _연산군일기 1년(1495) 4월 20일

금지령에도 불구하고 실제로는 중국에서도 환관이 혼인했다. 이수광 1563~1628은 『지봉유설』에서 고역사高力士나 이보국李輔國같이 중국의 환관들이 아내를 맞이했던 사례를 제시하며, 환관이 아내를 맞이한 것은 옛날부터 있었다고 지적했다. 그러면서도 첩까지 두는 것은 이상한 일이라고 했다. 하지만 실제로는 중국에서도 첩을 들였다고 한다.

대개 환관이 처를 두는 일은 옛날부터 있었다. 지금 환관들이 처를 취하지 않은 자가 없는데, 심지어 첩을 둔 자까지 있으니 이상한 일이다. _『지봉유설』 인물부, 척환戚宦

환관은 또 양자를 들여 가계를 이었다. 조선시대에는 같은 성씨에서 양자를 들이게 했지만, 환관만은 예외로 타성바지를 양자로 들일 수 있게 했다.

예전에는 환관이 당상관에 제수된 적이 거의 없었는데, 이제는 2품에

그림 9 원나라의 고도 하르호린 성터(2009. 8)

오른 자가 제법 많으니, 지금처럼 환관이 창성하던 때가 없습니다. 또 옛날에 환관은 흔히 환관을 후사로 삼아서 집안 제사를 잇게 했는데, 지금은 조카와 아우를 후사로 삼는 자가 많습니다. _성종실록 9년(1478) 12월 8일

이리하여 장동파, 과천파, 서산파 등처럼 양자로 이어지는 내시 종파가 형성되었다. 때때로 내시도 간통이나 겁탈 사건을 일으켰다.

이에 앞서 내관 서득관이 잠실蠶室을 감독하다가 잠모蠶母, 양잠 여인와 사통하였는데, 그 남편이 사헌부에 고소하여 서득관이 죄를 받게 되었다. _연산군일기 10년(1504) 5월 5일

우리나라 환관은 중국에서도 뽑아갔다. 원나라그림 9에서 시집온 공주

가 환관을 보낸 것이 그 시초가 되었다고 한다.

제국공주가 일찍이 원나라 세조에게 몇 명을 바쳤는데, 그자들은 궁중 여자들의 시종과 재물의 출납에서 자못 능력을 발휘했다. 또 천자의 조서를 받들고 사신으로 와서는 자기 집안을 일으키고 친족을 벼슬 시키는 등 은총을 지극히 많이 받았다. _『고려사』 환자 열전 서문

제국공주는 원나라 세조의 딸로 고려 충렬왕의 비가 되었다. 이로부터 원나라와 그 뒤를 이은 명나라는 각각 고려와 조선에 환관을 요구했다. 이런 요구는 조선 성종 때까지 계속되었는데, 조선에서 보낸 환관만 해도 200명이 넘었다.

이들은 중국 조정에서 활동하며 높은 지위에 오르기도 했다. 박불화는 원나라 정계를 장악하여 『원사』에 그의 전기가 실려 있을 정도이니, "내외 관료들 10명 중 9명이 그에게 붙었다"고 적었다. 또 중국과 본국을 연결하는 매개 역할을 하여서 중국에 부탁할 일이 있으면 이런 환관에 의지하곤 했다. 이들은 때로 위세를 부리면서 본국에 해를 끼쳤다. 충선왕을 유배 보내기까지 한 임백안독고사가 가장 대표적이다.

임백안독고사는 상서 벼슬에 있던 주면의 종이었다가 스스로 거세하여 환관이 되었다. 충선왕 때에 비인군으로 봉해졌다. 어떤 인연으로 원나라 인종이 동궁에 있을 때에 그를 섬겼는데, 아첨하고 음흉하여 불법을 많이 저질러 충선왕이 그를 아주 미워했다. … 인종이 붕어하고 황태후도 별궁으로 물러나자 임백안독고사는 더욱 두려울 게 없었

다. 팔사길八思吉을 후하게 대접하여 온갖 계략으로 무함하니, 영종이 사신을 보내어 토지와 백성을 그에게 돌려주었고, 충선왕을 토번티베트으로 귀양보냈다. _『고려사』 환자 임백안독고사 전기

그가 온갖 불법을 저지르자 충선왕은 황태후에게 요청하여 그를 매질하고 다른 사람에게서 빼앗은 땅과 사람들을 되돌려주게 하였다. 이에 충선왕을 더욱 원망하면서 위와 같은 복수를 했지만, 결국은 사형되고 말았다.

중국에서는 칙사로서 일반 관리나 환관을 파견해왔다. 환관은 우리나라 출신을 보내는 경우가 많았는데, 이들은 황제의 권위를 업고 조정에 종종 횡포를 부렸다. 선물을 과다하게 요구할 뿐 아니라, 고향을 방문하여 부모를 만나거나 성묘를 하고 일가친척에게 관직을 챙겨주는 등 조정을 괴롭혔다. 조선 태조 때에 사신으로 왔던 환관 진한룡의 추태를 보면 그들의 태도를 짐작할 수 있다.

사신 최연·진한룡 등이 돌아가자 엄인 5명을 황제에게 바쳤다. 임금이 신하들을 거느리고 선의문 밖에까지 이르러 송별하고, 도평의사사는 서보통루에서 환송 잔치를 열었다. 진한룡이 술에 취해서 발광하며 "전에 온 사신은 후하게 대접했는데, 지금은 나를 야박하게 대접하는 것은 무슨 이유인가?" 하고는 마침내 옷을 찢어 밟아버렸다. 그리고 "이런 거친 옷을 입고 들어가 황제를 뵙기보다는 차라리 여기서 죽겠다"고 하면서 스스로 찌르려 하니, 재상들이 모두 피신했다. … 임금이 중추원사 진충귀에게 옷을 가져다주게 했다.

이때 황제가 사신을 보낼 때에 모두 우리나라 출신의 엄인을 썼다. 이들 사신이 우리나라에 이르러 명령 전달을 마치고 나면 즉시 고향을 방문했는데, 사납고 막되기가 이와 같아서 지방의 고을들에서 괴롭게 여겼다. _태조실록 3년(1394) 5월 20일

중국이 우리나라 환관을 선호한 것은 그들이 빠릿빠릿하고, 다른 나라 환관보다 똑똑했기 때문이었다. 명나라 영락제가 환관을 뽑아보내라고 하면서 지적한 말이다.

짐이 안남安南, 베트남에서 화자 3천 명을 데려왔으나, 모두 우둔하여 쓸모가 없었다. 오직 조선의 화자가 총명하고 재빨라서 일을 맡길 수가 있었기에 이들을 찾는 것이다. _태종실록 7년(1407) 8월 6일

우리나라 환관이 중국 황실에서 보인 행동거지가 눈에 선하고, 그들을 바라보는 신뢰감도 느껴진다. 제3의 성으로 살았던 그들이기에 지금 우리는 때로 연민의 정을 느끼고 다른 한편으로는 신비감을 느끼는 것 같다. 환관에 관한 책들이 여럿 출판된 것만 봐도 그렇다.

궁궐의 살림꾼, 궁녀

그림 1 보모상궁 묘비(2009. 12)

2009년 말에 서울역사박물관에서 특별한 전시회가 열렸다. 은평 뉴타운 개발에 따라 발굴된 조선시대 유물을 전시하는 '은평 발굴 그 특별한 이야기'다. 조선시대에는 성저 10리, 즉 성 밖에서 10리까지는 무덤을 쓸 수 없게 했는데, 서울 북서쪽의 은평 지역은 그 금지구역 바로 밖에 있어 무덤들이 몰려 있었다. 5천여 기에 달하는 조선시대 무덤에는 왕족에서 양반, 중인, 평민에 이르기까지 다양한 사람들이 묻혔고, 그 가운데는 내시와 상궁 무덤도 있었다.

전시실 한켠에는 무덤에서 가져온 석물들이 전시되었는데, 제일 가운데에 '보모상궁保母尙宮 김씨의 묘'라 쓰인 묘비그림 1가 눈길을 끌었다. 보모상궁은 유모와 함께 왕실 아이들을 맡아 보모 노릇을 하던 상궁이다. 또 상궁은 궁녀 가운데 제일 높은 벼슬이다.

궁녀 하면 제일 먼저 떠오르는 것은 '백마강', '낙화삼천'이란 가요에도 나오는 백제 의자왕 때의 삼천궁녀이다. 초등학교 교과서에 부여 부

그림 2 낙화암과 고란사(2003. 4)

소산성의 답사기가 실려 있었는데, 백제 멸망의 비운을 머금은 군창지와 낙화암 얘기가 아직도 기억에 또렷하다. 백제가 멸망하면서 창고에 있던 쌀이 불타서 지금도 땅을 파면 탄화미가 나온다고 했고, 낙화암에서는 삼천궁녀가 꽃처럼 떨어져 죽었다고 했다. 그렇지만 나중에 이 모든 것이 허구인 것을 알게 되니 허탈해졌다. 군창지는 물론이요 거기에 흩어져 있던 탄화미는 백제 때가 아니라 조선시대 것이라는 것이 1980년대 초의 발굴로 밝혀졌다. 또 낙화암에 올라가 보면 알 수 있겠지만 수직벽이 아니어서 궁녀들이 그렇게 떨어져 죽을 수는 없었다.그림 2

백제 때에는 삼천 명의 궁녀도 있을 수 없다. 삼천갑자를 산 동방삭이 있었고, 이태백의 시에 '백발이 삼천장白髮三千丈'이란 구절이 있고, 불교 용어에 삼천대계, 삼천불 등이 있으니, 이 모든 것은 많다는 의미로 사용되었다. 직접적으로는 당 현종과 양귀비의 사랑을 노래한 백거이

그림 3 정효공주 시녀들

의 '장한가長恨歌' 구절에 나오는 "후궁의 미녀만도 3천이나 되었건만後宮佳麗三千人, 3천의 후궁 총애 한몸에 받았네三千寵愛在一身"란 구절에서 영향을 받아 삼천궁녀의 신화가 생긴 것 같다.

삼천궁녀는 아니지만 고대에 궁녀가 있었던 것은 분명하다. 궁녀는 궁궐에서 밥짓기, 옷짓기 등 생활 전반을 맡아보던 가정부와 같은 존재들이니, 궁궐이 있게 되면 당연히 궁녀도 있었을 것이다. 발해 정효공주 무덤 벽화에도 공주가 평상시 사용하던 거울 등을 보자기에 싸서 들고 있는 시녀들이 그려져 있다.그림 3 궁궐 생활을 꾸려나가기 위해서는 남성인 환관과 함께 여성인 궁녀가 필요했다.

『삼국유사』에는 위만이 고조선을 공격했을 때에 준왕이 궁인宮人과 좌우 측근을 데리고 남쪽으로 가서 마한을 세웠다고 했다. 여기서 궁인은 궁녀일 것이다.

16년656 3월에 왕이 궁인과 함께 음탕하게 즐기는 데 빠지고 술 마시기를 그치지 않았다. _『삼국사기』 백제 의자왕

견훤이 갑자기 신라 수도로 쳐들어왔다. 이때 왕과 부인, 빈이 포석정에 나가 술 마시며 즐기고 있었다. 적이 이르니 낭패하여 어쩔 줄 모르다가, 왕은 부인과 함께 성 남쪽의 이궁離宮으로 피신하고, 시종, 신료, 및 궁녀, 영관伶官, 악공들은 모두 난입한 병사들에게 붙잡혔다. _『삼국사기』 견훤 전기

백제 의자왕과 신라 경애왕 때의 기록이다. 고래로 왕이 빠지기 쉬운 것이 주색인데, 그럴 경우에 궁녀가 단골 역할을 한다. 궁녀는 역사 기록에서 흔히 주색잡기, 권력 암투 등 부정적인 사건에 연루되어 등장한다. 고려시대 궁녀도 원종이나 우왕 때의 기사처럼 왕이 거느리고 음탕하게 노는 대상으로 많이 묘사되어 있다. 본연의 역할은 역사에 드러나지 않은 궁녀들로서는 억울한 노릇일 게다.

궁녀 제도가 제대로 전해지는 것은 조선초기에 와서이다. 이때도 대략만 정해져 있었고 실제 운영에서는 왕마다 융통성이 있었던 것 같다. 다음은 성종의 교시다.

이제부터 대왕대비전에는 시녀 10명, 무수리水賜 6명, 파지巴只 4명, 수모水母 3명, 방자房子 5명, 여령女伶 1명으로 하고, 왕대비전에는 시녀 9명,

무수리 5명, 파지 3명, 수모 2명, 방자 7명, 여령 1명으로 하고, 대전에는 시녀 20명, 무수리 10명, 파지 6명, 방자 12명, 여령 1명으로 하고, 이들에게 의복·식사·급료를 지급하라. _성종실록 1년(1470) 2월 6일

성종 때에 마련된 규정으로 여기서 궁녀 제도의 일단을 엿볼 수 있다. 우선, 궁녀는 처소별로 배정되었다. 왕의 거처에는 49명, 왕대비 즉 선왕 비의 거처에는 27명, 대왕대비 즉 왕의 할머니 거처에는 29명이 배정되어 전체 105명에 이른다.

『성호사설』에 따르면 영조 때에는 궁녀가 684명이나 되었다고 하니, 시간이 흐르면서 상당히 증가했다. 고종의 갑오경장 때가 되면, 상궁 이하는 필요에 따라 증감할 수 있다고 하면서, 대전 100명, 대비전 100명, 중궁전 100명, 세자궁 60명, 세자빈궁 40명, 세손궁 50명, 세손빈궁 30명으로, 모두 합하여 480명으로 정했다. 따라서 조선시대에 궁녀는 몇백 명 단위로 운영되었으므로 백제 때의 삼천궁녀는 과장된 것일 수밖에 없다.

둘째, 각 처소에는 시녀 외에도 무수리, 파지, 수모, 방자, 여령 따위가 있었다. 여기서 시녀는 우리가 흔히 말하는 좁은 의미의 궁녀이고, 무수리 이하는 궁녀가 부리는 하인들이다. 궁녀는 품계를 받았지만 그 아래 하인들은 그렇지 않았다. 각 처소에 공동으로 부리는 하인으로 우선 무수리가 있다. 이는 몽골어에서 유래한 말로 물긷기 등 잡일을 하는 여종을 이른다. 영조의 생모인 숙빈 최씨는 바로 이 무수리 출신이라 한다. 파지는 청소 등의 잡일을 하는 어린 계집종이고, 수모는 세숫물이나 목욕물을 담당했다. 궁녀가 사사로이 부리는 하녀로 방자가 있

었다. 여령은 잔치에서 춤추고 노래하던 여자 광대이다. 이밖에도 임금의 어린 자녀에게 딸린 계집종인 아기배비, 이들의 유모에게 딸린 계집종인 유모배비도 있었다.

다음 자료는 『춘향전』에도 나오는 방자가 어떤 성격인지를 잘 말해준다. 하인들은 궁궐 밖을 출입하는 데에 궁녀보다 자유로웠다. 이에 따라 이들이 궁궐의 비밀스런 일을 밖으로 전파할 가능성이 있어, 연산군이 금지령을 내렸다.

방자는 시녀의 여종인데, 그의 심부름을 하다가 때때로 매를 맞게 된다. 이에 궁궐을 나가면 원한을 품고 "어느 시녀는 이러하고, 어느 궁인은 저러하다"고 말하며 궁궐 안의 일을 입에 올려 전파하는 경우가 더러 있다. 그렇다고 누설이 두려워 어찌 꾸짖지 못하겠는가? 내 지시를 내려보내, 궁궐을 나간 방자들이 궁중 일을 누설하지 못하게 하라. _연산군일기 10년(1504) 8월 8일

궁녀는 궁인이나 시녀라고도 하고 나인內人이라고도 한다. 나인은 궁궐 안에 기거하는 사람이란 뜻인데, 때로는 상궁과 구별하여 그 아래의 궁녀를 이르기도 한다. 궁중에서 나인은 '항아님'으로 불렸고, 상궁은 '상궁마마님'이라 존칭했다고 한다. 그런가 하면 궁중에 근무하는 의녀 등을 포함하여 더 넓은 의미로도 사용된다. 따라서 궁녀란 용어에는 다양한 범위가 설정될 수 있다.

드라마 '대장금'의 주인공인 대장금은 실은 궁중 요리에 통달한 궁녀가 아니라 의술에 밝은 의녀였다. 의녀는 내의원에서 일했으니 궁녀와

소속과 역할이 달랐다. 설령 그가 음식을 담당하는 궁녀였다고 해도 임금이나 중국 사신의 식단을 바꿀 수 있을 정도의 재량권을 가지지는 못했다. 궁중 음식을 주관하는 사람들은 사옹원이나 내시부의 남자들이었다.

아침에 의녀 장금長今이 내전에서 나와 "치밀어오르는 기운이 비로소 통하니 매우 상쾌하다고 하셨습니다"고 했다. _중종실록 39년(1544) 10월 29일

궁중에 머무는 여성은 1품에서 9품에 이르는 내명부 품계를 받았다. 궁녀란 말도 '궁중의 여자 관리'란 의미를 지닌다. 상궁은 궁녀가 받을 수 있는 품계 가운데 제일 높은 정5품에 속한다. 이보다 높은 벼슬은 임금의 고임을 받은 후궁들 차지였다. 상궁을 한계로 그 위와 아래는 넘기 어려운 큰 격차가 있었다. 후궁은 시중을 받는 사람이요, 궁녀는 시중을 드는 사람인 것이다.

궁녀 가운데 후궁이 되는 기회는 정말 하늘의 별 따기나 다름없었기에 이를 제외하면, 상궁은 궁녀가 오를 수 있는 최고위직이었다. 궁녀로서 2, 30년 이상을 보내야 상궁으로 올라갈 수 있었다. 상궁에는 모든 궁녀를 관리하는 최고 우두머리인 제조상궁이 있고, 왕의 곁을 잠시도 떠나지 않고 받드는 지밀상궁 즉 대령상궁이 있고, 보모 역할을 하는 보모상궁 등이 있었다. 비록 정규 관원들이 받는 녹祿이나 요料는 아니지만 궁녀들도 일정한 급료를 받았다.

임금이 "인덕궁 시녀들의 생계는 어떻게 할 것이냐?"고 물으니, 유정

현·박은이 다같이 "마땅히 급료를 주어 생활하게 할 것입니다"고 아뢰었다. 임금이 "이처럼 박대해서는 안 된다. 마땅히 음식을 제공하고, 방자, 밥짓는 사람, 물긷는 사람 등을 내려주고, 환관을 정하여 살피게 하라"고 했다. _세종실록 2년(1420) 1월 9일

인덕궁仁德宮 즉 정종의 처소에 배치된 궁녀들을 후하게 대하라고 하면서, 급료는 물론이요 식사 및 딸린 사람들을 제공하라고 지시했다. 아울러 궁녀를 보살피는 환관을 지정하라고도 했다. 이처럼 환관과 궁녀는 가까운 거리에 있었다. 그러기에 때로는 불상사가 나기도 했다. 다음은 환관 정사징과 궁녀 기매의 간통 사건을 처리한 기록이다.

환자 정사징의 목을 벴다. 정사징은 고려 공양왕 때부터 환자 같지 않다는 말이 있었는데, 회안대군태조 아들 이방간의 첩과 통정했고, 인덕궁을 섬기면서는 시녀 기매와 간음했다. 기매는 상왕정종 본궁本宮, 사저의 여종이었다. 상왕이 알고 기매를 쫓아내니 정사징이 도망쳤다. 이때에 이르러 붙잡히자 그를 죽였다.

의금부 제조에서 기매도 베자고 청하니, 임금이 "기매는 상왕의 아이를 배어 자식을 낳았으니 차마 못 하겠다"고 말했다. 제조 등이 "기매가 이미 죄를 얻어 쫓겨났으니, 상왕인들 어찌 아끼겠습니까?" 하며 청하니, 임금이 그렇게 여기고 베려 하다가 마침내 상왕의 명령으로 베지 못했다. _태종실록 17년(1417) 8월 8일

궁녀는 원칙적으로 천민에서 뽑았지만, 대상자가 부족하면 때에 따

그림 4 난쟁이와 일반 궁녀

라 양민에서도 선발했다. 당나라 때 장회태자의 무덤 벽화에는 난쟁이 궁녀도 보인다.그림 4 예종 때에 한명회가 건의한 것을 보겠다.

한명회가 규정안을 마련하여 아뢰었다. "… 시녀도 높고낮은 관리들의 첩에게서 난 딸이나 양인 남편에게 시집가서 낳은 딸 가운데서 뽑으소서." 임금이 고령군 신숙주에게 논의하게 하니, 신숙주가 "… 시녀의 일은 경우에 따라 변통하여 뽑게 하고, 반드시 미리 법으로 정할 필요는 없습니다. …"고 아뢰니, 그대로 따랐다. _예종실록 1년(1469) 11월 20일

원칙적으로 내수사內需司 등에 속한 관청 여종을 대상으로 삼았지만, 이처럼 양인에서 뽑을 수 있도록 변통하게 하니 종종 문제가 발생했다. 현종 때에도 여염집에서 시녀를 선발하려 하자, 사헌부에서 다음과 같이 건의하여 왕의 허락을 받았다.

근래에 시녀를 선발하면서 액정서掖庭署의 하인들이 여염집을 두루 돌아다니는데, 끝까지 뒤져 찾아내거나 뇌물을 받고 멋대로 처리하는 폐단이 없는 곳이 없습니다. 한 여자를 고르면서 열 집이 피해를 보는데, 전하께서 어찌 그 폐단을 다 밝혀 헤아릴 수 있겠습니까? 옛날 임금 가운

데는 재해를 당해 궁녀를 내보낸 예도 있었습니다. 지금 시녀를 골라 들이는 일을 중지할 수는 없지만, 풍년이 들 때까지 천천히 기다렸다가 유사에게 맡겨서 침탈하여 소요를 일으키는 폐단을 없애소서. _현종개수실록 2년(1661) 11월 29일

이로부터 3년 뒤 10월에도 남구만이 양녀에서 선발하는 문제를 제기했다. 그는 궁중의 별감이나 여종 등이 사사로이 여염집에 나가서 강제로 뽑아 들인다고 지적했다. 이리하여 양인에서 선발하는 일을 폐지하라고 건의했지만, 왕은 받아들이지 않았다. 영조는 양인에서는 선발하지 못하게 아예 법 조항을 만들어놓았다. 그 계기가 된 것은 영조가 즉위한 직후에 좌의정 민진원이 올린 건의였다.

근래에 들으니 여염 사이에서 궁인을 선발하는 일이 있다고 하는데, 과연 그렇습니까? 내노비內奴婢, 궁궐 노비 중에서만 선발하고 양갓집을 범하지 않는 것은 오래 전부터 내려오는 전통입니다. 지금 들으니 이 일 때문에 백성들 사이에 원망이 없지 않다고 합니다. 마땅히 전해오는 규정을 따르소서. _영조실록 1년(1725) 4월 29일

이에 영조는 "고생하며 기른 양갓집 딸을 하루아침에 깊은 궁궐에 가두어두는 것은 차마 할 수 없는 일이다"고 하면서 금지했다. 이 지시는 치적으로 평가되어 그의 행장에도 실려 있다. 그렇지만 그 뒤에도 이 규정은 지켜지지 않았다. 대한제국 시기가 되면, 양민뿐 아니라 중인이나 몰락 양반의 딸도 있었다.

그림 5 측천무후를 닮은 불상(2002. 2)

궁녀는 비록 미천한 존재였지만, 일단 왕의 총애를 받아 아이를 낳고 후궁이 되면 사정은 달라졌다. 왕비가 승하하면 그 뒤를 이어 최고의 자리까지 오르는 일도 있었다. 성종의 계비 정현왕후, 중종의 계비 장경왕후 등은 후궁에서 왕비에 올랐다. 당나라 측천무후624~705는 태종의 시녀로 들어가서 황후에 올랐고, 나중에는 중국사에서 유일한 여자 황제가 되었다. 우리는 측천무후라 하여 황후로 부르지만, 중국에서는 무측천이라 하여 황제로 대우하고 있다. 뤄양 부근의 용문 석굴에는 그의 얼굴을 모델로 삼았다는 불상이 있다.그림 5

청나라 말기에 궁녀로 들어간 서태후1835~1908는 스스로 황제가 되지 않고 두 황제의 통치기간에 수렴청정을 하면서 최고의 권력을 휘둘렀다. 또 절세미인으로 알려진 양귀비719~756는 본명이 양옥환이었으니,

귀비는 바로 후궁 벼슬의 하나이다. 중국 4대 미인으로 손꼽히는 그의 미모는 결국 당나라를 수렁에 빠뜨리고 말았다. 우리 역사에서도 이처럼 출세를 한 궁녀들이 제법 있다.

> 소의 김씨로 귀인을 삼았다. 처음에 임금이 도승지 김돈에게 "소의는 본래 내자시 여종이었다. 무술년1418 내가 즉위했을 때에 모후母后께서 뽑아 중궁에 보냈는데, 그때 나이 13세였다. … 옛날이건 지금이건 궁녀의 출신에는 본래 귀천이 없는 법이다. 노래하던 아이로 입궁한 자가 있고, 일찍이 남을 섬기다가 입궁한 자도 있다. 지금 소의의 출신은 비록 천하지만, 겨우 13세에 궁중에 들어와 부녀자로서의 덕행이 이미 바르게 드러났다. 양갓집 여자로서 출신은 귀하지만 부녀자로서의 행실을 잃은 자와는 함께 비교할 수 없는 것이다. 내가 빈이나 귀인으로 승격시키고자 하니 어떻겠느냐?"고 이르니, 김돈이 "과거 역사를 상고해 보면, 미천한 자로 정후正后가 된 경우에 붓을 잡은 자가 '본래 미천했다'고 썼고, 셋째부인 이하는 계보의 귀천을 논하지 않았습니다. 소의가 어진 덕이 있으면 승격시켜 귀인을 삼는 것이 어찌 불가하겠습니까?"고 대답했다. _세종실록 21년(1439) 1월 27일

소의는 정2품이고 귀인은 종1품에 해당하니, 한 단계 격상한 것이다. 그는 여종에서 일약 종1품에까지 올랐고, 곧이어 정1품인 빈으로 승진했다. 세종과 금실이 좋아서 6남 2녀를 낳았으니, 성종 후궁인 숙용 홍씨가 낳은 7남 3녀 다음으로 많은 자식을 두었다. 영응대군이 탄생했을 때에는 양육을 그에게 맡길 정도로 소헌왕후와의 관계도 좋았다.

많은 후궁은 왕의 은총을 받기를 기다렸고, 각자 나름의 장기를 동원하여 왕의 눈길을 끌려고 노력했다. 다음은 광해군의 후궁들에 대한 사관 평가이다.

왕이 끝까지 사랑하며 함께 거처한 자는 임씨·정씨의 두 소용과 김상궁·이상궁 등 4, 5명이었다. 임씨는 미모가 있는데다 아양을 잘 부렸다. 정씨는 교묘하게 아첨을 잘하고 일 처리에 능숙했으니, 출입하는 문서를 관리하면서 임금을 대신하여 결재해 내리므로 왕이 곱절이나 믿었다. 김상궁은 기교로써 사랑을 받았다. 이 세 명이 후궁에서 으뜸이었다. _광해군일기 5년(1613) 12월 30일

후궁이 많다 보니 왕의 총애를 둘러싸고 각종 암투가 벌어졌을 것은 상상할 수 있다.

공빈 김씨가 졸했다. 공빈은 사포 김희철의 딸로서 임해·광해 두 왕자를 낳았는데, 이때 산후병으로 사망했다. 김씨는 본래 왕의 총애를 많이 받아 후궁들이 감히 사랑에 끼어들지 못했다. 병이 위독해지자 상에게 "궁중에 나를 원수로 여기는 자가 있어 내 신 한짝을 가져다가 내가 병들기를 저주하는데도 상이 조사하여 적발하지 않았으니, 오늘 내가 죽는 것은 상이 그렇게 만든 것입니다. …"고 하소연했는데, 상이 깊이 슬퍼하여 궁녀들을 만날 적에 사납게 구는 일이 많았다. _선조수정실록 10년(1577) 5월 1일

후궁들은 궁궐에서 생활하고 최고권력자에 가까우니 그들 나름으로 힘을 쓰기도 했다. 관리들과 결탁한 궁첩宮妾의 모습을 사관은 이렇게 적었다.

여알女謁, 후궁을 통한 청탁이 성행하고 뇌물이 횡행했기 때문에 인사가 있는 날에는 차비문差備門, 편전 정문 밖에 사람들이 시장바닥처럼 모여들어 궁첩에게 뇌물을 바치고 낙점받기를 바란다. 어떤 사람이 감사·병사·수사 및 수령·변장이 되면 반드시 "백금 몇 냥으로 나는 이 벼슬에 제수될 수 있었다"고 드러내어 말하고, 들인 밑천을 바치도록 독촉했다. _광해군일기 14년(1622) 7월 14일

이보다 4년 전에는 궁녀들이 권력자들과 결탁하여 파당을 이루면서 매관매직하여 여러 채의 큰 집에 금을 쌓아두고 산다고 사관이 지적했다. 숙종 43년1717 7월에는 궁녀 혜정이 대궐에서 술을 빚어 사사로이 팔고 몰래 친척 아이를 궁궐에 들여다 키웠다고 해서 큰 벌을 받았다. 원래는 교살형에 해당하는 중죄였지만, 왕의 특명으로 유배형에 처했다. 그러면 왕이 후궁을 찾는 횟수가 궁금해질 것이다. 이에 대해서 흥미로운 자료가 있다.

사람들이 모두 "광해 임금은 여색 삼가는 것을 지나치게 해서 한 달에 후궁을 찾는 일이 15일을 넘지 않았는데도 세상에서는 호색한다고 잘못 말하니 매우 원통한 일이다"고 말했다. _『공사견문록』 38쪽

광해군이 한 달에 보름 정도 후궁을 찾았다고 하면서 지나치게 여색을 삼갔다고 하니, 다른 임금은 거의 매일 후궁을 찾았다는 얘기가 된다. 왕으로서는 쉽지 않은 일이겠다. 후궁과 관련하여 여성의 연지 유래에 대한 설명도 흥미롭다.

후세 부인들은 모두 얼굴에 붉은 연지를 찍고 손가락에 쌍가락지를 낀다. 연지라는 것은 본래 천자의 첩들이 월경이 있다는 것을 표시하여 임금을 모시지 않았던 데서 유래한 것인데, 이것을 '정희程姬의 병'이라고 한다. 『사기』『한서』의 잘못에, "정희가 월경이 있으므로 임금 모시기를 원하지 않았다"란 말이 있다. _『성호사설』 만물문, 단주지환비환丹注指環臂環

궁녀는 원칙적으로 혼인할 수 없었다. 사랑은 금지되었으나 이따금 몰래 한 사랑 때문에 죽임을 당하기도 했다. 또 궁녀 사이에 동성애도 꽤 있었던 것 같으니, 이를 대식對食이라 한다. 다만 궁궐을 나오면 다소 융통성이 있었다. 원래 늙거나 병들어 은퇴하거나 죄를 지어 내쫓기기 전에는 궁궐을 벗어날 수 없었다. 이러저러하게 궁궐을 떠난 궁녀들은 한곳에 모여 살거나 조카 등 친척 집에 몸을 의지해 살았다. 서울 은평구 갈현동에는 출궁한 궁녀들이 모여 살았다고 하는 '궁말'이란 마을이 있다. 그중에는 인연이 되어 시집을 간 예도 있었다. 다음은 궁녀 출신 서향이 진술한 내용이다.

일찍이 기옥과 함께 대비를 모시면서 한 곳에서 일했는데, 대비께서 승하하신 뒤에 신은 궐 밖으로 나가 시집을 갔습니다. _인조실록 17년(1639) 9월 2일이보다 7년 뒤에는 광주부윤 구오가 궁녀를 데리고 사는 문제가 불거졌다. 그는 뇌물을 주고 억지로 왕의 허락을 사전에 받아냈기 때문에 무사할 수 있었다.

사간원이 광주부윤 구오가 궁인을 데리고 사는 문제를 다시 논하면서 형률을 적용하여 죄를 정하도록 요청하고, 그 아비 구인후는 아들을 제대로 가르치지 못한 죄를 면하기 어려우니 파직하고 서용하지 말도록 명령하기를 요청했다. 이에 왕이 "윤허하지 않는다. 이 궁녀는 출가를 허락한 지 이미 오래되었으니, 구오가 데리고 살아도 안 될 것이 조금도 없다"고 대답했다. …

구인후의 아들 구오가 그녀를 보고 좋아하여 첩으로 삼으려고 측근에다 뇌물을 많이 주고 상에게 출가를 허락하도록 청원했는데, 상이 끝내 들어주지 않았다. 당시 상의 종모從母, 이모인 이씨의 며느리가 궁중에 드나들었는데, 말하는 것마다 상이 뜻을 굽혀가며 따라주지 않는 것이 없었다. 구오가 이에 이씨 며느리를 부추겨 억지로 청원하게 했더니, 상이 어쩔 수 없이 허락했었다. _인조실록 24년(1646) 11월 15일

그런가 하면 궁궐을 나온 뒤에도 주군을 위해서 수절한 미담도 전해진다. 스스로 폐인이 되다시피 한 사도세자의 궁인 얘기다.

궁녀 이씨에게 수칙守則이란 작위와 정렬貞烈이란 호를 내리고, 그가 살고 있는 곳에 '수칙 이씨의 집'이라고 표시하게 했다.

당시에 한성 서문 밖에 흐트러진 머리에 더러운 얼굴로 문밖을 나가

지 않고 궁인이었던 한 노파에 의지해 사는 여인이 있었다. 이웃사람들이 모두 이상하다고 하면서도 감히 말을 하지 못했다. 경연관 가운데 상에게 이 이야기를 하는 사람이 있어 상이 궁인을 보내 찾아보게 했더니, 노파가 찾아온 뜻을 짐작하고 스스로 "저 방 안에 있는 여자는 내 이질이다. 내가 일찍이 과부가 되어 궁중에 들어가 일을 했는데, 그때 조카 나이 10여 세로 나를 따라 입궁하여 경진년1760에 경모궁사도세자의 승은을 받았으며, 얼마 뒤에 나와 조카는 궁 밖으로 나와서 살게 되었다. 소천어동에서 이리로 이사 온 것도 십여 년이 되었다. 조카는 임오년1762, 사도세자 사망부터 죽기로 작정하고 스스로 폐인이 되어 씻지도 않고 빗질도 하지 않으면서 항상 이불로 몸을 감싸고 방 안을 떠나지 않았다. 사람의 얼굴도 보지 않고 해도 보지 않으며, 심지어 대소변을 보기 위해서 문 밖에 나간 일도 없다. 또 개 10여 마리를 길러 도둑을 막았다. 이웃집에 불이 나서 불길이 번져왔지만 누워서 일어나지 않으니, 이웃사람들이 감동하고 이상하게 여겨 불을 다투어 꺼서 죽지 않았다. 지금 나이 45세인데 머리가 이미 백발이 다 되었다. 조카와 내가 종적을 밝히지 않아서, 사람들이 나를 조카의 어미로 의심하면서도 감히 말하지 못하니, 이는 내 죄이다"라고 진술했다. _정조실록 15년(1791) 7월 16일

이 글만 읽어도 대단한 일이라 하지 않을 수 없다. 정조의 아버지를 위해서 이렇게 수절했으니, 왕으로서는 큰 감동을 받았을 것이다. 한편, 성호 이익은 궁녀를 내보내 제 맘대로 시집가게 해야 화기가 통해서 왕실도 번성할 수 있다고 역설했다.

그림 6 고종 장지에 모습을 드러낸 나인들(1919. 3)

임금의 덕이 어그러지는 것은 흔히 환관과 궁첩에서 비롯된다. 이뿐만 아니라, 환관은 홀로 있는 양獨陽이요 궁첩은 홀로 있는 음獨陰이니, 만물의 생육이 제대로 이루어질 리가 있겠는가? 어느 나라건 말기가 되면 반드시 자손이 줄어들어 망하게 되는데, 이는 대개 이 무리가 점차 번성해지기 때문이다. …

또 한 순제 때에 낭개가 국가 현안을 논할 때에 "지금 왕을 모시는 궁인이 1천 명을 헤아립니다. 이들은 어려서부터 격리되어 살아서 남녀 관계의 도리가 통하지 못하니, 억울한 기운이 쌓여서 위로 하늘을 감응시킵니다. 자손을 많이 두는 방법은 이렇습니다. 궁녀들을 줄여 내보내서 마음대로 시집가게 하면, 하늘이 복을 내려 자손이 엄청나게 불어날 것입니다"라고 하였다. … 대체로 들어보니, 지금 내시와 나인이 날로 늘어나지만, 바깥 조정外朝에서는 간섭할 일이 아니라 하여 막대한 비용이 들어가는데도 감히 한마디 말도 하지 못한다고 한다. _『성호사설』 인사문, 환관궁첩宦官宮妾

궁녀는 원래 비천한 잡일을 담당하였기에 대부분 역사에서 기억되지 못한 채 사라져갔다. 깊숙한 궁궐 안에 숨겨진 존재였으므로 기록이 거의 남아 있지 않다. 사건이 터졌을 때에야 이따금 수면 위로 부상한다.그림 6 그러한 내밀성은 세인의 엿보기 심리를 자극하여, 시중에는 환관과 궁녀를 함께 다룬 책들이 제법 나와 있다. 그러한 궁녀의 역사도 몇 년 전에 막을 내렸다. 마지막 황후인 순정효황후를 모셨던 성옥염 상궁1920~2001이 2001년에 사망함으로써, 마침내 궁녀의 존재는 침묵 속에 역사의 뒤안길로 사라져버렸다.

왕의 눈, 암행어사

지방 자치단체에서 전직 경찰관을 민간 암행어사로 채용해서 비리를 적발하거나 행정 문제점 등을 찾아내도록 하여 큰 효과를 보고 있다는 기사가 났다.그림 1 이것은 물론 조선시대 암행어사를 모방한 것이다. 이렇게 비밀리에 어사를 파견하는 암행어사 제도는 특별히 조선에서 발달했다. 중국은 일찍부터 지방 감찰제도를 실시했지만 직무 수행 방식이 공개적이어서 암행어사 제도로까지 발달하지 않았다. 그러나 뒤에 한나라 때의 사례가 있듯이 전혀 없었던 것은 아니다.

비리 제보·민원 해결… '민간 암행어사' 맹활약

경남도 3년째 운영 큰성과
전직 경찰관 등 25명 위촉
예산 유용 등 935건 제보

■ '토착비리 제보하고 공무원 불친절 적발하고…'

지방자치단체에서 '민간 암행어사'들이 맹활약하며 공직사회에 긴장감을 불어넣고 있다.

경남도는 2012년 전국에서 처음 도입한 민간 암행어사가 지난해 비리 및 공무원 품위손상 등 총 935건을 제보해 깨끗한 공직사회 및 클린 경남 만들기에 큰 도움을 주고 있다고 22일 밝혔다. 민간 암행어사제는 민간인들이 일정한 활동비를 받고 공무원의 행정 문제점과 비리 등을 찾아내 관련 지자체에 제보하는 제도로, 경남도에는 전직 공무원이나 경찰 등 전문경력을 가진 25명이 도내 18개 시·군을 대상으로 활동하고 있다. 도 감사관실은 지난해 민간 암행어사의 제보를 토대로 감사를 벌여 지자체에 시정 1건, 주의 3건의 조치를 내렸고 관련 공무원에 대해서는 경징계 5건, 훈계 9건의 조치를 했다.

민간 암행어사는 최근 A군의 한 마을기업 대표가 도·군비를 유용했다는 제보를 해 도 감사관실이 감사에 나서 3700만 원이 개인 빚을 갚는 데 사용된 것을 확인, 전액 환수 조치하고 관련자를 고발한 적이 있다. 이를 제대로 관리감독 하지 못한 군청 공무원 3명에 대해서는 경징계 조치했다. 또 B군은 행사 운영업체와 법 절차를 벗어나 계약을 한 것이 암행어사에게 적발돼 경남도로부터 시정조치를 받았고 C시의 한 부서는 특정업체와 수의계약을 맺는다는 제보로 조사를 받았다. 이 밖에 암행어사들은 지역을 누비고 다니며 공직자의 금품수수 및 향응 접대, 인허가 부당처리, 각종 사업장의 부실공사 등도 파악해 도 감사관실에 제보하고 있다.

이선두 경남도 감사관은 "공직자 비위근절은 감사부서 인력만으로 한계가 있는데 민간 암행어사가 지역 비리 파악에 큰 도움이 되고 있다"며 "생활불편 등 민원사항도 적극적으로 제보해 도민 편의 증진 역할도 하고 있다"고 말했다.

광주 남구도 2012년부터 '민원 암행어사'를 도입해 공직사회에 긴장감을 불어넣고 있다. 민원 암행어사는 지난해 구청 이전 시 신청사에 1층 안내데스크가 없고 부서 안내판 설치가 미흡해 민원인들의 불편이 많다고 지적해 시정하도록 했다. 또 민원인들을 응대하는 구청 및 주민센터 직원들의 공손하지 못한 태도도 수차례 적발해 개선했다. 광주 남구청 관계자는 "민원 암행어사는 공무원 스스로 위민(爲民)행정을 하고 있는지 성찰하도록 하고 있다"고 말했다.

창원=박영수·광주=정우천 기자
buntle@munhwa.com

그림 1 현대판 암행어사(문화일보)

그림 2 춘향전 어사출도(민화)

암행어사 하면 변학도를 징벌한 『춘향전』의 이몽룡이 우선 떠오른다. 그가 외친 '어사출도'는 산천초목도 벌벌 떨게 했고 만민의 가슴을 후련하게 쓸어주었다.그림 2 그는 암행어사가 되어 "사람들 눈을 속이려고 갓이라는 것도 다 떨어진 헌 갓을 썼는데" "옷은 낡아 해지고 몰골은 초라하여 거지 중에도 상거지" 차림을 하였다. 그렇지만 한 번 외치자 세상을 뒤바꾸고 말았다.

역졸이 달 같은 마패를 번쩍 들며 큰소리로, "암행어사 출도야!" 하고 외치니, 강산이 무너지고 하늘땅이 엎눌리는 듯 산천초목이며 날짐승 길짐승들 그 어이 떨지 않으랴. 남문에서 '출도야!' 북문에서도 '출도야!' 동서문에서 '출도야!' 소리 푸른 하늘에 진동한다. 서리, 중방, 역졸들이 동헌 마당으로 달려들어가니 잔칫상들이 우지끈 와지끈 박산이 난다. … 어찌 공방뿐이랴. 좌수, 별감이 넋을 잃고 예방, 형방이 혼이 빠지고, 온갖 사령들이 이리 뛰고 저리 뛴다. 술과 계집 속에 지화자를 부르던 고을 원들이 날 살려라 도망을 치는데 그 꼴이 볼만하다. _『춘향전』

『춘향전』의 무대인 남원에는 몇 년 전부터 광한루에 월매집을 만들

그림 3
매화 사이로 보이는
월매집(2001. 3)

어놓고 관광객의 발길을 끌고 있다.그림 3 밖에는 월매네 식당과 도령 다방이 한 건물에 들어서 있는 모습도 볼 수 있다. 남원에 가면 소설이 진짜 역사인 것처럼 착각하게 한다. 위의 것은 허구이지만, 다음은 박내겸 1780~?이 순안에서 최초로 출도하던 실제 장면이다.

역졸들이 빠른 소리로 암행어사 출도를 한 번 외치니, 사람들이 무리지어 놀라 피하는 것이 마치 바람이 날고 우박이 흩어지듯 하였다. 우선 문루에 올라가 바라보니 온 성안의 등불이 모두 꺼지고 바깥문들이 빠짐없이 닫혔다. 계속되는 소리로 빨리 외치는데 끝내 사람의 자취는 없었다. 내가 거느린 무리가 여기저기서 들어오는데 관아 건물들은 비어서 사람이 없었다. 나도 오래 서 있기가 어려워 천천히 동헌으로 들어갔는데 그곳 역시 빈집이었다. 암행어사의 위엄과 서슬은 과연 이와 같은 것이었다. _『서수일기』; 오수창 논문에서 재인용

그림 4 박문수 초상

우리가 기억하는 인물 중에 이황, 박세당, 정약용, 김정희, 박규수 등도 암행어사였다. 그렇지만 박문수1691~1756, 그림 4가 가장 유명하다. 암행어사에 관한 각종 설화의 주인공은 으레 그였다. 그에 관한 설화는 300편이 넘게 전해지고 거의 전국에 걸쳐 퍼져 있다고 한다. 모든 암행어사의 대표자인 셈이다. 마치 원효와 의상이 전국에 수많은 사찰을 세운 것처럼 그도 전국을 돌며 정의의 편에 서서 심판을 내렸고, 때로는 셜록 홈즈와 같은 조선의 명탐정이 되었다.

그러나 그가 네 차례에 걸쳐 어사로 파견된 적은 있으나 암행어사로 파견된 적은 한 번도 없었다. 그럼에도 19세기에 암행어사로 묘사되기 시작했고, 20세기에 들어와서 위인을 필요로 하는 시대 분위기 속에서 박문수가 대표적인 암행어사로 확고히 자리잡게 되었다고 한다.그림 5

왕은 민정을 직접 파악하기 위해서 밖으로 행차했지만, 그것만으로는 부족했다. 그래서 직접 농민을 궁궐로 불러들여 사정을 친히 묻기도 했지만, 관리들이 실상을 감추고자 하면 궁궐에서의 파악은 한계가 있을 수밖에 없다.

농민을 불러 농사 형편을 물어보았는데, 그들의 대답이 수령들의 말과 같았다. 근년 이래로 수재와 한재가 자주 들어 민생이 피폐해졌는데, 일을 맡은 신하들이 이들을 구제할 방책과 유민에 대한 대책을 제시했다는 말을 듣지 못했고, 백성들도 감히 사실대로 대답하지 못하여 상하가 서로 덮어버리고 있다. 그러니 어찌 탄식을 금할 수 있겠는가? _영조실록 40년(1764) 8월 17일

그림 5 1933년에 간행된 『어사 박문수전』 표지

이에 자신의 수족을 몰래 파견하여 지방의 실상을 파악했으니, 조선시대에 발달한 암행어사 제도가 그것이다.

사신은 논한다. 임금이 구중궁궐 깊은 곳에 있으면서 민간의 병폐와 고통을 알고자 할 경우에 어사가 없다면 어찌 모두 자세히 파악할 수 있겠는가? 어사가 묻고 헤아림으로써 백성들의 사정이 모두 구중궁궐에 전달되는 것이니, 그 소임이 막중하다. _명종실록 9년(1554) 7월 15일

아직 암행어사 제도가 본격적으로 실시되기 전인 세조 때의 일이다. 세조 1년1455 11월에 민정을 파악하는 어사를 파견하면서 "어사가 일일이 적발하기는 어렵겠지만 이들을 파견하면 간사한 무리가 조금은 위축될 것이니, 옛말에 '고양이를 기르는 집에는 쥐가 함부로 다니지 못한다'는 것과 같다"고 말했다. 어사에게 고양이 역할을 기대한 것이다.

영조는 백성들을 위로하고 농사의 형편을 살피고 오라고 당부하면서, 길 떠나는 두 명의 어사에게 자신의 생각을 전했다.

마침내 한 해가 저물어 가니 농사도 이미 끝났구나. 슬프도다 가난한 백성들이여! 오막살이에 살면서 쌀독을 들여다보고 "이것으로 어찌 겨울을 지내고 내년까지 갈 수 있겠는가?"라고 서로 돌아보며 탄식하고 있을 것이다. 또 서로 한탄하면서 구중궁궐만 바라보고 있을 것이다. 이런 백성들의 사정을 어찌 나 홀로 알 수 있겠는가? 이런 민심은 진실로 정사를 행하는 관청에서도 훤히 알기 어렵다. … 구중궁궐이 깊다고 말하지 마라. 구중궁궐과 오막살이는 지척에 있는 것과 같으니라. 만일 백성들의 어려움을 보면 작은 일이나 미미한 일이라 말하지 마라. 어사로서 나의 뜻을 잘 알도록 하라. _영조실록 51년(1775) 10월 12일

어사는 왕이 지시한 특별 임무를 띠고 파견되는 심부름꾼이요, 왕을 대신한 그림자이다. 그 가운데에는 공개적으로 파견되는 예도 있고 비밀리에 파견되는 예도 있었으니, 후자를 암행어사라 부른다. 중국에서는 이미 후한 때에 이런 제도가 있었다고 한다.

어사가 암행하며 민정을 살핀 것은 한나라 화제 때에 시작했다. 화제가 즉위하여 측근을 나누어 보내되 모두 미복으로 변장하고 혼자서 다니게 했다. 이들은 각각 주·현에 이르러 백성들의 유행가를 살펴 채록했다. _『성호사설』 인사문, 암행어사

지금도 그렇듯이 노랫말에는 민심이 들어 있다. 신라 때에는 차득공이 몰래 전국을 돌아다닌 일이 있었다. 문무왕이 그를 재상에 임명하려 하자, 먼저 지방의 백성과 관리들의 상황을 파악해보겠다고 건의했기 때문이다. 고려 때에도 감찰어사, 염찰사 등을 파견한 적이 있다. 그렇지만 암행어사 제도는 조선시대에 특징적으로 발달했으며 그에 따라 '암행어사'란 말이 비로소 우리 입에 익게 되었다. 특히 이 제도는 조선 후기 숙종, 영조, 정조 때에 적극 활용되었다.

기록에 따르면 성종 때에 조익정이 암행어사 파견을 주장하여 처음 실행된 것으로 알려져 있다. 현재 남아 있는 기록으로만 따지면, 암행어사는 명종 5년1550부터 고종 34년1897까지 348년 동안 613회 파견되었다고 한다. 평균 1년에 두 차례 정도씩 내보낸 셈이다. 조익정을 파견하자는 주장에 신숙주는 반대했다고 하는데, 이처럼 신하의 반대에 부딪힌 경우도 있었다.

근일 암행어사를 파견하여 수령의 범죄를 적발해내겠다는 것은 좋지 않은 것 같습니다. 위에서 아랫사람을 바른 것으로 대하지 않으면, 아랫사람도 바르게 하지 않을 것입니다. 봄가을에 어사를 보내어 백성의 고통을 물어보기만 하고, 암행은 시키지 않는 것이 옳습니다. 수령의 범법 따위는 감사가 검찰하도록 하는 법이 이미 제정되어 있으니, 다시 엄히 살피도록 지시하는 것이 지당합니다. _중종실록 4년(1509) 11월 9일

수령 위에 있는 감사가 감찰하면 된다는 논리다. 그렇지만 백성은 억울한 일이 있어도 수령을 고발하지 못했다. 노비가 주인을 고발하지 못

하듯이, 아랫사람이 윗사람을 능멸하지 못한다는 아주 엄한 규정 때문이었다. 감사는 자기 아래의 수령을 쉽게 고발하기도 어려웠을 것이다. 그러기에 암행어사는 백성의 고통을 들어주는 구세주와 같은 존재였다. 왕이 어사의 파견에 게으름을 피워 신하들의 지적을 받은 적도 있다.

어사는 백성들의 고통을 묻고 불법을 조사해내는 일을 합니다. 선대 임금 때에는 통상적으로 봄가을에 보내고 불시에 파견하기도 하면서 '순무어사'니 '암행어사'로 부른 지 오래되었는데, 이를 폐지하고 실행하지 않은 지 이제 9년이나 되었습니다. _광해군일기 9년(1617) 2월 22일

암행어사는 젊고 패기가 있는 측근 관리에서 선발했다. 때 묻지 않은 인물에서 고른 것이다. 정조 때에는 자신이 특별히 양성한 초계문신抄啓文臣들을 파견하였다. 보통 정3품하下 이하의 당하관을 파견했으나, 이따금 당상관을 파견하는 때도 있었다. 당하관에게는 어사御史라 쓰고, 당상관에게는 어사御使라 써서 구별했다.

'어사'는 시종하는 당하관 신하를 특별히 파견하는 것으로서 암행어사라 부른다. 혹시 일이 생기면 순무·안집·균전·시재·감진·안핵·감시·독운 등의 임무를 부여한 어사를 따로 보냈다. 만약 당상관을 명하여 보낼 경우에는 '사使'라 불렀다. _『연려실기술』 별집, 관직전고, 어사

어사를 파견하는 장소는 제비뽑기를 했다. 이를 추생抽栍이라 하고, 뽑힌 고을은 생읍栍邑이라 한다. 제비뽑기를 해야만 대상지 선택에 사사

로운 감정이 개입할 수 없었기 때문이다. 수령들이 곡식을 빼돌린다는 보고에 대해서 문신인 정치화1609~1677가 말한 것이다.

어사를 파견하여 염탐하여 묻는 것이 옳을 듯합니다. 그러나 모두 다닐 수는 없으니 추첨을 해서 자주 파견하고 불시에 연속적으로 내보낸다면, 탐오한 무리가 어찌 경계하는 마음을 갖지 않겠습니까? _현종개수실록 12년(1671) 8월 22일

추첨은 전국 360고을의 이름이 적힌 찌를 추첨통에 넣고 왕이 직접 뽑는 방식으로 이루어졌다.

또 궤짝 하나를 열었는데, 숙종조 어사를 파견할 때의 기록물이 있었다. 또 작은 상자가 있고 추첨통 속에는 제비뽑기 하는 찌가 들어 있는데, 여덟 개 찌에는 8도 이름을 썼고 360개 찌에는 360고을의 이름을 써놓았다. 임금이 "옛날에는 추첨하여 수의繡衣를 보냈으니, 이는 그때의 물건들이다"고 말했다. _정조실록 2년(1778) 2월 8일

수의는 수를 놓은 비단옷인데, 중국에서 황제의 권한을 대신하는 사람임을 나타내기 위해서 특별히 이 옷을 입게 했다고 한다. 이에 옛 문헌에서는 암행어사란 말 대신에 수의란 용어를 자주 사용했다. 무작위로 뽑다 보니 왕이 원하지 않는 지방이 뽑히기도 했지만 어쩔 수 없었다. 선조 때의 고사는 이를 잘 말해준다.

그림 6 마패들

그림 7 유척

옛날 우리 선조대왕께서는 수의를 파견하기 위해 팔도를 추첨했는데, 왕과 가까운 친척이 수령으로 있는 곳도 포함되었다. 이에 통 속에 도로 넣으니, 어떤 환관이 땅에 엎드려 "전하의 사사로운 감정이 이와 같으니 어찌 조정의 신하들을 책망할 수 있겠습니까?"고 간하자, 선조께서 미소 지으며 도로 뽑았습니다. 이에 그 수령이 끝내 벌을 받게 되었는데, 지금껏 훌륭한 일로 전해지고 있습니다. 어찌 전하께서 본받아야 할 것이 아니겠습니까? _현종개수실록 1년(1660) 8월 17일

암행어사로 선발되면 고을 이름이 적힌 밀봉서와 함께 업무 처리 지침인 사목事目, 신분증 역할도 하는 마패,그림 6 놋쇠로 만든 자인 유척鍮尺,그림 7 등을 받았다. 박내겸이 1822년 윤3월에 평안남도 암행어사에 임명되었을 때에 순조에게서 봉투를 하나 받았는데, 서대문 밖 조용한 곳에 가서 열어보니 임명장과 함께 사목 한 책, 마패 하나, 유척 두 개가

들어 있었다.

사목은 점검해야 할 사항들을 항목별로 나열한 것인데, 때로는 중점적으로 탐문해야 할 체크 리스트를 따로 내려주기도 했다. 마패는 말 숫자만큼 역마를 사용할 수 있는 권한을 나타내면서 현지에서 권한을 행사한 문서에 날인하는 도장 기능도 했다. 유척은 형벌 도구나 도량형이 제대로 되어 있는지를 검사하는 도구였다.

『춘향전』에는 "몽룡이 어전으로 들어가니 상감께서 반기시며, '… 나이는 젊으나 중책을 맡겨 전라어사로 특별히 임명하니 탐관오리 불충불효를 낱낱이 찾아 보고하고 올바로 처리하라' 하더니, 어사의 관복과 마패와 유척을 내린다"고 묘사되어 있다.

밀봉서 겉에는 "남대문 밖에 나가 열어볼 것" 또는 "동대문 밖에 나가 열어볼 것"이라고 쓰여 있었으니, 사대문을 나와 이것을 열어야만 행선지를 알 수 있었다. 암행어사는 원칙적으로 지목된 고을만 염탐하고 어사출도를 외칠 수 있었다.

박내겸은 1822년 윤3월 16일에 암행어사에 임명되고, 21일에 서울에서 출발하여 26일에 평안도에 들어갔다. 그후 신분을 감추고 다니며 정보를 입수하여 5월 13일에 순안에서 처음 출도를 하였다. 이 다음에는 신분을 감춘 암행과 신분을 밝힌 명행을 반복하다가 6월 30일 평양에서 마지막으로 출도했다.그림 8 7월 17일까지 평양에서 문서를 조사하고 때로는 유흥을 즐기다가 7월 18일 다시 신분을 감추고 귀경길에 올랐다. 양주에 며칠 간 머물면서 보고서를 작성하고는 28일에 임금 앞에 나아가 이를 바침으로써 125일간의 임무를 마쳤다. 보통 말을 타고 다녔지만 신분을 감출 필요가 있을 때는 직접 걸어다녔다. 서울에 되돌아

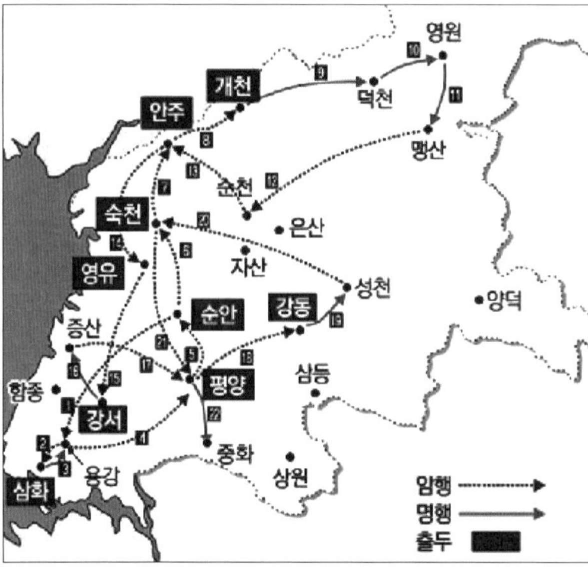

그림 8 박내겸의 첫 출도 후 이동 경로(오수창)

오기까지 다닌 거리는 4,915리로서, 125일 동안 하루 평균 40리 정도를 이동했다. 지금으로 치면 2천 킬로미터 이상을 다닌 것이다.

암행어사는 연도에서 불법을 파악했더라도 직접 개입할 수 없었고 그에 대한 보고서는 따로 올렸다. 대상지에 대한 처리 보고는 서계書啓라 했고, 연도에서 파악한 백성들의 생활 형편이나 효자와 열녀와 같은 흐뭇한 얘기, 고쳐야 할 폐단 등은 별단別單이라 불리는 별도의 정책 보고서로 올렸다. 어사가 보고한 내용과 왕이 처리하는 방식은 이러했다.

호서 암행어사 심환지가 복명하고 서계를 올려 병마절도사 구세적, 부여현감 윤득우, 공주판관 서직수, 비인현감 이운빈, 연기현감 최숙, 전의현감 황윤석이 제대로 다스리지 못한 정황을 보고했다. 이 가운데 구세적, 윤득우, 서직수는 잡아다 심문하여 벌을 주고, 이운빈, 최숙, 황윤석은 파면하게 했다.

별단에서는 "… 신이 가다가 보령 경계에 이르러 들어보니, 선비 정혁신이란 자가 오서산에서 50년을 가난하게 살면서 글을 읽고 도를 배우되 다른 사람과 교유하지 않는다고 했습니다. 신이 몰래 가서 보고 또 유숙하면서 그의 생활을 살펴보았더니, 『중용』과 『대학』을 많이 읽었고 나이는 70세에 가까웠습니다. 초가집 6, 7칸에서 아들은 농사짓고 며느리는 김매어 먹고 살면서 산 밖에서 구하는 바가 없었습니다. 이런 사람을 감히 '경서에 밝고 행실이 바르다經明行修'고 갑자기 말할 수 없겠으나, 곤궁을 견디며 몸을 깨끗이 하는固窮潔身 선비라고는 이를 수 있어 감히 아뢰니다. …"고 보고했다. …

왕이 "호남의 어사가 돌아와 서계한 내용에는 인재를 찾아내는 한 조항이 빠져 있었다. 본도는 지역이 넓은데 어찌 충성스럽고 신의 있는 인재가 하나도 없겠는가? 어사가 너무 신중하게 살펴서 천거한 자가 없는 듯하니 매우 개탄스럽다. 지금 호서어사의 서계를 보고 내 앞에서 직접 보고한 것을 들으니, 그 사람이 70세에 가깝도록 몸을 깨끗이 하고 경서를 깊이 연구했으며 아들은 논 갈고 며느리는 김매어 먹고 살면서 산 밖에서 구하는 바가 없다고 한다. 이런 사람을 어찌 끝까지 산속에서 늙도록 하겠는가? 보령의 선비 정혁신을 첫 단계 벼슬에 임용하라"고 지시했다. _정조실록 11년(1787) 4월 8일

비리나 무능에 대한 보고가 많았겠지만, 때로는 잘한다는 보고도 올라갔다. 왕은 그런 지방관을 지목하여 칭찬하고 격려했다.

양산군수 성종인에게 유시했다. "근래에 암행어사 보고를 통해 그대의 치적 소식을 들었다. 경연하는 자리에 있다가 특별히 내보낸 뜻을 저버리지 않았으니 매우 가상하다. 오래 있으면서 책무를 다하도록 우선은 포상을 논하지 않을 터이니, 그대는 더욱 힘써 노력하여 백성을 돌보는 데에 진력하길 바란다." _정조실록 16년(1792) 11월 29일

하지만 생읍을 중심으로 감찰하는 규정은 영조 때인 18세기 중엽부터 흔들리기 시작했고, 정조 때인 18세기 후반에는 확실하게 무너졌다.

암행어사 임상원과 윤득재를 경기도와 충청도에 파견하여 백성이 겪는 고통과 수령이 어진지를 살피게 했다. 임상원이 "생읍이 아닌 고을은 크게 다스려지지 않더라도 봉고할 수 없습니까?"고 물으니, 임금이 "이런 길이 한 번 열리면 뒷날에 폐단이 되지 않겠는가?"고 말했다.

우의정 조현명이 "만일 불법의 자취가 확실히 드러난 자가 있으면 생읍이 아니더라도 그대로 둘 수는 없습니다"고 말하니, 임금이 마침내 봉고파직封庫罷職을 허락했다. _영조실록 17년(1741) 3월 19일

봉고파직은 암행어사가 현장에서 수령을 파면하고 관청 창고를 봉하여 잠그는 것을 가리킨다. 암행어사가 취할 수 있는 즉결처분이다. 그런데 원래 어사의 권한은 창고를 봉하여 수령 업무를 정지시키는 봉고에 그쳤고, 수령을 파직하는 것은 독단적으로 할 수 없었다고 한다. 『춘향전』의 봉고파직은 암행어사의 권한이 과장되어 표현된 것이라 한다. 그런데 영조는 신하의 건의를 받아들여 생읍이 아닌 곳에서의 봉고파

직까지 허락했다. 정조도 파견되는 어사에게 생읍이 아닌 곳도 염탐하도록 지시했다.

영남어사 심기태가 복명했다. 이에 앞서 심기태에게 영남을 염탐하라고 명령하면서 봉서를 주었는데, 이렇게 적혀 있었다. "경기도와 홍충도충청도에서 경상도에 이르기까지 지나가는 연로의 각 고을은 한결같이 생읍을 살피는 것처럼 염탐하라. … 불법을 저지른 수령의 죄가 명백하면 곧 봉고하고 그 죄상은 조정에 돌아온 뒤에 논하도록 하라. 근래에 어사로 나간 자들이 조심하지 않아서 종적이 쉽게 드러나는데, 감영·병영이나 읍·진의 형편을 살펴볼 때에 가는 곳마다 모두 그러했다. 명색이 암행어사인데 사람들이 모두 지목한다면, 실로 임금의 명령을 크게 욕되게 하는 짓이다. 지난번 한두 어사의 일은 가장 대표적인 것이니, 조정에 끼친 수치가 어찌 이보다 더 클 수 있는가? …" _정조실록 7년(1783) 6월 8일

정조가 언급했듯이 비밀리에 파견된 어사들의 행적이 종종 드러나곤 했다. 비밀은 생명이니, 이몽룡은 데리고 간 서리, 중방, 역졸들에게 "여기는 전라도 들어서 첫 고을이다. 나랏일을 중히 생각지 않고 몸가짐을 바로 하지 않는 자나 암행어사의 기밀을 지키지 않는 자는 죽기를 면치 못할 것이니 그리 알라"고 타일렀다. 박내겸은 서울에서 출발할 때부터 해진 도포와 망가진 갓으로 꾸미고, 길에서 아는 사람을 만나면 부채로 얼굴을 가렸다. 여관이나 민가에 들 때는 수행원들과 떨어져 홀로 묵었다. 그러나 시골에 낯선 사람이 나타나면 개부터 짖어대는

데, 행적이 드러나지 않을 리 없었다. 신분 위장이 결코 쉬운 일이 아니었던 것이다.

나의 종증조인 참판공 이경양이 안렴사의 명령을 받고 가다가 시골집에 묵게 되었다. 이날 밤 주인 여자가 해산을 하여 공에게 밥과 국을 지어주기를 요청하므로, 공이 쌀과 미역을 함께 끓였더니 주인 여자가 마구 욕을 하였다. 남편이 밖에서 들어와 그 까닭을 알고는 공을 찬찬히 보고 난 뒤 엎드려 절하고 죄를 청하며 "어사께 무식한 촌여자가 큰 죄를 지었습니다"고 말했다.

근래에 하의 임백경이 암행어사가 되어 한 여관에 이르자 아이들이 다투어 "어사가 왔다"고 외쳤다. 공이 그 이유를 묻자 아이가 "말에서 방울을 떼었으니 어찌 알지 못하겠습니까"고 말했다. 대개 역마는 본래 방울을 달지 않기 때문이다. 선배 중에 이 임무를 맡아 종적을 잘 감춘 사람으로는 오직 오천 이종성과 영성 박문수 몇몇 분일 뿐이다. _『임하필기』 춘명일사, 수의난어비종繡衣難於秘蹤

어사의 불찰로 얼굴이 알려지는 일도 있었다.

경기어사 이시원은 경기도 37고을 가운데 출도한 것을 헤아리면 20여 곳이나 됩니다. 고을 관속과 마을 백성들이 모두 얼굴을 알고 있으며, 숙식을 제공하고 역마를 바꿔 타는 데서 끼친 폐단은 이루 헤아릴 수 없으니, 잠행하는 뜻을 이미 크게 저버렸습니다. _순조실록 33년(1833) 10월 9일

그 비밀은 왕을 보좌하는 승정원에서 새어나오기도 했다. 사헌부에서 아뢴 말이다.

어사를 파견할 때에 추첨된 각 고을이 어딘지 즉시 알려지기 때문에 전강 시험 때에 문제를 제기했던 것입니다. 이것은 어사가 주도면밀하지 못해서뿐 아니라 승정원 역시 조심하지 못한 탓이었는데, 신들이 규탄하지 않은 실수가 큽니다. _중종실록 18년(1523) 5월 27일

전강殿講은 왕이 유생들을 불러 직접 강독 시험을 치르는 것을 가리킨다. 성종 20년1489 11월 기록에 따르면, 충청도에 파견된 조지서는 번개처럼 돌아다니며 수령들의 불법을 들춰낸 것으로 유명하다. 그는 백성들의 집까지 찾아다니며 불법을 들춰내니, 어린아이와 부녀자도 그를 알게 되었다고 한다. 나중에 다른 명령을 받들어 경기도 광주로 가게 되었는데, 조지서가 온다는 얘기를 듣고 고을 원과 손님이 정신없이 피신했던 적도 있었을 정도다.

지방관은 이처럼 암행어사의 행차에 신경을 쓰지 않을 수 없었으니, 몰래 서로 정보를 교환하기도 했다. 『춘향전』에서도 "각 고을 원들이 어느덧 어사 났다는 소문을 듣고 정사를 가다듬느라고 서두르고 이미 처리한 일들도 다시 따져보며 걱정을 하니, 관속들이라고 어찌 편할 수 있으랴. 이방이며 호장들이 넋을 잃고, 공무 회계 맡은 형방 서리들도 여차하면 도망치리라 신을 발에다 단단히 동여매고 있고, 각 청의 오만 관속들이 정신없이 이리 뛰고 저리 뛰는 판이었다"고 묘사되어 있다. 연륜이 적은 사람을 보내다 보니 어사들이 잘못을 범하기도 했다.

이번 암행어사 네 명을 뽑아서 보낼 때에 연소하고 경험이 없다는 것을 모르진 않았으나, 억지로 몇 개 도의 생읍을 조사시켰다. 그런데 명색이 어사면서 출도하지 않았으니, 옛날에도 이런 일이 있었는가? 몰래 갔다 몰래 돌아온 것은 그 사례가 거의 없다. 특별히 분부한 경우가 아니라면 어찌 감히 이처럼 아랫사람들 멋대로 할 수가 있겠는가? _정조실록 19년(1795) 4월 28일

출도出道는 출두出頭라고 하고 출또라고도 쓴다. 암행 하다가 드디어 본색을 드러내 일을 처리하는 것이다. 그런데 제대로 출도하지 않았으니 암행어사의 본분을 잊어버린 것이다. 무능한 어사도 있어서 정경운 1556~?은 일기에 이렇게 적었다.

임금께서 암행어사를 파견했는데, 경상도는 정협이요, 전라도는 목장흠이다. 둘 다 특별히 악한 관리를 쫓아낸 일이 없으니 가소롭다. 문서만 갖추었을 따름이다. _『고대일록』 1603. 3. 4.

어사들의 보고에 문제가 있는 경우도 있었다. 정조가 위의 말에 이어서 지적했다.

충주와 평택 두 고을의 수령 일을 가지고 말하더라도 어떤 어사는 잘한다고 하고 어떤 어사는 못한다고 하여 그 평가가 연슬淵膝과 같이 판이했다. 한 고을의 공론을 제대로 파악했더라면 어찌 이처럼 상반될 수 있는가? _정조실록 19년(1795) 4월 28일

연슬이란 상대가 미우면 연못에 밀어넣고 싶고 귀여우면 무릎에 앉히고 싶다는 의미다. 이런 상반된 평가가 문제가 되어 왕이 지적한 사례는 더 찾아볼 수 있다.

이경석이 "수령 중에 정해진 것보다 많은 가족을 거느리고 부임한 자가 많다고 하니 어사를 보내소서"라고 아뢰자, 임금이 "전에 어사를 보냈으나 세력 없는 무신은 하나같이 부패 죄에 걸려들고 문관 가운데는 파면당한 자가 한 사람도 없었다. 문관은 어찌 모두 잘 다스리고 무관은 어찌 모두 탐욕스러웠겠는가? 어사의 실효성 없는 것이 이와 같다. 경이 이조판서가 되었으니 수령을 잘 선택하여 임명하는 것이 옳다"고 일렀다. _인조실록 16년(1638) 7월 19일

심지어는 어사가 비리를 저지르기도 했다. 영의정이 왕에게 건의한 말이다.

근래에 여러 도에 파견된 어사 가운데 안후태는 곳곳에서 술을 마시고 취하여 길에 쓰러져서 행인들의 비웃음을 샀고 여러 고을에서 업신여김을 당했습니다. 목임일은 역마를 바꿔 탈 때 형벌을 낭자하게 가했으며, 해당 도의 찰방 및 유배객과 함께 산속 절로 돌아다니며 놀고 연포회軟泡會까지 열었습니다. 개천군수 김세진은 아무런 치적이 없는데도 포상자 보고서에 넣었으니, 세상 사람들이 놀라 비웃었습니다. 김두명은 대동해간 서리가 각 고을에서 뇌물을 징수하여 싣고 돌아왔습니다.

이들은 모두 시종신으로서 성상의 눈과 귀를 대신한 자들인데, 스스

로 삼가고 경계하지 아니하여 조정을 욕되게 하였습니다. 효종조에서는 제대로 염탐하지 못한 어사를 잡아다 심문한 적이 있었습니다. 이 세 사람은 죄가 없을 수 없고, 안후태와 목임일은 더욱 놀랄 만합니다. _숙종실록 7년(1681) 6월 3일

연포회란 친구들끼리 모여서 두부를 지져 먹으며 즐기는 모임이다. 보통 콩을 가지고 절에 가서 승려들을 시켜 두부를 만들어 오게 해서 먹었다. 이 보고로 안후태와 목임일은 잡아다 심문하게 했고, 김두명은 파직했다. 정보와 통신이 발달한 요즘도 기관원을 자칭하거나 청와대를 파는 사기 사건이 종종 벌어진다. 조선시대에도 암행어사를 사칭하는 사건들이 일어났다.

강원도에서 오천국이란 자가 어사를 사칭하고서 역마를 타고 고을들을 횡행하였다. 일이 발각되어 해당 도에 죽이도록 지시했다. _인조실록 20년(1642) 3월 12일

박내겸이 어사 염탐을 하는 동안에 여기저기서 어사의 수행원이나 친지를 사칭하고 사기행각을 하는 자들이 나타났다. 그가 한 고을의 연못에서 만난 낚시꾼과 나눈 말이다.

"암행어사 행차가 두세 번 지나갔는데 어제오늘 또 왔다고 합니다. 남들이 이야기하는 것을 언뜻 들으니 오늘 온 사람은 가짜인 것 같다고 하던데 잘 알지는 못하겠습니다." "어느 간 큰 녀석이 감히 어사 행세

를 한다는 말이오?" "근래 인심이 맑지 못하니 못된 무리가 가짜로 다니면서 재물을 빼앗는 폐단이 없으란 법이 있겠습니까?" _『서수일기』; 오수창 논문에서 재인용

숙종 38년1712에는 평안도 희천에서 귀양살이 하는 이천재가 용천부사 이징서를 만나 자신은 "새로 급제하여 벼슬을 받았는데, 임금께서 특별히 염탐하라고 해서 이렇게 암행하고 있다"고 거짓말을 했다. 용천부사는 이 말을 믿어서 어사로 대접하고 역마까지 빌려주었다. 그는 심지어 관료의 도장까지 빼앗기도 하다가 마침내 꼬리가 잡혔다.

장익표를 섬으로 귀양보내라고 명령했다. 그는 영남의 가난한 백성으로 이웃 마을에서 걸식하다가 울산에 이르러서 어사를 사칭하고 객사에 들어가 위협 공갈했다. 울산부사가 진짜가 아님을 알고서 옥에다 가두고 보고했는데, 이때에 이르러서 이 사형수를 재심한 것이다. 임금이 용서할 만하다고 여겨 사형을 감하라고 특별히 명령했는데, 대사헌 이득종 등이 법 규정으로 안 된다고 했으나, 어쩔 수 없었다. _영조실록 48년(1772) 12월 10일

이러한 가짜 사건을 통하여 지방에서 암행어사를 얼마나 무서워했는지를 역으로 추측할 수 있다. 때로는 진짜를 가짜라고 하여 지방관이 항거하는 일도 벌어졌다. 관서 지방에 파견되었던 어사 이성효가 왕에게 아뢴 말이다.

신이 삭주의 창고를 봉하려 했습니다. 이만유가 만상灣上, 의주의 상인과 약속하여 비단을 사고 쌀 수백 석을 주었다는 말을 들었으므로, 신이 몰래 장시에 들어가 상인이 왕래하는 기생 집에 가서 증거가 될 만한 문서를 찾으려 하자 이만유가 이를 듣고 포교를 보내어 서리書吏를 붙잡았습니다. 신이 봉고를 선언했는데도 이만유가 나각을 불어 군사를 모으고, 또 제 행장을 수색해 갔습니다. 신이 말을 타고 삭주부의 동헌에 들어갔더니, 이만유가 등불을 벌이고 높은 자리에 앉아 검을 뽑아 큰 소리로 "변경에 밤을 타서 들어온 자는 가짜 어사일 것이니, 내가 단칼에 죽이겠다"고 꾸짖었습니다.

신이 이미 명령을 받들었으므로 마음에 믿는 것이 있어서 느린 걸음으로 건물에 올라 서리를 시켜 마패를 풀어 보이게 했으나, 이만유가 또 믿을 수 없다 했습니다. 이리하여 신이 마패를 이만유 앞에 던지며 "네가 이것을 보았으니 마음대로 하라"고 하였더니, 이만유가 비로소 조금 기가 꺾여 피해 갔습니다. _영조실록 15년(1739) 9월 9일

이 말을 들은 영조는 괴변이라 말하면서, 이만유가 알면서 짐짓 모른 체한 것이라 여겼다. 어사는 임금을 대신하는 지엄한 존재였으니, 임금 대하듯이 공경해야 했다. 선조 11년1578 3월에 평안감사가 자기보다 아래인 어사가 숙소가 맘에 들지 않는다고 자신을 업신여겼다고 해서 사직하겠다고 하자, 왕은 비록 관직은 낮아도 왕명을 받들고 갔으니 후대해야 한다는 답변을 내렸다.

국정의 파수꾼, 대간

강력한 권력을 쥔 대통령에게 직언할 수 있는 사람이 과연 얼마나 될까? 대통령의 최측근 인사이거나 강직한 사람이 아니면 감히 보는 앞에서 대놓고 얘기하기 어렵다. 서양식 제도를 받아들여서인지 대통령을 가까이서 견제하는 직책이 따로 없다. 전통시대에는 사간원의 간관諫官이 대통령에게 바른 소리를 하는 책임을 맡았는데, 지금은 볼 수 없는 과거의 특징적인 제도라 할 수 있다.

동양에서는 왕 가까이에 스승과 간관을 많이 두는 것이 이상적이라 생각했다. 이항복은 당나라 태종 때의 간관인 위징과 현종 때의 간관인 한휴를 들어서 막 즉위한 광해군을 깨우친 적이 있다. 위징이 얼마나 힘들게 했는지 당 태종은 "이 촌 늙은이를 죽여야 마땅하겠다"고 미워했을 정도지만 항상 간관으로 삼았고, 한휴가 현종을 괴롭히자 측근들이 "폐하께서 수척한 기색이 있습니다"고 아뢰니 현종은 오히려 "내가 수척해져도 천하는 반드시 살찔 것이다"고 했다 한다.

국정을 감시하는 직책에는 이러한 간관 이외에도 대관臺官이 있어서 이를 합쳐서 대간臺諫이라 부른다. 대간을 둔 것은 신라나 발해 때에도 보이기는 하지만, 고려와 조선에 와서야 비로소 구체적인 활동 정황이 파악된다. 이 대간 제도는 연산군 때에 일시 폐지된 적은 있지만 1894년 갑오경장 때까지 지속되었다. 역사를 기록하는 사관史官도 방법은 다르지만 역시 국정을 감시했다.

손비장이 "대간과 사관이 모두 경연에 참여하는데, 이것은 임금의 일과 대신의 말에 대해서 대간은 앞에서 쟁론하고 사관은 뒤에서 기록하기 때문입니다. 지금 대신은 대간과 사관이 모두 나온 뒤에 홀로 남아 일을 아뢰니, 그 말의 옳고 그른 것을 누가 쓰고 누가 논하겠습니까?" 아뢰니, 임금이 "누구인가?" 하였다. 손비장이 "한명회입니다. 아뢴 말이 비록 해가 없다 하더라도 점점 물들까 두렵습니다" 하니, 임금이 "알겠다" 하였다. _성종실록 8년(1477) 7월 22일

대간은 현장에서 시시비비를 가리기에 '앞에서' 쟁론한다고 했고, 사관은 기록을 남겨 후세의 판단에 맡기기에 '뒤에서' 기록한다고 했다. 이들을 제쳐두고 한명회가 임금과 독대하는 것을 두고 문제를 제기한 것이다.

이와 비슷한 언급이 임진왜란 때의 일기에도 보인다. 명나라 황제가 선조에게 전쟁 준비가 제대로 되지 않았다고 질책하였다. 그러자 대신들이 명나라의 군사 책임자인 형개에게 억울하다고 변명하니, 그는 이렇게 답했다.

모름지기 여러 말을 말아야 한다. 또한 대간은 한때의 시비를 정하고 사관은 만세의 시비를 정하는 것이니, 심력을 다하면 자연히 공정하게

논해질 것이다. 억지로 변명하지 마라. _『고대일록』 1598. 2. 1.

이들 대관과 간관은 국정의 감시자였다. 조선시대를 보면 사헌부의 대사헌 이하 지평까지의 벼슬을 대관이라 하고, 사간원의 대사간 이하 정언까지의 벼슬을 간관이라 하였다. 이들은 원래 맡는 일이 달랐다.

대관과 간관이 같다고는 하나 실은 같지 않으니, 대관은 풍습의 교화가 잘 되는지 감찰하고, 간관은 임금의 과실을 바로잡는다. _『용재총화』 권1

대관은 관료의 부정부패를 감찰했고, 간관은 국왕의 독주를 감시하고 견제했다. 감시 대상이 다른 것이다. 지금의 감사원은 대관의 역할에 가깝다. 그렇지만 조선시대에 양자는 구분하기 어려울 정도로 업무가 중첩되어 있었다. 이들은 공동으로 언론을 펴는 일이 많았다. 그러기에 중국에서는 간관만 언관言官이라 한 반면, 우리나라에서는 대관까지 포함해서 언관이라 했다. 이것이 우리나라 언관제도의 특징이다.

사헌부는 중국이나 고려에 있었던 어사대와 같지만, 사간원에 해당하는 관청은 없었다. 고려나 중국에서는 문하성의 정3품 이하 관리들인 낭사郎舍가 간관의 역할을 담당했는데, 조선 태종 때에 독립기관으로 만든 것이다. 이처럼 사간원은 조선시대의 특색을 보여주는 관청으로서, 경복궁 건춘문 건너편에 있었다.그림 1 사간동이란 이름은 여기서 유래하였다. 간관이 임금 곁에서 과실을 일깨워주기 위해서 펴는 언론 활동을 흔히 간쟁諫諍이라 하는데, 조선에서는 이를 중시한 것이다. 중국에서는 대간이 황제에게 눌려서 언론을 제대로 펴지 못하고 단지 감찰

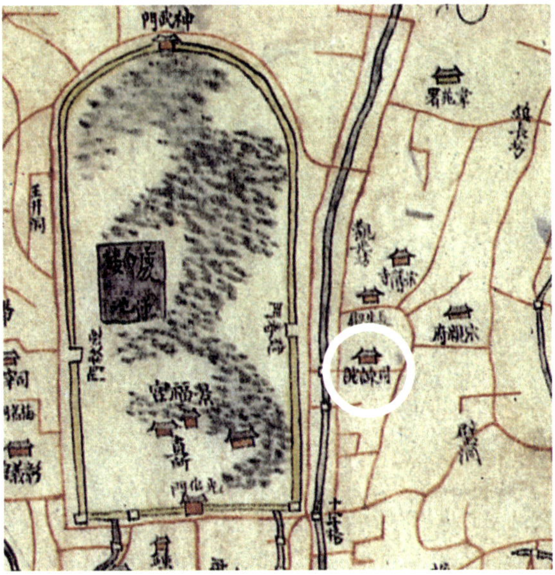

그림 1
사간원 소재지

업무만 담당했다고 한다.

대간은 비록 지위는 높지 않지만 왕과 관리의 잘못을 준열히 비판했기에 높은 식견과 강직한 성품을 지녀야 했다. 물론 문과 급제자여야 했고, 집안 내력에도 흠이 없어야 했다. 그렇지만 왕에게 바른 소리를 하는 것이 결코 쉬운 일은 아니었다. 기가 센 왕 앞에서는 더욱 어려웠을 것이다. 조선초기만 해도 태종, 세조가 언론을 크게 억압하였다. 태종은 심지어 언관을 하옥하고 채찍질까지 했다. 세조[그림 2]가 사헌부, 사간원에게 지시해서 스스로 언로를 연 사실에서도 잘 드러난다.

> 내가 즉위한 후에 언관이 말을 다할 수 없는 형세에 있었다. 하나는 내가 고난과 재앙을 모두 겪느라고 백성들의 질고를 말해도 개의치 않았

그림 2 세조가 묻힌 광릉

고, 하나는 내가 불교를 좋아하기 때문에 이를 지적하면 반드시 노했다. 또 하나는 작은 일을 말하면 반드시 물리치면서 "자질구레하다" 했고, 하나는 내가 위엄이 있기 때문에 말하다가 죄를 얻을까 두려워했다. 이 때문에 언관들이 진퇴를 저울질하면서, 의논의 합당 여부를 제대로 따지지 못하고 있다. 그런 폐단을 알고 있은 지 오래되었지만, 국가 대사를 경륜하느라 작은 문제에 신경을 쓸 겨를이 없었다. 그렇지만 어찌 조상 임금들의 고사를 염두에 두지 않겠는가?

언관들 자신이 아직 큰 원칙을 자세히 알지 못해서 그렇게 된 것이니, 마땅히 국가의 큰 도리를 체득하여 알고 있는 것은 모두 말하도록 하라. 그리하여 오로지 임금을 본받고 백성을 평안하게 하는 데에 고심하여 태평 시대를 열도록 하라. _세조실록 3년(1457) 7월 11일

언관은 왕의 눈과 귀가 된다고 해서 이목관耳目官이라고도 한다. 언론을 담당하는 관청에는 홍문관도 있어서 이를 흔히 '언론 3사'라 부른다. 지금은 언론이라 하면 신문, 방송 등의 매스컴을 의미하지만, 과거에는 임금에게 간언하는 등 말로써 비판하고 논쟁하는 것을 의미한다. 이들은 모두 사회 정의를 구현한다는 점에서 유사하지만, 매스컴은 여론을 무기로 삼은 반면에 과거에는 왕에게 아뢰어 판단을 받았다. 언관은 바로 이런 직책을 가리킨다. 왕에게 뜻을 알리는 방법으로는 말이나 글 모두 가능했다. 왕을 직접 면대하여 의견을 개진하는 면계법面啓法이 잠시 실시된 적이 있으나, 일반적으로는 왕의 비서인 승지를 통해야만 했다.

위의 기록으로부터 몇 년 뒤에 대간이 홍윤성의 불법을 처벌하라고 요구했다. 임금에게 간언을 어찌하는지 엿볼 수 있다.

> 집의 이극돈과 헌납 조간 등이 교장交章으로 "신들은 홍윤성의 불법한 일 등을 가지고 죄 다스리기를 여러 번 청했으나, 지금까지 윤허를 받지 못했습니다. 신하가 임금에게나 아들이 아비에게 분수를 넘는 일이나 속이려는 정상이 터럭만큼이라도 있다면, 자비로운 아비일지라도 그 아들을 용납할 수 없다고 신들이 들어왔습니다. 하물며 임금께서 명분을 바르게 하고 상벌을 분명히 하는 일에서이겠습니까? …"고 상소했다. … 왕이 이극돈·조간에게 "내가 너희 말을 가상히 여긴다. 대간의 이름은 고작 옛날 기록에서만 듣고 그에 합당한 사람을 본 적이 없는데, 내가 너희에게서 보았다"고 말했다. _세조실록 14년(1468) 3월 3일

그렇지만 왕이 모두 받아들이는 것은 아니었다. 여기서도 세조는 대

간을 위로하고 술을 내려주면서도 홍윤성의 처벌은 허락하지 않았다. 이처럼 대가 센 임금에 대해서는 기를 제대로 펴지 못했을 것이다.

여기에 나오는 집의는 사헌부 소속이고, 헌납은 사간원 소속이며, 두 기관이 연합하여 상소하는 것을 '교장'이라 한다. 우리나라는 간관들의 의견이 통일되어야 왕에게 아뢰었는데, 이것은 중국과 비교된다고 이유징이 지적했다.

우리나라는 간관들이 반드시 동료와 함께 논의한 다음에 아룁니다. 그렇지만 중국은 그렇지 않아서, 동료와 의견이 합치되지 않더라도 혼자서 글을 올려 각기 자신의 뜻을 말할 따름입니다. _선조실록 25년(1592) 10월 19일

이들이 의논하는 모습은 광해군에게 아뢴 다음 말에서 엿볼 수 있다.

신들이 흉악한 격문에 대한 일로 신계新啓하고자 해서 양사兩司, 사헌부와 사간원가 함께 모인 자리에서 논의했습니다. 그런데 결정을 내릴 무렵에 지평 남궁경이 갑자기 아프다고 하면서 곁방으로 들어가버렸습니다. 재삼 나오길 강하게 요청했으나 끝내 나가버렸습니다. 대간이 논의한 뒤에는 비록 한 관원이라도 결정에 참여하지 않으면 논계論啓하지 못하는 것이 과거부터의 상례입니다. 이미 제기된 논의가 도리어 중간에 저지되어버렸으니, 이것은 신들이 못난 탓입니다. 신들을 파척하라고 명하소서. _광해군일기 9년(1617) 2월 10일

'신계'란 사간원이나 사헌부에서 죄인의 죄상을 들어서 왕에게 아뢰

는 것이고, '논계'란 왕에게 따져 아뢰는 것이다. 대간들이 모여서 의논하는데 마음에 들지 않는 게 있었던지 한 사람이 아프다고 핑계대고 퇴장해버렸고, 만장일치가 원칙이라서 결국 이 논의는 무산되고 말았다. 처음부터 참여하지 않고 싶을 때에도 병을 칭탁하는 것이 상례였다고 한다. 결국 대사간 이하 신하들이 자신들의 무능을 언급하면서 파직시켜 달라고 왕에게 요청했다.

합의 과정을 거쳐 도출된 간언을 왕이 받아들이지 않을 때에는 농성을 벌이기도 했다.

앞서 사간원이 김사목의 죄명을 거두어달라는 글을 올리자 상이 없애버리라고 명했는데, 이때까지 대간이 계속해서 아뢰었으나 상이 비답을 내리지 않고 물러가게 했다. 대간들이 대청臺廳에서 밤을 새우면서 물러가려 하지 않자 대청에 나온 대간들을 모두 교체하도록 명했다. 장령 이유수와 헌납 윤서동이 교체되었다. _정조실록 14년(1790) 9월 16일

대청그림 3은 사헌부, 사간원에서 아뢸 일이 있을 때에 모여서 회의하던 곳이다. 김사목이 경기도 감사로서 멋대로 일을 처리했다고 해서 벼슬을 박탈했을 뿐 아니라 서민으로 강등시키는 벌을 내렸다. 그 부당성을 논하면서 의논하는 대청에 대간들이 모여서 농성을 벌였고, 급기야는 두 사람이 경질되기까지 하였다. 그렇지만 며칠 뒤에 정조는 김사목의 죄를 용서해주었고, 대간에서 쫓겨난 두 사람도 아마 복귀했을 것이다. 이런 시위는 고려 때 기록에도 보인다.

신해일, 왕이 건덕전에 행차하여 조회를 받았다. 재상 최홍사와 김경용이 대간과 함께 글을 올려 윤관, 오연총 등이 패전한 죄를 논했으나 왕이 듣지 않고 곧 안으로 들어가버렸다. 최홍사 등이 중광전 동자문에 가서 신시申時, 15~17시까지 거듭 요청했으나 왕은 끝까지 윤허하지 않았다.

재상과 간관이 모두 집으로 돌아가서 출근하지 않자 궁중이 텅 비었다. 왕이 평장사 이오, 중서사인 이덕우 등을 불러서 궁중을 지키게 하였다. 최홍사 등이 수십 일 동안 출근하지 않으므로, 왕이 근신을 보내 힘써 타일러 출근하게 했다. 간관도 나와서 일을 보게 되었는데, 당시 사람들이 이를 조롱하였다. _『고려사』 예종 5년(1110) 5월

그림 3 인정전 부근의 대청

간관은 힘껏 반대하다가 자칫 옥에 갇히는 일이 많았다. 그만큼 신변 안전을 보장하기 어려운 직책이기도 했다. 그러기에 이들은 과실이 있을 때에 좌천은 될지언정 지방관으로 전출되지는 않게 했다. 걸핏하면 지방으로 쫓아내는 폐단을 막기 위한 것이다. 또 이들의 근무성적은 등급을 매기지 않았고, 함부로 체포되지 않는 특권도 있었다. 그러나 이

런 원칙들이 언제나 지켜지는 건 아니었다. 다음은 세종이 영의정 황희 등을 불러서 언급한 말이다.

대간을 제수할 때마다 소유·장수·나장 등【소유·장수·나장은 모두 형벌 담당 관청에 속한 졸개들이다. 사헌부에서는 소유라 하고, 형조에서는 장수라 하고, 의금부에서는 나장이라 한다.】이 모두 "앞으로 우리에게 묶이게 될 것이다"고 말하고, 거리의 아이들과 골목 안 여자들도 역시 "며칠이나 기강을 떨치게 될는지 모르겠네"라고 말한다. 그래서 내가 대간을 우대하여 작은 실수는 너그럽게 용서해왔다. _세종실록 16년(1434) 5월 8일

이보다 1년 전에도 세종은 비슷한 말을 했다. 사헌부 관리로 임명되자마자 의금부 이속들이 서로 "오늘 임명되었지만 내일 반드시 옥에 갇히는 죄수가 될 것이다"고 말하고, 친척들은 "네가 상서롭지 못한 관직에 임명되었다"고 말한다고 지적했다. 태종 때에는 간언을 잘못했다가 옥에 갇혔을 뿐 아니라 관노까지 된 방문중의 사례가 보인다.

전주 관노 방문중을 석방하고 고신告身, 임명장을 주었다. 방문중은 태종 때에 간언하다가 죄를 얻어서 관노가 되었는데, 세종·문종 때부터 언관들이 누차 방면하도록 요청했다. 이때에 이르러 명령이 있어 석방했다. _단종실록 3년(1455) 3월 9일

태종 18년1418년에 관노가 되었으니, 무려 37년 만에 방면된 셈이다.

말 한마디 잘못으로 인생 대부분을 비참하게 보낸 것이다. 영조 때에는 이런 위험성 때문에 사람들이 꺼리는 자리가 되었다고 대사간이 아뢴 말이 보인다.

대간이 간혹 말 때문에 귀양 가는 일이 끊이지 않으니, 하나의 덫과 함정이 되어 사람들이 다 싫어하며 피합니다. 옛날에 대간은 재상보다 더 중히 여겼는데, 대간이 이처럼 천시되면 나라가 나라 구실을 하겠습니까? 엎드려 바라건대, 직언을 받아들이는 도량을 넓히고 간언이 올라올 수 있게 진력하시어, 언관이 옛날처럼 다시 존중되도록 하소서. _영조실록 46년(1770) 9월 4일

그렇지만 무능한 관리가 없을 리 없다. 고려시대에 간관 일을 제대로 보지 못한 인물들에 대한 조롱 얘기가 전한다.

왕이 윤인첨과 간의諫議 이지심, 급사중給事中 박육화, 사간司諫 김효순, 정언正言 양순정과 정단우를 불러서 서명하길 독촉하니 낭사들이 두렵고 위축되어 그저 "예, 예" 하고 물러났다. 어떤 사람이 이렇게 조롱했다. "말하지 않는 사람이 사간이 되고, 말 없는 사람이 바로 정언이며, 말더듬이가 간의가 되었으니, 유유히 무엇을 논하리오." _『고려사』 윤인첨 전기

간의, 급사중, 사간, 정언은 모두 간관이다. 총애를 하던 궁녀의 사위에게 왕이 과분한 벼슬을 내려주자, 사대부들이 분노하고 간관들이 임명장에 서명하길 거부했다. 5품 이하의 관리를 임명할 때에 대간의 동

의를 거치게 했으니 이를 서경署經이라 한다. 대간이 인사의 적부심사권을 쥐고 있었던 것은 부당한 인사를 막기 위해서이다. 왕을 봉박封駁한다, 논박한다는 말이 있는데, 여기서 '박'은 인사 문제를 비판하는 것을 의미한다. 그런데도 왕이 불러 서명을 독촉하니 면전에서 반대하지 못해 사람들의 조소를 받았다. 원래 왕의 허물에 대해서 '세 번 간해도 받아들여지지 않으면 떠나는 것三諫不聽則去'이 옛날부터의 관례였다. 조선 효종이 간관의 건의를 받아들이지 않자 언로가 막혔다고 하면서 위의 사례를 든 적이 있다.

언로言路가 더욱 막히어 입을 다물고 말을 않는 것이 풍습이 되어서, 고려 사람이 이른바 "간하지 않는 것이 사간이고, 말 없는 것이 정언이다"라고 한 것에 불행히도 가까워질까 두려우니, 신이 어찌 개탄하지 않겠습니까? _효종실록 5년(1654) 1월 12일

"대간이 대신의 뜻에 영합하면 그 나라는 어지러워지고, 대신이 대간의 뜻에 영합하면 그 나라는 다스려진다"는 옛말이 숙종실록에 인용되어 있다. 대간의 뜻이 관철되는 나라가 제대로 된 국가란 말이다. 그렇지만 대간의 권한이 막강하여 왕이나 대신, 즉 재상의 권한을 크게 제약하면 그것도 문제가 되지 않을 수 없다. 사실 사림이 득세하던 시절에는 간관의 힘이 강화되었다. 젊은 사림들이 대거 대간으로 진출하여 탄핵을 무기로 삼아 대신을 공격했던 것이다. 따라서 양자의 권한을 어떻게 조정하느냐 하는 것이 정치의 중요한 관건이었다.

특진관 김덕원이 "우리나라에 대신大臣은 권력이 없고 대각臺閣, 사헌부와 사간원은 권력이 막중합니다. 대각이 한번 말하면 대신이 문득 불안해지니, 아무리 현명한 신하라도 쌓인 포부를 펴기가 어렵습니다"고 아뢰니, 임금이 그렇게 여겼다.

이때에 대신에 관계되는 일이라면 대간이 감히 말하지 못했고, 감히 말하는 자가 혹시 있어도 임금이 이를 좌절시키며 쫓아냈다. 일반적인 탄핵에서도 대간이 적극 간해도 따르지 않던 것을 대신이 한번 말하면 즉시 윤허하니, 식견 있는 사람들이 걱정하고 탄식한 지 오래되었다. 그런데 김덕원은 민희, 허적과 깊이 결탁하려고 대신이 권력이 없다고 반대로 말했으니, 그의 부끄럼 없음이 심하다. _숙종실록 5년(1679) 9월 24일

사관은 김덕원의 말을 폄하하면서, 오히려 대신의 권한이 막강하다고 비판하는 글을 덧붙여놓았다.

지금 당장의 문제를 논박하는 것은 대간의 일이지만, 기록을 남겨 후세가 평가하도록 하는 것은 사관史官의 몫이다. 대간은 잘못된 일을 규탄하는 동적인 직책인 데 비해서, 사관은 조용히 기록에 전념하는 정적인 직책이라 할 수 있다. 대간의 간쟁과 탄핵, 사관의 직필은 조선의 정치가 부패하지 않도록 하는 국가의 항생제요 방부제였다. 이것이 조선 왕조가 장수할 수 있었던 요인의 하나였다.

이들은 똑같이 국정을 감시하지만 길은 서로 달랐다. 한 사관이 다른 사관의 행동을 비판한 대목에서 이를 찾아볼 수 있다.

사신史臣은 말한다. … 사신이 된 자는 자신에게 붓이 주어져 있어 글을

쓸 수 있지만, 소장을 올려 잘못을 논하기에 이른 데서는 월권을 한 혐의를 면할 수 없다. 사관으로서 간관의 일을 행한 이유경은 젊은 나이로 날카롭게 붓을 휘둘렀으니, 사관의 체모를 손상한 것이라 할 만하다. _영조실록 51년(1775) 1월 17일

그렇지만 대신과 간관이 없으면 사관이 대신하는 경우도 있었다. 정조 때에 사관이 올린 상소의 한 부분이다.

전하의 말씀과 행동을 신들이 모두 기록하면서도 유독 말하지 않는 것은 대신이 있고 간관이 있기 때문입니다. 그런데 대신과 간관이 이미 말할 길이 없는 상황이니 사관이지만 말하지 않을 수 없습니다. _정조실록 20년(1796) 5월 1일

동양에서 역사 기록에 큰 공을 들인 것은 후세인이 잘잘못을 가려서 국정이나 삶의 지표로 삼게 하려는 것이었다. 과거를 거울삼아 오늘을 경계한다는 감고계금鑑古戒今 즉 감계란 말이 바로 그것이다.

사신史臣을 둔 것은 당시의 정사를 기록하기 위한 것만 아니요, 옳고 그른 것을 포폄해서 후세의 공론으로 삼으려는 것입니다. _인조실록 10년(1632) 12월 11일

사필史筆이란 사관이 쓰는 붓으로서 역사 기록을 상징하며, 나아가 사관의 평가까지 포함한다. 사관의 평가란 시비를 포폄하는 것으로서, 포

폄이란 칭찬하고 비난하는 일을 말한다. 사관은 이렇게 도덕적 평가를 하니 그의 붓끝은 무서울 수밖에 없다. 직필直筆이란 말도 있으니, 어떤 압력에도 굴하지 않고 사실 그대로 쓰는 것을 이른다. 사관은 '내 목을 자를지언정 붓은 자를 수 없다頭可斷, 筆不可斷.'고 하면서 부월斧鉞 앞에서도 꿋꿋해야 했다. 부월이란 장수의 생사여탈권을 상징하는 도끼를 말한다. 직필은 사관의 미덕이었다.

또 "사관이 기록하면서 기리고자 할 때 그 착함을 과장해 일컫고, 헐뜯고자 할 때 그 악함을 과장해 일컬으면, 이것이 어찌 직필인가? 문장이 비록 비속하더라도 사실에 따라서 바로 써야 할 것이다"고 말하고, 사관에게 술을 대접했다. _세조실록 11년(1465) 7월 23일

세조가 사관의 직필을 강조한 것이다. 성담년은 성종에게 "지위가 낮은 자를 사관으로 삼는 것은 벼슬 초기에는 원칙을 버리지 않고 직서하기 때문"이라고 아뢰었다.

이러하니 사관에 적당한 인물을 선발하는 것도 대간만큼이나 중차대한 일이었다. 1883년에 서울을 방문한 미국인 퍼시벌 로웰은 사관과 군대 지휘관 두 사람의 도움을 받았다. 그는 이 사관그림 4에 대해서 "외무아문의 비서 가운데 한 사람으로 … 고명한 민속학자로서, 접대하는 일에 능숙해 임시로 맡은 사무임에도 놀라우리만치 잘 해냈다. … 그가 해준 이야기와 알고 있는 전설을 합친다면 아마 책 한 권은 족히 만들 수도 있으리라"고 그의 박학을 칭찬했다. 대사헌 김노진은 정조가 즉위하자마자 "조심스럽게 선발할 대상으로는 사관보다 앞서는 게 없다"고

그림 4 사관(왼쪽)과 군대지휘관(오른쪽)

지적했다.

실록에는 사관의 논평이 많이 실려 있다. "사신이 논한다"면서 시작되는 부분이 그것이다. 여기에는 신하들뿐 아니라 왕까지도 비평의 대상이 되었다. 특히 폭군 시절에는 이런 사평이 더욱 많이 등장한다.

사신이 논한다. 상이 즉위한 이래로 한 번도 정사를 보지 않았다. 양사와 옥당玉堂, 홍문관이 연합하여 상소한 것이 한두 번이 아니었으나, 매번 몸조리한다고 전교하였다. 1년이 넘는 조섭 기간에 병이 나은 날이 어찌 하루도 없었겠는가? 군신 사이가 막히고 멀어져 상하의 감정이 통하지 않아서 장차 나라를 다스리지 못할까 심히 두렵다. _광해군일기 1년(1609) 1월 10일

이런 사실을 잘 알기에 왕이 사관에 악감정을 가진 경우도 있었다. 우왕과 신돈의 사례에서 볼 수 있다.

신우가 일찍이 "사관이 나의 허물을 기록한다고 들었는데, 만약 내가 보기만 하면 꼭 죽이겠다"고 말했다. 이 때문에 사관들이 감히 접근하지 못했다. _『고려사』 신우 8년(1382) 윤2월

신우란 조선 건국자들이 고려말의 우왕을 신돈의 아들이라고 하여 붙인 이름이다. 조선 건국의 명분이 되었기에 우왕과 창왕은 신돈과 더불어 역사 기록에 혹평되어 있다.

신돈이 뒤에서 아첨하여 총애를 얻는 것이 이러했다. 이때에 사관 윤소종이 곁에 있었는데, 신돈이 돌아다보고 "함부로 국사를 쓰지 마라. 내가 가져다 보겠다"고 말했다. _『고려사』 신돈 전기

신돈도 자신의 아첨 사실이 역사 기록에 남는 것을 두려워했던 모양이다. 후세인의 평가가 얼마나 무서운지는 태종의 말에서도 느껴진다.

이에 지안성군사를 지낸 윤자견의 아비 윤충보가 북을 쳐서 "자식을 사랑하는 늙은 신하의 마음으로는, 자식이 자자刺字되어 오점이 후세에 미치는 것이 참으로 슬픕니다"고 호소하니, 임금이 말했다. "한 시대의 사림들이 모두 알고 사필이 이를 기록하면, 자자를 하나 자자를 하지 않으나 마찬가지다. 호소를 들어주어 잠시 자자를 면해주고 유형과 장

형도 모두 용서해줘라." _태종실록 17년(1417) 11월 3일

자자란 요즘의 문신처럼 먹물로 몸에 죄명을 써넣는 형벌이다. 윤자견은 저화라고 부르는 화폐를 사사로이 찍어낸 위조지폐범이니 중범죄자에 속한다. 그러기에 몸에 죄명을 새기고 매를 때린 뒤에 유배를 보내게 되어 있었다. 그러나 늙은 신하의 간청에 못 이겨 용서를 해주고 말았다. 그러면서 어차피 당시의 선비들이 모두 알고 역사 기록에도 남을 것이니, 이미 형벌을 받은 것이나 마찬가지라고 말했다. 이처럼 역사 기록은 무서운 것이다.

그만큼 역사 기록자인 사관의 자존심은 무척 셌다. 다음은 우스갯소리지만, 사관의 역할과 자존심이 상징적으로 잘 드러나 있다.

한 사관이 말 한 필에 경마잡이 아이 하나를 데리고 고단하게 가고 있었다. 갑자기 대신 행차를 만났는데, 앞에서 물렀거라 소리치고 뒤에서 호위하면서 길을 막고 오고 있었다. 사관은 미처 말을 피하지 못하고 진흙탕 가운데 우두커니 서 있는데, 대신은 의기양양하게 큰 소리로 꾸짖고 바람을 일으키며 준마를 달려 섬광처럼 지나갔다. 사관은 화가 나서 왼손으로 허리춤에 찬 주머니를 두드리고, 오른손으로 대신을 가리키며 말했다. "네가 비록 득의양양하지만, 네 한몸이 이미 내 주머니 속에 들어와 있으니, 너의 악명을 어찌 숨길 수 있겠느냐? 어찌 숨길 수 있겠느냐?" _『고금소총』 97쪽

그 주머니에는 아마 기록과 관련된 물건들이 들어 있었을 것이다.

임금과 기록

역사의 증인, 사관 | 왕이 못 보는 실록 | 이름 피하기, 피휘

역사의 증인, 사관

파피루스는 이집트 기록문화를 상징한다. 종이 즉 '페이퍼'란 말도 여기서 나왔다. 멕시코 국립인류학박물관은 중정에 이를 심어 기념하고 있고,그림 1 2009년 4월 국립중앙박물관에서 열린 이집트문명전에서도 파피루스 실물이 전시되었다.

이집트에서 기록을 담당한 서기scribe는 특권을 누린 지식인이었다. 당

그림 1 중정에 심은 파피루스(2006. 12)

그림 2 룩소박물관의 서기상(2004. 2)　그림 3 기록의 신 토트(2004. 2)

시에는 문자 체계가 복잡하여 장기간의 학습과 고도의 기술이 필요했고, 그에 따라 사회적 지위가 높았다고 한다. 이집트 조각에는 '서기의 상'이 여러 점 전하는데, 정면을 향해 책상다리를 하고 무릎 위에 파피루스를 펼쳐 글을 적고 있는 모습이다.그림 2 이집트에서 1달러를 주고 조그만 석상 하나를 사와서 내 연구실에 두고 있다. 역사학자로서 구미가 당기는 조각이 아닐 수 없다.

이집트에는 기록의 신도 있다. 사람 몸에 따오기새의 일종인 이비스ibis 머리를 하고 있다. 아비도스에 있는 세티1세 신전에서 이를 자세히 살펴볼 수 있었다.그림 3 그가 문자를 발명했다고 전하니, 새와 짐승의 발자국을 본떠서 문자를 발명했다는 중국의 창힐과 같은 존재이다. 이처럼 이집트에서는 기록을 중시했다.

중국을 포함한 동아시아에서도 기록을 중시하여 사관이란 직책이 존재했다. 역사란 의미의 '사史'는 글자 아랫부분의 손手으로 윗부분의 산가지 통巾을 잡고 있는 상형문자에서 유래한 것이라 한다. 제왕이

그림 4 사마천

제례 때에 화살을 쏘면 이를 세는 일을 맡았으니, '사'란 의미에는 이미 '역사 기록자'란 뜻이 내포되어 있다.

중국에서 사관은 원래 가업으로 이어져내려왔다. 『사기』의 저자로서 동양 역사학의 아버지라고 할 수 있는 사마천그림 4의 집안도 그러했다. 그의 아버지 사마담은 아들에게 이렇게 당부했다.

> 우리 조상은 주나라 왕실의 태사太史, 사관였다. … 그런데 후세에 이르러 쇠미해지더니 이제 나의 대에서 단절되는가? 네가 다시 태사가 된다면 우리 선조의 유업을 이을 수 있을 것이다. 지금 천자께서는 천 년 이래의 법통을 이어받아 태산에서 봉선했는데 내가 수행하지 못했으니, 이는 운명이로다, 운명이로다. 내가 죽은 뒤에 너는 반드시 태사가 되어라. 태사가 되어서는 내가 논평하여 저술하려 했던 것을 잊지 마라. _『사기』 태사공 자서

태사는 벼슬이지만 대대로 가업으로 내려왔다. 이 말대로 사마천은 사관이 되었고, 아버지의 꿈대로 걸작을 저술해냈다. 이후에 편찬된 역사서들도 개인적 저술이니, 반고의 『한서』, 진수의 『삼국지』, 범엽의 『후한서』 등이 그러하다. 이런 전통이 당나라 무렵부터 변화를 맞이한다. 상설 관청이 세워지고 여기에 소속된 관리가 사관이 되어 실록을 편찬하기 시작했다.

우리나라에서는 기원전 1세기 후반에 해당하는 창원 다호리 1호묘

그림 5 사신총의 글 쓰는 장면

에서 붓이 발굴되었고, 백제 초기 유적에서 몇 점의 벼루가 확인되었다. 고구려 벽화에는 서기의 모습이 보인다. 안악 3호분에는 '기실記室', 덕흥리고분에서는 '주기인注記人'이란 설명도 붙어 있다. 집안 사신총에는 한 신인神人이 오른손에 붓을 들고 왼손에 먹물 그릇을 받쳐들고 막 글씨를 쓰려는 장면이 그려 있다.그림 5 그렇지만 중국의 제도를 받아들여 사관제도를 비로소 운용한 것은 통일신라와 발해였다. 그 한 증거가 최치원이 지은 비문에 보인다.

아버지 선당은 활쏘기와 말타기를 아주 잘하여 중국과 신라에 이름을 떨쳤다. 효성스럽고 자애로움은 사관의 기록에 실렸고, 평생의 공적은 궁중 문서고에 보관되어 있다. _영월 흥녕사 징효대사 비문

조선시대 사관은 모두 겸직이었다. 예문관에 속한 봉교 2명, 대교

2명, 검열 4명은 '한림8원'이라고도 불리는데, 이들은 춘추관 기사관記事官을 겸하면서 교대로 항상 왕의 곁을 지키며 국정을 기록했다. 이들이 좁은 의미의 사관이고 진정한 의미의 사관이다. 춘추관에는 이러한 기사관 외에 수찬관, 편수관, 기주관記注官도 있었는데 전임자는 하나도 없었고, 정부 주요 관청의 관리들이 역시 춘추관 관원을 겸직하면서 해당 부서에서 일어난 일들을 기록했다. 이밖에 지방에는 지방 기록을 담당한 외사外史가 있었고, 궁중 여성의 공간에서 일어난 사건을 기록하는 여사女史도 있었다.

사관은 가계와 인품을 보고 신중히 천거하는 것을 원칙으로 했다. 때로는 사관이 되어 시비에 휘말릴 것을 염려하여 피하기도 했다. 선조 때 오건이 그러했다.

많은 유명 선비들이 그가 어진 것을 알아서 사관에 천거했다. 사관으로 등용하려면 으레 시험을 보였는데 오건이 응시하지 않았다. 누가 그 까닭을 물었더니, 오건은 "내가 무엇 때문에 자진해서 천고의 시비 덩어리에 들어갈까 보냐"고 답했다. _『석담일기』 1572. 윤2.

사관은 왕 가까이에 있기에 때로는 명령을 받들어 지방 형편을 살피거나 과거 시험장을 감찰하는 등 왕의 심부름꾼 역할도 했다. 그렇지만 무식한 인물이 사관에 뽑힌 적도 있다. 사관들이 쫓겨난 분을 이기지 못해 그 후임 사관의 임명 기록에 이렇게 비난하는 글을 붙여놓았다. 물론 이것은 당쟁과도 연관된 평가이다.

이때 이이첨이 사관을 모두 쫓아냈는데, 이에 이르러 자기 당파 인물로 대체하였다. 오여온은 겨우 글자나 알았는데, 이이첨이 사심을 부려 과거급제를 시켜서 정인홍의 문인이라고 일컬었다. 이로부터 사관은 필법이 뒤집혔을 뿐 아니라 기록할 줄도 몰라서 대부분 빈책으로 사고史庫에 보관되었다. _광해군일기 6년(1614) 6월 20일

이이첨과 정인홍은 광해군을 왕위에 옹립한 대북의 영수들이다. 그러니 인조반정 뒤에 좋게 평가했을 리 없다. 사관은 왕 가까이에 자리 잡아야 했다. 좌사左史와 우사右史가 되어 각각 왕의 동작과 말을 기록했다. 어느 정도 가까이 있었는지는 때에 따라 장소에 따라 달랐다. 세종은 건물 안으로 들어오게 조치했다.

이전에는 정사를 볼 때마다 사관이 궁전 밖의 동쪽 섬돌에 엎드려 있었으나, 임금이 명하여 궁전 안의 기둥 밖에 와 있게 하였다. _세종실록 1년(1419) 10월 24일

궁전 건물 밖에는 섬돌이 놓여 있고, 건물 안에는 영楹, 즉 내부 기둥이 있다. 내부 기둥 안쪽은 방에 해당하고 그 바깥쪽은 복도에 해당하는 공간이다. 간단히 말해서 사관은 벽을 사이에 두고 바로 밖에 있다가 안쪽 복도로 들어온 것이다.그림 6 문종 1년1451 7월에는 비바람이 칠 경우에 궁전 안으로 들어와 있게 하는 조치를 내렸다. 건물 밖 섬돌 아래에 대령한 때에는 제대로 듣지 못하는 사태가 발생했다.

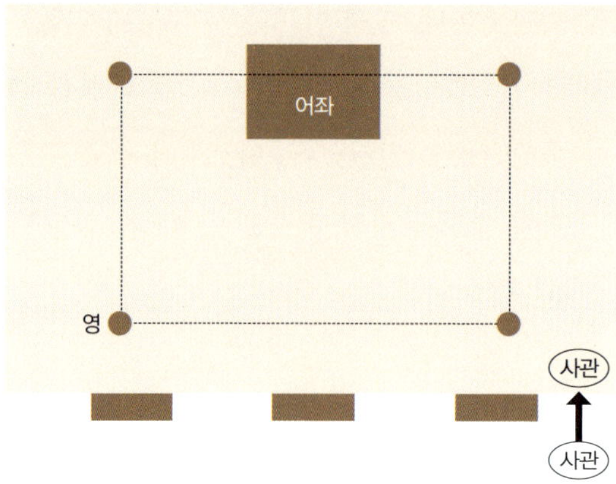

그림 6 사관의 자리 이동

서정도원수 윤필상 등이 복명하니, 임금이 즉시 불러들여 정벌한 절차를 조용히 물었다. 이때 사관이 섬돌 아래에 있어서 자세히 듣지 못하여 기록하지 못했다. _성종실록 10년(1479) 12월 29일

이 문제 때문에 건물 안으로 들어오게 했고, 점차 임금 곁에 나란히 앉기에 이르렀다.

대사헌 성운이 "옛날에는 일을 아뢸 때에 기사관이 반드시 제자리에 앉아서 기록했는데, 근래는 모두 이좌離坐, 나란히 앉음하는 것이 이미 오랜 습관이 되었습니다. 이에 대해서는 우리 사헌부에서도 추궁하겠습니다만, 이런 폐단이 생긴 것은 반드시 유래가 있을 것입니다. 일을 아뢰는 자가 공경하고 삼가는 마음에서 목소리를 작게 낮추기 때문에, 말을 기록하는 자들이 상세히 기록하고자 이좌하게 되었을 것입니다. … 이전

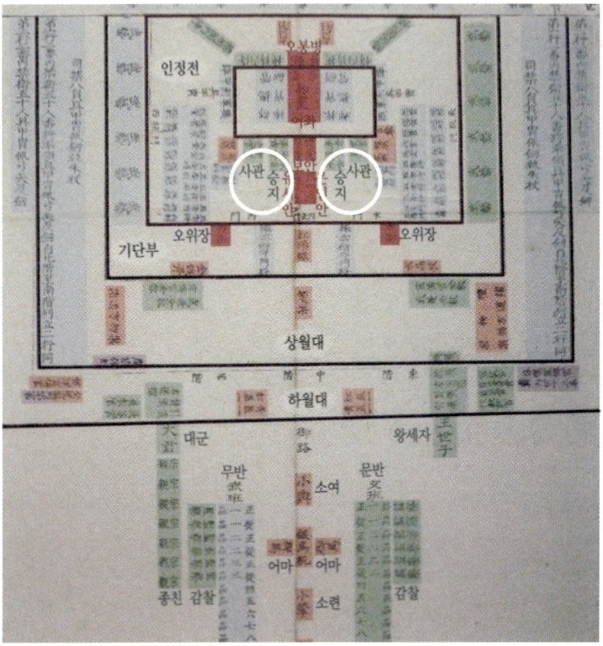

그림 7
사관과 승지의 대령 위치
(2011. 6)

처럼 하게 하는 것이 어떻겠습니까?"고 아뢰니, 상이 "사관이 자세히 기록하고자 이좌한 것이다. 이 일은 풍속이 된 지 오래되었지만, 궁전 안에서는 서로 멀지 않으니 말을 들을 수 있으면 이전처럼 하는 게 당연하다"고 하였다. _중종실록 21년(1526) 9월 21일

1778년경에 그려진 '정아조회지도正衙朝會之圖'는 인정전에서의 조회 배치도인데, 여기에는 왕 바로 앞에 승지와 사관이 대령하고 있는 것으로 표시되어 있다.그림 7

사관이 왕의 행동과 안색을 살펴서 적으려면 얼굴을 빤히 쳐다봐야 하는 문제도 발생했다. 중국에서는 사관이 종이와 붓을 잡고 황제 좌

그림 8 엎드린 신하와 앉은 신하(2009. 8)

우에 섰다고 한다. 그런데 성종 20년1489 8월 기록을 보면, 사관이 땅바닥에 엎드려 왕의 음성만 듣고 기록하였다. 이것이 문제가 있다는 신하의 제기가 있자 이제부터는 왕의 좌우에 꿇어앉아서 기록하라는 조치를 내렸다. 바닥에 거의 붙어 있다시피 엎드려 있는 신하가 있는가 하면 앉아 있는 신하가 그림에도 보인다.그림 8 영조 때에도 이 문제가 다시 불거졌다.

검열 민형수·정익하가 "저번 경연에서 신하가 천안天顔, 임금 얼굴을 올려다본 것을 들어 준엄한 분부가 있었습니다. 생각해보건대 사관은 각기 맡은 바가 있어서 좌사는 동작을 기록하고 우사는 말을 기록합니다. 옛 역사를 보면, '상이 감동스런 표정으로 착함을 칭송했다'고 한 데가 있고, '상의 안색이 변했다'고 한 데도 있습니다. 만일 사관이 천안을 올려다보지 못하면 어찌 이렇게 기록할 수 있겠습니까? …"고 아뢰자, 임금이 "지난번에 이중협의 일로 지시를 내린 바가 있다. 진秦나라에서 임금만 높이고 신하는 눌렀던 일을 내가 일찍이 그르게 여겼는데, 어찌 신하들로 하여금 올려다볼 수 없게 하겠는가? 옛사람이 '임금의 얼굴을 모르면 난리를 당했을 때에 어찌 알아보겠는가?'라고 일렀으니, 지금 좌사와 우사에 관한 말은 옛사람에게도 부끄러울 것이 없다고 하겠다"고 이르고, 이어서 "이 뒤로 신하들이 올려다보아야 할 일이 있으면 올려다보게 하라"고 지시했다. _영조실록 3년(1727) 2월 25일

말을 빨리 받아적기가 쉽지 않았을 것이고, 더구나 우리 말을 한문으로 변환하려면 더욱 어려웠을 것이다. 이를 우려해서 인조는 말을 느리게 하라고 지시한 적도 있다.

다만 근래 경연에서 신료들이 말하는 것을 보면 너무 빠른 듯하니, 뛰어난 문장력과 속필의 솜씨를 가졌다 해도 따라가며 쓰기가 어려울 것이다. 내가 듣건대 옛날에는 아뢸 때에 반드시 요점을 간추려 진술하면서 천천히 말을 하고, 사관이 다 쓰기를 기다렸다가 다음 말을 해나갔다고 한다. 나 역시 빨리 말하는 병통이 있기는 하지만 경연의 신료들은 더욱 심하다. 지금부터는 상하가 모두 유념하여 사관이 받아 적을 수 있게 해야 할 것이다. _인조실록 8년(1630) 1월 27일

사관은 왕의 곁을 잠시도 떠날 수 없었다.

신묘일에 왕이 국청사에 갔다가 그 길로 경천사로 행차했다. 이때에 왕

의 거처가 비좁다고 하여 사관을 물리치자고 담당 관리가 말하니, 왕이 "사관이란 나의 말과 행동을 기록하니 잠시라도 내 곁을 떠날 수 없다" 고 말했다. _『고려사』 의종 11년(1157) 1월

사관이 없으면 왕에게 아뢸 수도 없었다.

붓을 잡는 사관은 임금 측근에 있는 직책이므로, 좌우 사관은 잠시라도 자리를 떠서는 안 됩니다. 그런데 그저께 죄인 심문시 대신이 취조한 말을 아뢰고자 했으나, 사관이 없어 한참이나 하지 못했습니다. _광해군일기 4년(1612) 7월 2일

그것도 좌사와 우사가 모두 대기해 있어야 왕에게 아뢸 수 있었다.

이때 조명익이 갑작스럽게 뵙기를 청했는데, 하번한림下番翰林 김한철은 공무로 외출하여 좌사인 송교명만 입시入侍하였다. 김한철이 들어와서 상소하여 그 체통을 잃은 점을 지적했다. 장령 민정도 상소하여 "좌사와 우사를 다 갖추지 않고 입시했으니, 듣기에 놀랍고 괴이합니다. 청컨대 조명익을 파직하소서" 했으나, 단지 추궁하라고만 명했다. _영조실록 9년(1733) 1월 22일

사관은 모든 행사에 참여하였다.그림 9 사냥할 때도 사관이 가까이 있어야 할지 논란이 되었다.

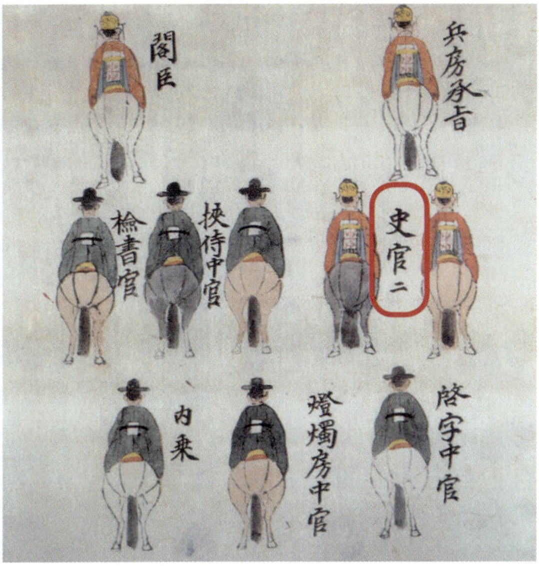

그림 9
철종 가례에 참가한 사관

시독관 권경우가 "내일 몰이사냥에 승지와 사관은 사냥터에 들어가지 말도록 명했습니다. 그러나 승지는 임금의 명령을 출납하고 사관은 임금의 말과 행동을 기록하니, 입시하지 않을 수 없습니다"고 아뢰니, 임금이 "그대의 말이 옳다. 사관은 듣고 본 것이라도 마땅히 기록해야 하는데, 사냥터에서 기록할 만한 일이 없겠는가? 하지만 사냥터에 사람이 많으면 짐승들이 피해서 달아나기 때문에 이같이 한 것이다"고 말했다. _성종실록 9년(1478) 10월 20일

태종은 사냥하다가 말에서 떨어지자 사관이 알지 못하게 하라고 지시했으나, 이마저도 기록으로 남아 있다.

친히 활과 화살을 잡고 말을 달려 노루를 쏘다가 말이 거꾸러져 떨어졌

으나 다치지는 않았다. 좌우를 돌아보며 "사관이 알게 하지 마라"고 말했다. _태종실록 4년(1404) 2월 8일

사필이 얼마나 무서운지를 잘 아는 왕은 사관을 탐탁지 않게 여기는 경우가 많았다.

사관이 비로소 경연에 입시하였다. 처음에 임금이 사관을 가까이하지 않으니, 문하부에서 두 번이나 상소하였다. … 이에 왕이 따랐다. 지경연사 조박이 나아가 아뢰었다. "임금이 두려워할 것은 하늘과 사필입니다. 하늘이란 푸르고 높은 것을 말하는 게 아니라 하늘의 이치를 말하는 것일 따름입니다. 이에 비해서 사관은 임금의 착하고 악한 것을 기록하여 만대에 남기니, 어찌 두렵지 않습니까?" _정종실록 1년(1399) 1월 7일

신하는 사관이 하늘보다 더 무섭다고 왕을 설득했다. 간혹 왕이 주도해서 사관에게 기록을 명하기도 했다.

사관을 불러 지시했다. "와서 내 말을 듣고 모두 기록하라. 호패는 나라의 큰일로서, 양민과 천민을 변별하고, 백성의 유망을 금지하고, 도적을 종식하는 것이 여기서 말미암지 않는 것이 없다. …" 갑자기 사관에게 "이미 썼느냐 못 썼느냐?" 묻고, 하성위 정현조를 시켜 재촉하여 써 내게 했다. 임금이 이를 보고 술을 내려 먹이게 했다. _세조실록 11년(1465) 10월 28일

이와 반대로 삭제를 지시하기도 했다. 압록강 경계 문제와 같은 국가 기밀 사항을 사관에게 쓰지 말라고 했으나, 이 역시 기록으로 남아 있다.

상이 "앞으로 파수보는 것을 어떻게 정해야 되겠는가?" 하니, 정태화가 "당연히 압록강을 경계로 해야 합니다. 역시 저 나라에서 의논한 뒤에 정할 수 있습니다" 아뢰었고, 상이 "압록강을 경계로 할 경우 우리 땅이 저들에게 돌아가게 되니 어찌 아깝지 않은가?" 하였다. 우상 정유성이 "직접 사신을 보내 조사하는 일을 허적이 주선하려 하는데, 많은 사람들의 생각도 긍정적으로 여기고 있습니다"고 아뢰니, 상이 사관에게 "이 일은 사관이 쓸 필요가 없다"고 하였다. _현종개수실록 3년(1662) 5월 17일

최명길1586~1647이 국가의 기밀 사항이 누설된다고 해서 기록하지 못하게 하자 사관은 비판의 붓을 휘둘렀다.

좌의정 최명길이 "군국軍國, 군사와 정사에 관한 기밀 사항들이 먼저 누설되곤 합니다. 비밀문서가 승정원에 도착하면 여러 승지와 사관이 모두 보는데, 누설되는 폐단은 바로 이 때문에 발생합니다. 이제부터는 담당 승지가 받아서 열어 보되 사관은 함께 알지 못하게 하고, 주상께 아뢰었다가 돌려받은 뒤에는 그 문서를 해당 관청의 당상관 집에 보관하는 것이 마땅하겠습니다" 아뢰니, 호조판서 심열이 "아무리 기밀에 관계된 일이라 해도 어찌 사관이 보지 못하게 한단 말입니까?" 아뢰었다.

최명길이 "옛날 한나라 때 장량과 진평이 고조의 발을 밟으며 귀에

대고 말을 했는데, 그때도 어찌 사관이 들을 수 있었겠습니까? 그렇지만 후세에 나무라는 사람이 없습니다. 지금처럼 걱정스런 때에는 군국의 중대사를 비밀로 하지 않을 수 없습니다"고 아뢰고, 이어 은밀히 사관에게 "이런 이야기까지 다 기록할 것은 없다"고 말했다. 상이 비밀문서를 대신들의 집에 보관하도록 명했다. …

사신은 논한다. 나라의 시비를 논하는 칼자루는 사관에게 있는데, 사관을 피해서야 되겠는가? 또한 일찍이 사관이 먼저 기밀을 누설하여 일을 그르친 적이 있는가? 무릇 군국에 관한 기밀 사항이 있으면 대신된 자가 스스로 적시에 잘 처리하고 사전에 누설되지 않게 해야 한다. 이것은 생각하지 않고 도리어 사관을 의심하여 참여하지 못하게 하니, 도대체 무슨 의도에서인가? 대개 최명길은 아첨으로 영합하여 조정의 권세를 장악하더니, 이제는 기무에 관한 일을 비밀로 해야 한다는 구실로 사관들을 피하려 한다. 심지어 장량과 진평이 고조에게 귓속말한 고사를 끌어들여 자기 뜻을 이룰 소지로 삼고는, 낮은 소리로 그 말을 기록하지 말도록 사관에게 몰래 부탁했다. 그 속셈을 알 만하다. _인조실록 16년(1638) 5월 2일

그렇지만 실제로 몇 달 뒤의 기록을 보면, 최명길의 건의가 실행되고 있는 것을 알 수 있다.

이때 비변사의 대소 문서가 청국에 관계되어 조금만 꺼릴 것이 있으면 작은 상자에다 밀봉해 넣고 이를 '밀갑密匣'이라 부르며 병방 승지만 열어보게 하였다. 이 때문에 사관이 제대로 기록하기 어려웠다. _인조실록 17년

그림 10 육방 승지의 대령 위치

(1639) 1월 26일

승정원의 승지는 여섯 방房으로 나뉘어 육조六曹의 일을 분장했으니, 병방 승지는 그중 하나이다.그림 10 이것은 국가 기밀에 관한 것이라서 그렇다치고, 때로는 신하가 왕과 밀담하는 일이 발생하여 사관이 미처 기록하지 못하는 일이 발생했다.

이양원이 자리를 옮겨 이탁, 강사상, 홍인경과 머리를 맞대고 밀담을 나누었다. 사관이 가서 들으려고 하자, 이양원이 "이는 사담이니 사관은 와서 들을 것 없다" 하면서 싫은 기색이 많았다.

사신은 논한다. … 사관이 가서 들으려 한 것은 그 말을 꼭 듣고 싶어서가 아니라 사담하는 것을 미워해서였다. _명종실록 22년(1567) 6월 28일

명종이 사망하기 직전 대신들이 경황이 없을 때에 사담을 나눈 것을 비판한 것이다. 더구나 그것을 듣지 못하게 했으니 더욱 미워했을 것이다. 뒤에 붙어 있는 한 구절의 사론에서 그 마음이 절절히 느껴진다. 인조 때의 기록도 함께 보겠다.

이날 새벽에 김류·이홍주·최명길이 뵙기를 청하여 임금의 침전으로 들어갔다. 승지와 사관은 문 밖에 있었으므로 비밀리에 한 말을 기록할 수 없었다. 임금이 이경직을 돌아보며 "오늘 말한 것은 중대한 일과는 무관하니, 사관이 역사서에 쓰는 것은 옳지 않다"고 말했다. _인조실록 15년 (1637) 1월 29일

승정원의 우두머리인 이경직에게 기록하지 말도록 이렇게 지시했다. 이날 최명길이 화친을 강력히 반대한 윤집과 오달제를 붙잡아 청나라에 가던 날이었다. 이와 같은 비밀스런 만남은 원래 잘못이었지만, 계속해서 문제가 될 정도로 자주 발생하는 것이기도 했다. 『고려사』 열전에는 백임지1130~1191가 무신집권기에 명종의 총애를 받아 사사로이 내전까지 들어가 왕을 뵈었다고 해서 당시 사람들이 비판했다고 적었다. 이처럼 왕과 신하가 마주하는 독대는 원칙적으로 금지되어 있었다. 요즘 정치에서는 막후 밀담에서 국가의 중대사가 논의되거나 결정되는 일이 많은데, 과거에는 이런 일이 원칙적으로 일어날 수 없었다. 독대가 있게 되면 신하들은 비판하는 상소를 올렸다.

박성로가 상소에서 독대한 잘못을 덧붙여 논했는데, 거기에 이렇게 썼

다. "임금이 신하를 접견할 때 반드시 승지와 사관을 함께 들어오게 하는 것은 대체로 임금의 뜻을 숨기지 않고 임금의 거조를 꼭 기록하기 위한 것이니, 그 관계되는 바가 중대하지 않겠습니까? 옛날 효종 때 선정신 송시열이 독대한 일이 있었는데, 그때 함께 강구한 것은 대의大義에 관계된 국가 기밀이니 오늘의 일에다 견줄 수 없습니다. 전하께서 독대하라는 명령을 내렸을지라도 승지와 사관도 함께 들어가도록 대신이 강력히 간청하는 것이 사리에 맞는 일이었습니다. …"

조명겸의 상소 말미에도 역시 지적했다. "대신을 독대한 것보다 더 심한 잘못은 없습니다. 국가에서 후사喉司, 승정원와 사관을 설치한 뜻이 과연 어디에 있겠습니까? 마땅히 견책을 가하여 직무를 제대로 수행하지 못한 죄를 징계해야 할 것입니다." _숙종실록 43년(1717) 7월 23일

선정先正이란 문묘에 배향된 유학자를 가리키고, 선정신이란 임금 앞에서 이 신하를 언급할 때 일컫는 말이다. 여기서는 송시열을 의미한다. 심지어 현종은 송시열과 비밀리에 편지를 주고받았기에 무슨 내용인지 사관이 적을 수 없었다.

그날 밤 상이 편지를 써서 직접 봉하고 '계啓'자 도장을 찍은 다음에 사관을 보내 비밀리에 송시열에게 물었는데, 송시열 역시 직접 봉하여 올렸다. 이 때문에 승지와 사관이 모두 보지 못해 편지 속에 무슨 말이 있는지 알 수 없었다. _현종실록 즉위년(1659) 10월 7일

2009년에 공개된 정조의 어찰도 이와 같은 비밀 편지들이었다. 이러

한 것들은 사관이 알지 못했기에 역사 기록에 남을 수 없었고, 이제 와서는 역사의 이면을 보여주는 중요한 사료가 되었다. 성종 20년1489 5월에는 임금이 신하들과 밀봉한 편지를 주고받자, 검열 이희락이 "모든 일을 기록하는 것이 사관의 직분입니다. 지금 내전에서 나온 작은 편지를 신이 보지 못했으니 보여주소서"라고 당당히 요구했고, 임금은 얼마 뒤에 이들을 보여주었다.

사관이 스스로 기록한 역사서에 그들의 모습이 항상 긍정적으로만 나오지는 않는다. 왕 앞에서 졸았던 사관도 있었다.

사헌부에서 "사관 이호문이 조계朝啓 때에 졸았으니 형률에 따라 죄를 논하소서"라고 아뢰니, 논하지 말라고 명했다. _세종실록 7년(1425) 4월 16일

임진왜란 난리통에는 사관이 집단으로 도망친 일도 있었다.

사관 조존세【예문관 봉교 겸 춘추관 기사관】, 김선여【검열 겸 춘추】, 임취정·박정현【승정원 주서】 등이 도망했다. 조존세 등은 좌사와 우사로서 처음부터 호종하면서 침전 문 앞을 떠나지 않으니 상이 자식처럼 대우했다. 이날 밤 네 사람은 상이 요동으로 건너갈 것을 의논하여 결정하자 도망칠 것을 몰래 의논했다. 먼저 사초책史草冊을 아궁이에 넣고 불지른 뒤에 어둠을 타고 도망했다. 상이 길에서 자주 돌아보며 사관이 어디 있느냐고 물었는데 모두 보지 못했다고 대답했다. 상이 "김선여가 탄 말이 허약한데 걸어서 오느라고 뒤처졌나?" 했다.

새벽이 되어서야 그들이 도망한 것을 알고는 말과 얼굴빛이 참담해

졌다. 따르는 자들이 모두 격분하며 "뒷날 상이 돌아오시면 이들이 어떻게 살아나겠는가?"고 욕했다. 네 사람이 각각 영남과 호남 사이에서 가족을 찾았는데, 고을에서 먹을 것을 빼앗으며 "상이 물러가라고 허락하여 오게 됐다"고 핑계하였다. _선조수정실록 25년(1592) 6월 1일

피란 시절의 참담한 상황이 낙담한 왕의 얼굴과 함께 그림처럼 떠오른다. 당쟁이 격화되면 사관도 어쩔 수 없이 당색에 따라 편파적이 될 수밖에 없었다. 사관은 시시비비를 가려 기록을 남기는데, 특히 인물 평가에 당색이 개재된 것이다. 예를 들어서 북인이 편찬한 선조실록에 불만을 품은 서인이 인조반정 이후 선조수정실록을 편찬해낸 것도 이 때문이었다. 그러니 선조수정실록에는 선조실록의 기록을 비판하는 대목이 종종 보인다.

선조실록을 상고하면 "윤근수는 경솔하고 탐욕스러워, 나라를 도둑질한 신하요 사림의 해충이다"고 했다. 윤근수는 명종 때 수찬이 되어 조광조의 억울함을 풀어주길 요청했고, 뒤에 전랑이 되어서는 권신 이양의 표적이 되었다. 이황과 조식을 따라 주자와 육구연의 동이론同異論을 논했으며, 이이·성혼과 막역한 친구가 되었다. 이로써 보면 그의 사람됨을 알 수 있는데, 붓을 잡은 자가 제 맘대로 헐뜯고 욕한 것이 여기에 이르렀단 말인가? _선조수정실록 32년(1599) 2월 1일

정조는 실록에 잘못된 곳을 지적하면서 역사 서술의 어려움을 이렇게 지적했다.

대저 사서를 만들기란 매우 어려운 일이다. 비록 직접 눈으로 본 일이라 하더라도 한 집안에서도 본 것이 다르게 된다. 또 한 글자의 착오로 사실이 완전히 어긋나게 된다. 더구나 후세의 사서에는 사사로운 뜻이 많이 섞여 있으니, 장차 어찌 믿어서 후세에 전할 수 있겠는가? _정조실록 22년(1798) 1월 15일

역사 현장에서 객관적인 증인이 되기란 예나 지금이나 이렇게 어려운 법이다.

왕이 못 보는 실록

2010년 6월 초에 국가기록원에서 주최하는 국제기록문화전시회가 코엑스에서 열렸다.그림 1 구텐베르크 성경과 그림형제 동화컬렉션, 조선왕조실록과 승정원일기 등 세계 기록유산이 한자리에 모였다. 세계 최초의 기록문화전이라 한다. 개막식에서는 사관이 실록을 봉안하는 행사를 재현하였다.그림 2 국가기록원의 출범은 외국과 비교하면 형편없이 늦었지만, IT 산업을 바탕으로 영상과 종이문서를 체계적으로 관리하는 시스템에서는 이제 선도적인 국가가 되었다.

죄인이 된 정치인은 '역사가 평가할 것'이란 말을 내뱉곤 한다. 나중

그림 1 국제기록문화전(2010. 6)

그림 2 실록 봉안 재현(2010. 6)

에 자신을 제대로 평가해줄 것이란 기대 때문이다. 그리하려면 제대로 기록을 남겨야 하지만, 실상은 정반대이다. 주요 정책이나 정치적 타협이 밀실에서 이루어져 기록이 거의 남지 않는 게 우리의 현실이다. 1980년대에 무소불위의 권력을 휘둘렀던 국가보위비상대책위원회, 즉 국보위의 기록은 달랑 종이 몇 장으로 남아 있다. 기록이 나중에 자신들을 옥죌까봐 두려웠던 것이다. 지금 우리의 기록 문화는 전근대 사회보다 훨씬 뒤떨어져 있다. 2010년 7월에 취임한 수원시장이 사관제도를 부활하겠다고 선언했다. 기록 담당 비서를 두어 시장의 언행과 면담 내용을 모두 기록하여 밀실행정과 부정부패의 소지를 없애겠다고 하였다.

동아시아에서는 전통적으로 역사 편찬을 중시했다. 국가에서 주도하여 꾸준히 역사를 정리했다는 점은 다른 지역에서 찾아보기 어렵다. 『맹자』를 보면 춘추시대에 이미 국가별로 역사서를 편찬했으니, 진晉나라의 승乘, 초나라의 도올檮杌, 노나라의 춘추春秋가 그것이다. 한나라 때 『사기』가 편찬됨으로써 『한서』 『삼국지』 등을 거쳐 『명사』 『청사고』에 이르는 '25사'의 편찬 전통이 수립되었다. 이것이 이른바 정사正史이다.

그렇지만 역사 편찬의 꽃은 실록이다. 정사는 실록을 토대로 다시 한 번 정리한 것이다. 정사는 왕조가 한 단위가 되면서 주제별 즉 기전체로 쓰였고, 실록은 왕이 한 단위가 되면서 연대별 즉 편년체로 쓰였다. 실록은 정사보다 분량과 내용에서 비교가 되지 않는다. 왕조사인 『삼국사기』는 50만 자, 『삼국유사』는 18만 자, 『고려사』는 240여만 자이고, 중국 정사 전체는 4천만 자이다. 이에 비해 500년간의 기록인 조선왕조실록은 5,300만 자이고, 276년간의 기록인 명나라 실록은 1,600만 자에 이른다. 뒤에 언급하다시피 실록 편찬의 기본 사료가 되는 『일성록』과 『승정원일기』는 분량이 더 많으니, 150년간의 기록인 『일성록』은 6천만 자이고, 조선후기 것만 남아 있는 『승정원일기』는 2억 5천만 자에 달한다. 『승정원일기』의 분량은 실록의 5배에 이른다. 조선시대로 내려올수록 연구할 대상이 얼마나 대폭 늘어나는지 짐작이 갈 것이다.

실록으로는 중국 남조 양나라 때에 편찬된 『양황제실록』이 최초이고, 당나라에 들어서는 『고조실록』부터 차례로 편수되었다. 현재는 명나라와 청나라 실록이 제대로 남아 있고, 앞 시대 것은 당나라 『순종실록』과 북송 『태종실록』 일부만 전해진다. 일본에서는 9세기 말부터 『일본문덕천황실록』과 『일본삼대실록』이 편찬되었지만, 그 뒤에 율령제가 무너지고 무사들이 지배하면서 단절되어버렸다. 베트남에서는 일본과 대조적으로 응우엔 왕조1802~1945에 와서야 비로소 편찬되어 『대남식록大南寔錄』이 전해진다. '식'자를 붙인 것은 피휘 때문이라 한다.

우리나라에서는 통일신라 때에 실록이 편찬되었을 가능성이 있다. 최치원의 글에 "실록에 분명히 적혀 있다"는 구절이 보이기 때문이다. 고려 때에는 태조부터 7대에 걸친 『칠대실록』이 편찬되고 그후의 실록도 꾸준히 편수되었지만, 전해지는 것은 하나도 없다. 이에 비해서 조선왕조실록은 완전 무결하게 남아 있다.

역사 편찬은 당대에 이루어지지 않고, 한 시대가 끝나면 다음 시대가 정리해주었다. 객관적인 역사를 남기려는 조치였다. 그런 점에서 발해는 불운했다. 발해는 문화 수준이 떨어지는 이민족에게 멸망하면서 제대로 된 역사 기록을 전하지 못했다.

하지만 얼마나 시간이 지난 뒤에 편찬하는 게 옳은지는 논란의 소지가 있었다. 조선 태조1335~1408가 사망한 다음해인 태종 9년1409 8월에 태조실록을 편찬하라는 명이 내려지자 이 문제가 불거졌다. 책임을 맡은 하윤은 사관의 기록도 불완전하니 태조의 신하들이 살아 있을 때에 제대로 된 기록을 남기자고 했고, 이에 반해 실무 사관은 태조의 신하들이 실록을 직접 편찬하면 후세가 어찌 보겠냐고 반론을 제기했다. 대간도 이렇게 말했다.

후세 사람들이 이를 근거로 삼아 오늘날의 일을 가리켜 말하기를 "당대에 편찬한 것이니 다 믿을 수 없다"고 할까 신들은 두렵습니다. _태종실록 9년(1409) 9월 8일

다음은 실무 사관인 기사관記事官들이 지시를 철회하라고 요구하면서 상소한 말이다.

근일에 태조강헌대왕의 실록을 편수하라는 명령이 있으셨는데, 신들이 그 뜻을 듣고 삼가 두려움을 이길 수 없습니다. 생각건대 당·우唐虞 및 삼대 이래로 당대 사람이 실록을 만든 적은 없습니다. 우선 당·우를 들어서 논하겠습니다. 당요唐堯, 요 임금의 일은 우사虞史, 『서경』의 우서虞書에 기록되어 있고, 우순虞舜, 순 임금의 일은 하서夏書에 실려 있으니, 모두 다른 시대에 이루어진 것입니다. 요 임금의 일을 기록한 것은 '요전堯典'이라 하지만, 우 임금 때에 지어져 그 책 이름은 '우서虞書'라 합니다. 삼대로부터 한·당을 거쳐 지금에 이르기까지 역사 편찬은 후인의 손에서 나왔고, 한 시대의 신하가 그 시대의 역사를 편찬했다는 말은 듣지 못했습

니다. 비록 대代가 가까운데 역사를 편찬한 것이 더러 있기는 하지만, 어찌 밝은 시대에 본받을 만하겠습니까? _태종실록 9년(1409) 9월 1일

요 임금과 순 임금 시대는 3황5제의 전설시대에 속하고, 그다음 우禹 임금 때부터 하나라가 시작되며, 은나라와 주나라가 그 뒤를 잇는다. 하·은·주 세 시대를 삼대라 부르니, 중국에서는 역대로 요·순 및 삼대는 태평성대를 이룬 이상시대로 묘사되고 있다. 그래서 중국의 역사 인식은 이들 시대로 되돌아가려는 복고주의, 상고주의적 경향이 강하다. 시간은 앞으로 흐르지만, 역사의 지향점은 뒤에 있었던 것이다. 그러기에 미래 지향의 발전이란 개념이 도출될 수 없었으니, 우리도 이러한 역사 인식의 영향 아래 있었다.

태종은 '대가 가까운데 편찬한 일'이 언제 있었느냐고 묻자 송나라 때에 있었다고 답했고, 다른 신하는 "태조부터 성상까지 비록 3대지만 겨우 18년 동안의 일이니, 어찌 다른 시대라고 할 수 있겠습니까?"고 답변했다. 여러 차례의 반론에도 태종은 뜻을 굽히지 않았고, 마침내 이듬해인 1410년 정월에 편찬을 시작하여 1413년에 완료했다. 태조 재위 6년간의 기록이었다. 세종 때에 정종실록과 태종실록을 편찬할 때에도 이런 반론이 있었다.

세종실록을 편찬할 때에도 그러했다. 문종이 즉위한 직후에 신하들에게 이 문제를 의논하도록 지시했고, 신하들은 다음과 같이 답했다.

옛날의 역사를 두루 보건대, 선왕의 실록은 모두 즉위한 초기에 편수했습니다. 지금 세종 30여 년의 좋은 말씀과 훌륭한 정치에 대해서 속히

그림 3 오대산 사고

편집하여 소중히 간직해야 할 것입니다. 만약 대신이 볼까 의심하여 공독公牘, 공문서만 편찬하고 사초史草는 묶어 간수한다면, 벌레가 먹고 쥐가 갉아서 글자들이 결손되어 장차 누락되기에 이를 것입니다. … 마땅히 빨리 편수하여 사고史庫에 넣는다면 큰 도리에 합치될 것입니다. _문종실록 2년(1452) 2월 2일

사고는 실록이나 왕실 계보 등 중요한 서적을 보관하던 창고로서, 이들을 안전하게 보관하기 위해서 춘추관 서고인 내사고와 더불어 지방에 외사고를 두었다. 외사고는 조선전기에 세 곳이었는데, 임진왜란 때에 전주사고만 온전할 수 있었다. 이후에는 지방에 네 곳을 두어서 5사고로 운영되었다.그림 3

위의 논의는 실록 편찬을 주도하는 사람들이 모두 세종 때의 대신들이니, 사관이 이를 의식하여 사실을 피하거나 감출 것이란 우려 때문에 촉발된 것이었다. 사실 세종실록을 편찬할 때에 감수를 맡았던 김종서 1383~1453가 자신과 관련된 사초 기록을 고친 적이 있다.

몇 개월 뒤에 김종서가 기사관을 불러서 "전에 지워버린 몇 자는 실로 이해관계가 없는 것이다. 함부로 고쳤다는 비난이 있을까 두려우니, 다시 쓰도록 하라" 했다. 또 어떤 사초에 "명나라 사신 오양이 야인野人, 여진인을 돌려보내는 일로 왔다가 기생과 사통하고자 했다. 세종이 재상에게 의논하게 하니, 황보인·김종서가 의논하여 이를 허락하라고 했다"고 썼으니, 황보인·김종서가 이를 보고 "당시에 우리가 의논한 것이 이렇지 않다"고 말하고 수정하게 했다.

두 사람은 스스로 세종의 옛 신하라고 일컬으며 30년 간의 기록을 직접 읽어보았다. 그러면서 무릇 대신의 풍모나 정치의 잘잘못에 관해서 자기들에게 이해관계가 있는 것은 모두 뜻에 따라 줄였다 늘였다 하였으므로 진실하지 못한 기록이 많았다. 김종서는 성질이 몹시 사나워 사람들이 모두 두려워했으니, 감히 반박하여 의논하지 못했다. _단종실록 1년(1453) 5월 7일

이상과 같은 논란은 객관적 역사를 남기려는 데서 촉발된 것이다. 왕이 실록이나 사초를 보지 못하는 전통이 만들어진 것도 이 때문이다. 그러나 이런 전통이 확립되기까지에는 우여곡절이 있었다. 조선초기에 몇 차례 왕이 실록을 보려 한 일이 있었던 것이다. 세종은 태조실록을

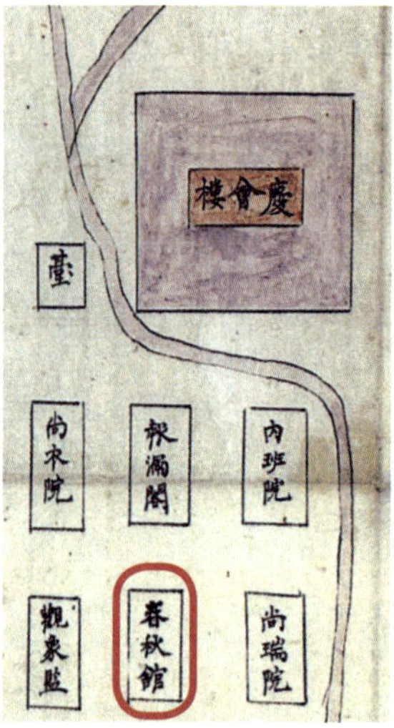

그림 4 춘추관 위치

옆에 두고 본 적이 있다.

지신사도승지 곽존중에게 일렀다. "태조실록은 한 책만 만들었으니 나중에 유실되면 안 될 것이다. 한 책을 더 베껴서 춘추관에 들이고, 한 책은 내가 항상 볼 수 있도록 하라. 이 지시를 춘추관에 전하라." 지춘추관사춘추관 정2품 벼슬 변계량이 "태조실록에는 비밀스런 일이 많은데, 신과 하윤이 알고 있을 뿐이고 다른 사람은 모릅니다. 한 책을 더 베껴서 여러 사람이 알게 하는 것은 불가합니다. 청하건대 길일을 택해서 사고에 넣으소서" 아뢰니, 그대로 따랐다. _세종실록 7년((1425) 12월 5일

춘추관은 역사 기록을 담당했던 핵심 기관으로서, 경복궁 배치도를 보면 경회루 남쪽에 자리잡고 있었다.그림 4 세종은 태종실록이 완성되자 이를 보고 싶어 신하들의 의견을 물었다. 아버지 태종의 행적을 잘 알고 있었기에 어떻게 평가되었는지 궁금했을 것이다. 이를 알고 있는 신하들은 좋은 사실만 실었다고 말하면서 임금을 달랬다.

임금이 "앞 시대의 제왕들이 선왕의 실록을 친히 보지 않은 이가 없는데, 태종께서는 태조실록을 보지 않았다. 이때 하윤 등은 볼 수 있다고 말하고 변계량은 볼 수 없다고 말하여, 태종께서 변계량의 의견을 따랐다. 이제 춘추관에서 태종실록 편찬을 마쳐서 내가 이를 보려는데 어떤

가?"고 말했다.

우의정 맹사성·제학 윤회·동지총제 신장 등이 "이번에 편찬한 실록은 모두 좋은 말씀과 훌륭한 정치에 관한 것만 실어 고칠 것이 없습니다. 하물며 우리 전하께서 이를 고치실 일이 있겠습니까? 전하께서 이를 보신다면 후세 임금이 이를 본받아서 고칠 것이고, 사관도 군주가 볼까 의심하여 사실을 모두 기록하지 않을 것입니다. 어찌 후세에 진실을 전하겠습니까?"고 아뢰니, 임금이 "그렇겠다"고 말했다. _세종실록 13년(1431) 3월 20일

세종은 이로부터 7년 뒤에 다시 태종실록을 보려 했다.

임금이 도승지 신인손에게 "옛날 제왕 가운데 친히 조종의 실록을 본 사람이 제법 많았다. 또 공자가 『춘추』를 지으면서 정공·애공까지 다루었고, 주자도 『중용』에서 신종의 소목昭穆, 종묘에 모시는 신주의 차례제도를 논하면서 '역사서를 보면 신하들도 당대 역사를 보았다'고 했다. 오직 당 태종이 국사를 보려 하자 저수량과 주자사 등이 불가하다 하였고, 문종도 국사를 보려 하자 위모와 정낭이 역시 불가하다 하였다. 그런데 이것은 모두 당시 역사를 보려고 해서 신하들이 불가하다 한 것이니, 조종의 실록을 보는 것이야 무슨 해가 있겠는가? 옛날 우리 태종께서 태조실록을 보려고 하니, 변계량 등이 '…'라 이르므로 태종께서 보시지 못했다. … 나는 또 '자손으로서 조종의 사업을 알지 못하면 장차 무엇을 본보기로 삼겠는가?' 생각하고 태종실록태조실록인 듯함을 보고자 여러 신하와 상의했더니, 유정현 등이 '조종의 법을 본보기로 삼아 선왕

의 사업을 잘 계승하는 것이 실상 아름다운 뜻이 된다'고 하여 볼 수 있었다. 지금 또 생각하니, 만약 당대의 역사가 아니라면 조종의 법을 보는 데에서 조태조와 종태종에 무슨 구별이 있겠는가? 이미 태조실록을 보았으니 태종실록도 보는 것이 마땅하다고 여겨진다. 여러 겸춘추兼春秋, 사관와 상의하라"고 이르자 대신 황희·신개 등이 모두 "…"라 아뢰어서 임금이 마침내 보지 않았다. _세종실록 20년(1438) 3월 2일

공자기원전 551~479가 『춘추』를 지으면서 자신이 살던 노나라 정공기원전 509~495 재위과 애공기원전 494~468 재위까지 다루었으니, 이것은 공자가 당대의 사료를 보았다는 증거이다. 세종은 주자의 말과 함께 이를 근거로 삼아 당대의 역사도 볼 수 있다고 생각했다. 그러면서 당대 역사를 보는 것이 안 된다면, 이미 지나간 일이 실린 실록은 볼 수 있는 게 아닌가 하면서 태종실록을 보려고 했다. 그는 이미 태조실록을 보았기 때문에 태종실록도 볼 수 있다는 논리도 내세웠다. 그러나 대신들의 반대로 결국 아버지 태종의 실록을 볼 수 없었다.

성종 8년1477 윤2월에 왕이 신하들과 책을 읽다가 "방현령 등이 고조실록을 올렸다"는 대목이 나왔다. 성종은 당 태종이 실록을 가져다 본 것이 어떠냐고 물었고, 신하는 이렇게 되면 직필하지 못해서 선악을 쓰지 못한다고 아뢰었으며, 성종은 다시 임금이 실록을 본 것은 잘못이라고 마무리를 지었다.

실록은 임시기관인 실록청을 설치하여 편찬했다. 책임자인 총재관은 대신이 맡았고, 그 아래에 실무를 맡은 사관이 포진했다. 사관이 작성한 사초史草가 가장 기본적인 편찬 자료인데, 여기에는 시정기時政記와

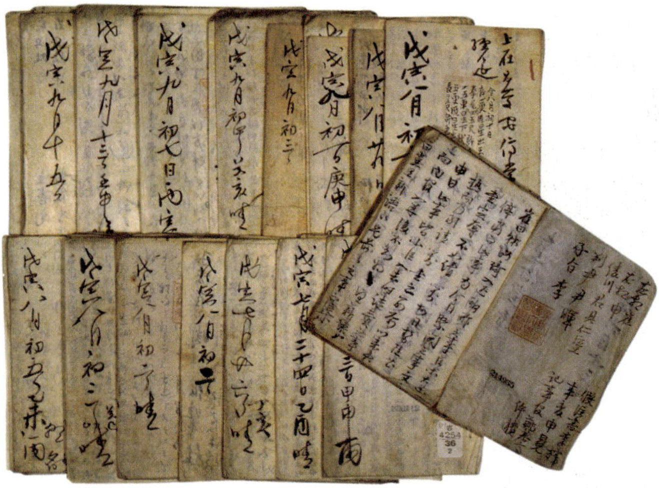

그림 5 인조 무인년 가장사초

가장사초家藏史草, 그림 5가 있다. 춘추관에서는 사관이 매일매일 일어나는 일들을 기록하여 일정한 기일마다 묶어 정리했으니, 이를 시정기라 한다. 사관의 기록 가운데에는 인물 평가와 같이 비밀로 해야 할 것이 있을 경우에 자기 집에 보관하고 있다가 실록 편찬 시에 제출했으니, 이를 가장사초라 한다. 역사 편찬의 목적이 시비를 밝히는 것이므로 가장사초는 아주 중요한 자료였다. 이밖에 승정원일기, 비변사등록과 같은 각 관청의 기록, 개인의 일기나 문집 등도 망라했다. 다만 일제강점기에 편찬된 고종실록과 순종실록은 시정기와 가장사초를 바탕으로 삼지 않았다. 이에 따라 이들의 사료적 가치는 크게 떨어진다.

실록은 세 단계를 거쳐 집필되었다. 일차 초고본인 초초初草, 이차 초고본인 중초中草를 거쳐 대신이 감수한 뒤에 정초正草를 완성했다. 그런 다음 활자로 인쇄했고, 그 뒤에는 세초洗草를 했다. 편찬의 기초가 되었

그림 6 세검정(2009. 5)

던 일체의 자료를 빨아버린 뒤에 종이로 재생한 것이다. 창의문 밖에 종이를 만들던 관청인 조지서가 있었는데, 그 부근의 차일암과 세검정 그림 6에서 이 작업을 했으며, 왕은 노고를 치하하여 잔치를 내렸다.

실록청이 "전에는 실록을 편찬한 뒤에 총재관 이하가 창의문 밖 차일암에 가서 그 초본을 파쇄하여 물에 담가 먹 자국을 씻은 다음에 해당 관청에 보냈는데, 이것을 세초라 합니다. 전례대로 거행하소서" 아뢰니, 그대로 따랐다. 이어서 "전례대로 잔치를 내려라"고 하교했다. _효종실록 4년(1653) 7월 1일

세초는 특히 가장사초가 후대에 문제가 되어 사관을 옥죌까봐 후환을 없애려는 조처로서, 광해군 때부터 정례화되었다. 사초는 실록 편찬

시에 의무적으로 제출해야 했고, 실록이 완성된 뒤에는 세초되었다. 따라서 지금 전해지는 사초는 비정상적으로 남아 있는 것이다.

그림 7 중초본 광해군일기

편찬할 때에 만들어진 초초본이나 중초본도 세초되었다. 그러므로 정초본 실록만 남아 있는 것이 정상인데, 광해군일기만은 중초본도 남아 있다. 인조 때의 내우외환으로 인쇄할 여력이 없자 모두 인쇄하지 못하고 중초본을 책으로 엮어 보관한 것이다. 중초본그림 7에는 붉은색으로 지우거나 새로 넣어 교열한 부분이 그대로 드러나 있다. 송나라 때에 신종실록을 고치면서 먹으로 쓴 원본에 붉은 글씨로 추가하고 노란색으로 삭제하였다고 해서 이를 주묵사朱墨史라 불렀다. 주묵사를 연상시키는 이 중초본은 실록의 편찬 과정을 잘 보여주는 소중한 자료가 된다.

일단 실록이 편찬되면 손을 대지 않는 게 원칙이다. 그러나 예외는 항상 있게 마련이다. 태조실록, 정종실록, 태종실록은 완성된 뒤에 개정되었다. 태조실록은 세 차례나 개정되어, 현재는 마지막 개정본이 전해진다. 이것은 실록의 신뢰성에 흠집을 내는 일이었다.

당쟁이 일어난 뒤에는 실록이 재차 편찬된 때도 있었다. 네 종류의 개정판 실록이 그것이다. 광해군 때에 북인이 편찬한 '선조실록'을 인조반정 후에 서인이 수정하여 '선조수정실록'을 만들었다. 남인이 '현

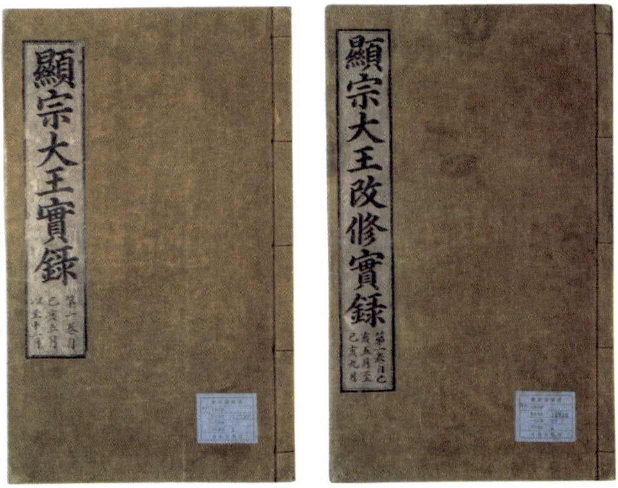

그림 8 현종실록과 현종개수실록

종실록'을 편찬하자 서인은 대대적으로 개정하여 '현종개수실록'을 펴냈다.그림 8 노론의 '숙종실록'에 불만을 품고 소론이 '숙종실록보궐정오'를 편찬했고, 소론의 '경종실록'에 불만을 품은 노론은 '경종수정실록'을 편찬했다. 이리하여 하나의 왕에 두 가지 실록이 존재하게 되었다. 그렇지만 실록을 개정했다고 해서 앞의 실록을 없애지는 않았다. 조선초기에 마지막 개정판만 남겨놓은 것과 비교된다.

이밖에도 실록이나 다른 기록을 칼로 도려내는 사건이 이따금 발생했다. 인조실록에서 인조 23년[1645]의 봉림대군에 관한 기록 40자 정도를 칼로 잘라낸 일이 있었다.

지춘추관사 민암, 봉교 민진형 등이 강화 정족산에 있는 비사[秘史, 실록]를 가서 살펴보았다. 거짓 기록은 보이지 않고, 칼로 40자를 베어낸 것은 다른 곳에 소장된 것과 같았다. 민암 등이 돌아와 그 정황을 아뢰었다.
_숙종실록 16년(1690) 8월 6일

정조가 즉위하자마자 아버지 사도세자의 기록을 삭제하도록 명령했다. 규장각에 소장되어 있는 『승정원일기』에는 총 114건의 기록이 삭제되었는데, 칼로 도려내버린 곳도 있다. 철종의 선조와 관련된 정조 시대의 기록이 후대에 다시 도려내지는 일도 발생했으니, 『일성록』에서 무려 635군데나 발견되었다.

실록을 공개하지 않는 것과 마찬가지로 사초도 공개하지 않았다. 사관마저도 맘대로 시정기를 열람할 수 없었다. 가장사초는 특히 비밀이 생명이었다. 실록은 앞 시대의 기록이고 사초는 당대의 기록이니, 사초가 공개되면 후폭풍은 더욱 컸다. 이에 따라 사초 때문에 생명을 잃은 사건들이 발생하였다. 사초 공개 논란은 태조 때에 이미 불거졌다. 태조가 고려실록과 자신이 즉위한 이후의 사초를 보려고 하자 사관들이 반대했다.

임금이 받아들이지 않고 즉시 명령했다. "지금 직접 열람하고자 하는 것은 선악의 자취를 보려는 것이 아니다. 임신년 즉위할 때에 군신 사이에 서로 몰래 얘기한 것을 사신史臣이 대부분 알지 못할 것이다. 이행이 일찍이 지신사가 되어 그가 기록한 사실이 바르지 못했으니, 다른 사신이 어찌 군신 사이의 말을 다 알 수 있겠는가? 이미 편수한 앞 왕조 공민왕 이래의 역사와 임신년 이래의 사초를 뽑아내서 바쳐라." _태조실록 7년(1398) 6월 12일이행1352~1432은 공양왕 때의 사관으로서, 태조가 이색과 정몽주를 죽였다고 기록했다가 조선 건국 후에 가산이 몰수되고 귀양을 갔던 인물이다. 태조는 빠진 사실을 보충하려고 한다 했지만, 사실은 자신의 행동에 대해서 사관이 어떻게 기록했는지 보려고 한 것이다.

가장사초를 제출할 때에 작성자의 이름을 써야 하는지도 논란이 계속 불거졌다. 실명제가 되면 불리한 기록은 사전에 삭제할 가능성이 있기 때문이었다. 사초를 보게 되는 대신은 실명제를 옹호했지만 대신의 눈치를 볼 수밖에 없는 사관은 적극 반대했다. 실제로 이 때문에 큰 사건이 벌어졌다.

이때에 춘추관에서 세조대왕실록을 편수하면서 사초를 거두어들였다. 어떤 사람이 "만약 사초에 이름을 쓴다면 반드시 직필이 사라질 것입니다"고 간했으나, 어떤 사람은 "사초에는 예로부터 이름을 썼으니 지금 쓰지 않을 수 없습니다"고 하여, 드디어 이름을 쓰게 했다.

봉상첨정 민수는 사초에 대신의 잘잘못을 많이 썼는데, 이름을 쓰라는 말을 듣고 스스로 두려운 마음을 가지게 되었다. 이에 기사관 강치성을 시켜 그 사초를 몰래 꺼내다가 지우고 고쳤다. 기사관 최철관은 민수가 지사 양성지의 일을 고쳐 쓰는 것을 보고, 기사관 양수사에게 "만약 일이 누설되면 우리는 죄를 피할 수 없다" 말하고, 드디어 양수사가 수찬관 이영은에게 밀고했다. 이영은이 매우 놀라 여러 동료와 점검해 보니 지우고 고친 곳이 여섯 가지였다. _예종실록 1년(1469) 4월 24일

고친 여섯 가지는 세조 때의 대신들을 비판한 내용이었다. 이 사건으

로 왕이 직접 민수를 심문했을 정도였다. 민수의 일이 발각되어 사초를 조사하게 했더니, 원숙강도 세조와 권남을 비판하는 글을 썼다가 지운 것이 밝혀졌다. 위의 글에서 사초에 이름을 쓰지 말자고 한 사람을 '어떤 사람'이라 했지만, 바로 그가 원숙강이다. 흥미롭게도 권남을 비판한 글은 무서워서 지웠지만 세조를 비판한 것은 그대로 두었다.

임금이 "임금의 허물은 쓰고 재상의 허물은 삭제했는데, 무슨 사정에서인가?" 하니, 원숙강이 "대신을 거스르면 그 화가 빠르므로 신이 삭제했습니다" 하므로, 임금이 "너는 대신에게 아부하고 임금은 두려워하지 않는구나" 했다. _예종실록 1년(1469) 4월 27일

원숙강에게는 왕보다 대신이 더 무서웠던 것이다. 이에 사초를 고친 원숙강과 사초를 몰래 꺼내다 준 강치성은 참형에 처했다. 민수도 참형에 해당하나 동궁 시절 스승인데다 자신이 독자임을 눈물로 호소하여 영원히 제주도 관노가 되게 했다. 그는 몇 년 뒤에 방면되었다.

연산군 시절에도 사초 때문에 김일손1464~1498이 죽임을 당하는 사건이 벌어졌다. 바로 무오사화1498이다. 김일손이 '조의제문弔義帝文'을 사초에 삽입하였는데, 이 글이 세조가 단종을 죽여 강물에 버리고 왕위에 오른 것을 비판한 것이라고 보고되자 큰 사건으로 비화하였다. 연산군은 김일손의 사초를 모두 들여오라고 했으나, 신하들의 반대로 관계되는 기록만 뽑아서 볼 수 있었다. 이 뒤로 왕이 직접 사초를 보는 일은 사라졌다. 김일손은 심문을 받고 이렇게 진술했다.

사초에 이른바 "노산魯山, 단종의 시신을 숲속에 버렸는데 한 달이 지나도 거두는 자가 없어 까마귀와 솔개가 날아와서 쪼았다. 한 아이가 밤에 시신을 지고 달아났으니, 물에 던졌는지 불에 던졌는지 알 수 없다"고 한 것은 최맹한에게서 들었습니다. 신이 이 사실을 기록하고 이어서 "김종직이 벼슬하기 전 일찍이 꿈에 감응되어 조의제문을 지어 충의로운 분개를 의탁했다"고 썼으며, 드디어 김종직의 조의제문을 써넣었습니다. _연산군일기 4년(1498) 7월 13일

김일손은 사관으로서 스승 김종직1431~1492이 지은 조의제문을 사초에 넣은 것이다. 의제 즉 초나라 회왕이 김종직의 꿈에 나타나 자신은 항우에게 죽임을 당해 강물에 던져졌다고 하였고, 이에 그를 조문하는 글을 지었다고 한다. 결국 그는 이 사건으로 처형되고 그의 사초는 불태워졌다. 연산군은 그를 벨 때에 신하들로 하여금 가서 보게 하고, "백관 중에 보기를 꺼려서 고개를 돌리거나 얼굴을 가리는 자와 불참자는 모두 써내라. 내가 장차 치죄할 것이다"고 협박했다.

연산군 10년1504 이후로는 시정기를 조사하여 자신을 비판한 사람들을 죽이거나 귀양 보냈으며, 자신의 잘못이 적혀 있는 기록은 삭제하거나 불태워버렸다. 또 가장사초도 모두 거두어들이게 했으니, 이에 대해서 사론은 이렇게 적었다.

사신이 자기의 악행을 썼는가 왕이 의심하여 이러한 명령이 있었다. 사관들은 죄를 얻을까 두려워 관계없는 자잘한 일만 적어서 바치고, 실제 행적을 적은 것들은 모두 불살라버렸다. 이 때문에 역사를 편찬할 때에

당시의 일을 다시 복구해내지 못하여 왕의 허물 가운데 빠진 것이 많았으므로, 그 진실을 다 기록할 수 없었다. _연산군일기 11년(1505) 7월 9일

명종 때에는 안명세1518~1548가 1545년에 일어난 을사사화를 비판하는 시정기를 작성했다가 다른 사관의 밀고로 체포되어 죽임을 당한 일이 있었다.

안명세는 일찍이 사관이 되어 을사일기를 숨김없이 직서했다. 그 가운데에 "임금께서 돌아가신 지 7일에 찌꺼기를 거르지 않은 콩죽을 먹었는데, 이날 이기가 재상이 되었다." "중종의 소상이 지나지 않고 인종의 발인도 하지 않았는데, 임금명종은 빈전 옆에서 세 대신을 죽였다"는 말이 있었다. 후일에 사국史局, 춘추관에 들어간 사람이 이를 보고 이기에게 말하자, 안명세를 가리켜 "역적을 옹호하며 역사를 사실대로 쓰지 않았다" 하고 대궐 마당에서 국문했다. 이에 안명세가 옷 폭을 찢어서 "예로부터 사관을 죽인 적은 없었다"고 상소문을 적어 임금의 마음을 깨우치길 바랐지만, 국문에 참여한 진복창이 이를 물리쳐 받지 않았다. 안명세가 마침내 주살되매 관복을 입은 채 수레에 실려나오니 보는 사람들이 눈물을 흘리지 않을 수 없었고, 시정 사람들이 모두 곡을 했다. 안명세의 처자는 모두 종이 되었다. _『연려실기술』 명종조고사본말, 을사사화

영조 11년1735 2월에도 임금이 사초를 불사르게 했는데, 나중에 신하들에게 물어서 복구했다.

그날 사초가 불태워졌으므로 역사를 편찬하는 자들이 당시 입시한 신하들에게 듣고 참고하여 추가로 기록했다고 한다. _영조실록 11년(1735) 2월 10일

실록과 사초를 둘러싼 이상의 사건들은 공정한 역사 기록이 나올 수 있도록 하는 과정에서 발생한 진통이었다. 사실 중국의 실록은 후대의 황제나 대신들이 열람할 수 있었기에 이들의 눈치를 보아 직필할 수 없었으며, 사관의 논평조차 실을 수 없었다. 이에 비해서 조선의 왕들은 실록과 사초를 볼 수 없었고, 그러기에 사관이 곡필하지 않고 직필할 수 있었다. 조선왕조실록이 중국 실록보다 높이 평가받는 것은 이 때문이다. 이래서 유네스코 세계문화유산에 등재될 만한 가치가 충분히 있는 것이다.

이름 피하기, 피휘

2006년도에 TV드라마 연개소문이 방영되어 세인의 관심을 끌었는데, 제주도 서귀포에서 '영계소문'이란 삼계탕집 간판을 보고 웃음이 나왔다.그림 1 연개소문이란 이름을 절묘하게 이용했다는 생각이 들었다. 이와 비슷하게 경남 진교에서는 '한우장사'란 고깃집 간판을 보았다. 한우고기와 항우장사를 절묘하게 결합한 재치가 돋보였다.

그림 1 '영계소문' 삼계탕집(2009. 6)

연개소문은 고구려 말기에 왕을 교체할 정도로 절대 권력을 휘둘렀던 인물이다. 그의 성씨 유래는 이러하다.

개소문은 성이 천泉이다. 스스로 물속에서 태어났다고 말하여 대중을 현혹했다. _『삼국사기』 개소문 전기

그의 성이 원래 연淵씨라서 우리는 연개소문이라 부른다. 하지만 이

그림 2 천남생 묘지명(2002. 2)

기록에는 천씨라 되어 있고, 실제로 그의 아들은 천남생, 천남산으로 부른다. 중국에 끌려가 생을 마친 연개소문 후손의 묘지명이 낙양에서 발굴되었는데, 모두 천씨로 되어 있다.그림 2 아버지와 아들의 성씨가 달라진 것이다. 이것은 당나라 고조 성명이 이연李淵이라서, 이를 피하여 다른 글자로 대신한 것이다. 당나라에서 '연'자 대신에 천, 심深, 수水, 천川 등의 글자로 바꾸어 쓰게 했기 때문이다.

『삼국지』 동이전에는 진한 사람들이 국國을 방邦이라 한다고 하여 진秦나라 사람들과 흡사하다고 지적했다. 한 고조가 유방劉邦이라서 한나라 때에는 '방'자를 '국'자로 바꾸어 썼다. 그러니 진한 사람들은 그 이전에 중국 진나라에서 왔다는 암시가 담겨 있다. 이처럼 윗사람 이름을 피하는 것을 피휘避諱라 한다.

『예기』에 따르면 삼우제 뒤에 지내는 제사인 졸곡이 끝나면 죽은 사람은 이제 귀신이 되고 그의 이름도 회피하는 대상이 된다. 조상을 운위할 때에 직접 부르지 않고 '△△공'처럼 벼슬 이름 등으로 돌려서 지칭하게 된다. '휘諱'란 원래 기피한다는 뜻이지만, 죽은 이의 이름을 가리키기도 한다.

존경하는 대상이나 두려운 존재에 대해서 입에 올리지 않는 풍습은 원시사회에 보편적으로 퍼져 있었다. 기독교 십계명에 "하나님 여호와의 이름을 망령되이 일컫지 말라"고 하여 여호와 대신에 주님으로 부르는 것도 이런 금기 풍습과 연관이 있다고 한다. 중국은 특히 이를 중시하여 제도로 만들고 담당 관리까지 두었다. 이 전통은 청나라 때까지 지속하였으니, 중국의 영향 아래 있던 우리도 이를 피할 수 없었다.

동양 사회에서 이름은 단지 개인에 대한 꼬리표 역할만 한 것이 아니라, 그 자체를 신성시하고 생명력이 있는 것으로 생각했다. 당나라 때에 거란 수장인 이진충李盡忠, 손만영孫萬榮이 반란을 일으키자 이들의 이름을 이진멸李盡滅, 손만참孫萬斬으로 바꾸고 토벌에 나선 사례가 있다. 각각 한 글자만 바꾸어 정반대의 의미가 된 것이다. 동양 사회에서 이름을 얼마나 중시했는지를 단적으로 보여준다. 우리말에는 이름과 관련된 것이 많다. '이름값을 한다', '이름을 건다', '이름을 남기다' 등은 이름을 얼마나 소중하게 생각했는지 느끼게 한다.

피휘의 원칙은 『예기』에 규정되어 있다.

> 졸곡이 지나면 이름 부르기를 피한다. 예법에 혐명嫌名은 회피하지 않으며, 이름이 두 자일 경우에 편휘偏諱하지 않는다. 부모가 조부모를 섬기는 것을 보았으면 조부모 이름을 휘하지만, 부모가 일찍 죽어 부모가 조부모 섬기는 것을 보지 못했으면 조부모의 이름은 휘하지 않는다.
>
> _『예기』 곡례曲禮 상

피휘의 기본은 혐명은 피하지 않고 편휘하지 않는 데 있다. '혐명'을 피하지 않는 것이란 우禹와 우雨, 구丘와 구區처럼 뜻이 다르고 발음이 같은 글자는 피하지 않는다는 뜻이다. 음이 비슷하다고 해서 모두 쓸 수 없으면 문제가 무척 복잡해질 것이다. '편휘'를 하지 않는 것이란 이름

그림 3 당 태종

두 글자를 모두 회피할 필요가 없다는 뜻이다. 공자 모친 이름이 징재徵在인데, 공자는 '징'자를 말하면 '재'자를 말하지 않았고, '재'자를 말하면 '징'자는 말하지 않았다고 한다.

이 인용문 뒤에도 피휘 예법이 더 자세히 나온다. 이들은 집안에서 피휘하는 관습에 관한 것으로서, 아버지 이름자를 가져와 아들 이름을 짓지 않는 원칙과도 관련된 것이다. 김일성 부자 이름에 '일'자가 함께 들어가고, 김정일 부자 이름에 '정'자가 겹치는 것은 전통시대에는 생각하기 어려운 일이다.

그러나 『예기』의 원칙은 시대에 따라 깨지곤 했다. 고려 때인 1318년 2월 전국에 왕의 '혐명'을 모두 쓰지 말라는 명령을 내렸고, 심지어 성까지 바꾸게 한 사례도 보인다.

기해일에 해당 관청에서 왕에게 "왕의 이름과 발음이 같은 글자를 피하려고 탁卓자 성을 가진 자들은 자기 외가의 성을 따르고, 만약 본가와 외가의 성이 같으면 친조모나 외조모의 성을 따르게 하소서"라고 요청했다. _『고려사』 신종 1년(1198) 5월

신종의 이름이 탁晫이라서 이와 발음이 같은 글자들을 쓰지 못하게 했다. 당 태종그림 3은 이세민李世民인데, 흔히 쓰는 이름 두 글자를 모두

피휘하게 했으니 문장 짓는 데에 얼마나 고통스러웠을지 짐작된다. 이때에 관청 이름도 바꾸어 민부民部를 호부戶部로 고쳤다. 또 계보를 의미하는 1세, 2세 등의 세世 대신에 같은 뜻을 지닌 대代를 썼다. 그뿐 아니다. 글자 획에 '세', '민'이 들어가는 글자는 모두 쓰지 못하게 했다. 예를 들어 엽葉, 설泄, 혼昏자가 그런 것들이다.

모든 임금의 이름을 피하게 되면 도저히 감당할 수 없었을 것이다. 당나라 때를 예로 들면 피휘는 고조와 그의 조상, 태종, 고종, 현종 6인에 집중되어 있었으니, 당시 피휘 용례의 86퍼센트가 넘는다고 한다.

피휘에는 두 종류가 있다. 하나는 집안 어른들의 이름자를 피하는 사적 영역의 것이다. 누가 아버지나 할아버지 존함을 물어보면 이름을 직접 대지 말고 "무슨 자 무슨 자입니다"라고 말하라는 교육을 어렸을 적부터 받았다. 그래야 양반 자손이라는 평을 들었다. 아랫사람의 이름을 지을 때에는 윗사람의 이름과 달라야 했고, 같거나 유사한 발음의 글자도 사용하지 않았다. 그렇지만 반드시 집안일에만 그치는 것은 아니었다. 후손의 관직명이 조상의 이름자와 겹칠 때에도 문제가 발생했다.

도승지 심수가 "윤면헌의 조상에 이理자가 들어간 이름이 있으니 그의 교리校理 직책을 바꾸어야 합니다"고 말하니, 영의정 홍봉한이 "이철보의 조상에 봉조鳳朝란 이름이 있어도 봉조청奉朝請이 되었는데, 윤면헌만 교리를 못하겠습니까?"고 말했다. 임금이 "진숙의 아들이 진사가 되지 못하겠는가? 윤면헌을 교체하지 마라" 했는데, 뒤에 수찬으로 바꾸었다. _영조실록 40년(1764) 3월 25일

당나라 때에 진숙의 아들이 진사시에 합격하자 시기하는 사람들이 아버지 이름과 비슷한 벼슬을 얻었다고 문제 삼은 적이 있었다. 이 고사를 거론하면서 교체하지 않았지만, 결국은 자리를 바꾸고 말았다. 당나라 때에는 관직 이름에 아버지나 할아버지의 이름자가 있으면 다른 곳으로 옮겨달라고 신청하는 규정이 있었다고 한다. 예를 들어 이름에 상常자가 들어 있으면 태상太常 임명을 피한 것이다.

다른 하나는 제왕이나 성현의 이름을 감히 부를 수 없어서 피하는 것으로, 이것은 공적 영역에 속하기 때문에 더욱 엄격히 지켜야 했다. 돌아가신 어버이의 신주에 원래는 황고皇考, 황비皇妣라 쓰던 것을 원나라 때에 와서 황제란 뜻과 겹쳐 불경스럽다고 해서 현고顯考, 현비顯妣로 바꾸게 했다. 황백부皇伯父라 하면 황제의 백부인지 돌아가신 백부인지도 헷갈리기 때문이다. 민간에서 황자를 쓰지 못하게 한 것이니 일종의 피휘이다.

중국 예관禮官이 선조 임금의 이름이 무엇이냐고 묻자 조선 사신은 이렇게 답했다.

> 예관이 통관을 시켜 와서 "소경왕昭敬王, 선조의 어휘御諱는 무슨 글자인가?" 물으니, 사신이 의리상 통관에게 말로 전할 수 없어서 옆 사람과 서로 의논한 다음 "임금의 이름을 신하가 본디 입으로 부르지 못합니다. 물러 가서 글자로 적어 바치겠습니다"고 전했다. _『연행록』 1713. 2. 6.

피휘하는 방법에는 크게 세 가지가 있다. 하나는 같은 뜻이나 같은 음 또는 형태가 비슷한 다른 글자로 바꾸는 것이다. 연씨를 천씨로 바꾼 것은 여기에 해당한다. 중국에서는 황제의 이름을 피해서 대신 쓸 글자를 반포하곤 했다.

> 북경의 예부에서 황제 이름을 다른 글자로 대체하는 자문을 보내왔다. "성조 인황제 이름의 첫 글자는 『서경』의 '그윽한 덕이 올라가 알려지시니玄德升聞'란 구절 가운데 첫번째 글자에 해당하니 마땅히 원元자로 대신하고, 두번째 글자는 화火와 화華를 합친 글자이니 마땅히 욱煜자로 대신할 것이다. 세종 헌황제 이름의 첫 글자는 『시경』의 '영원히 복을 후손에 내리시네永錫祚胤'란 구절 가운데 네 번째 글자에 해당하니 마땅히 윤允자로 대신하고, 두 번째 글자는 시示와 진眞을 합한 글자이니 마땅히 정禎자로 대신할 것이다. …" _순조실록 3년(1803) 11월 29일

비슷한 내용이 계속 이어진다. 성조의 이름은 현엽玄燁이고 세종의 이름은 윤진胤禛인데, 청나라에서 보내온 외교문서인 자문에서도 이를 직접 언급할 수 없어 『서경』과 『시경』을 인용하거나 어떤 글자를 조합한 것이라고 에둘러 적고 있다.

『삼국유사』에는 신라 문무왕을 문호왕文虎王으로 썼으니, 이것은 고려 혜종의 이름인 무武자를 피한 것이다. 당나라에서는 건국자의 할아버지가 이호李虎였기에 거꾸로 무武로 바꾸어 쓴 적이 있다. 또 단군의 건국 연대를 설명하면서 중국 요 임금을 고高라 했는데, 이것은 고려 정종의 이름을 피해서 다른 글자로 쓴 것이다. 지금 중요 정치인들을 JP, YS, DJ, MB 등으로 약칭하는데, 이름을 직접 부르기가 불편하고 이름을 부르게 되면 그 뒤에 존칭어를 붙이기도 번거롭기 때문이다. 이렇게 영

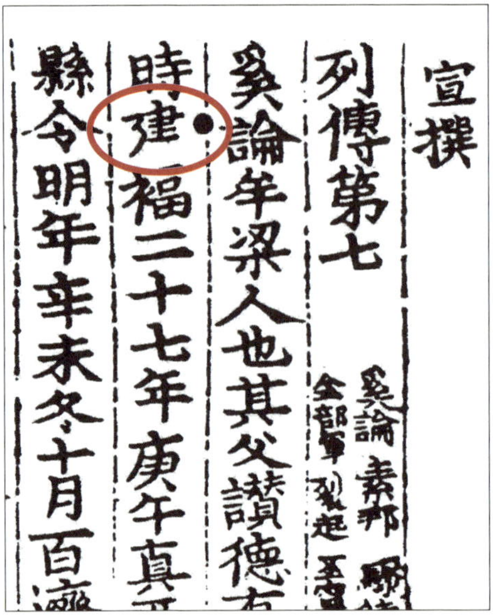

그림 4 '건'자 피휘 사례

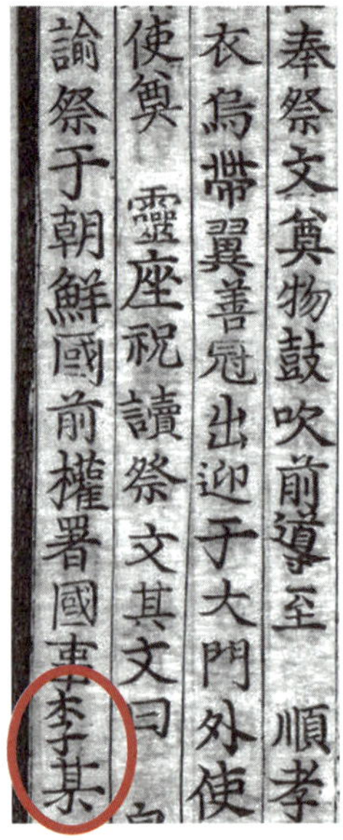

그림 5 맨 마지막에 정종을 '이모'로 표기한 세종실록

문 약자로 대신하는 것도 이런 방식의 피휘에 속한다고 할 수 있다.

둘째는 획의 일부를 생략하여 완전한 글자와 구별하는 방식이다. 이것은 당나라 초기에 시작해서 송나라 이후에 성행했다고 한다. 왕건 이름을 피하고자 건建자의 아래 받침을 떼서 사용했고,그림 4 공자의 이름을 피하고자 구丘자의 오른쪽 세로획을 떼서 사용했다. 고려시대에 간행한 『삼국사기』나 『삼국유사』에는 고려 왕을 피휘하는 원칙이 지켜졌지만, 조선시대에는 그러지 않았다. 따라서 고려 왕을 피휘한 판본이 발견되면 고려시대에 인쇄한 것이라 판단할 수 있다.

셋째는 빈 칸으로 남기거나 그 자리에 모某, 그림 5 또는 휘諱라고 쓰는 방식이 있다. 또는 비단이나 종이를 잘라서 이름을 가리는 일도 있었다.

피휘 대상으로는 우선 중국 황제의 이름을 들 수 있다. 자칫 외교 문제까지 비화될 소지가 있어서 무척 신경을 썼다.

10월 을유일에 생신회사사인 호부시랑 최종필崔宗弼이 거란에 갔다가 돌아왔다. 그가 예부를 통하여 왕에게 "황제 이름이 종진宗眞이라서 네 이름이 이에 저촉되니 '종'자를 고쳐야 된다고 하기에 상표문에 있는 이름을 최필로 고쳤습니다"고 보고했다. 문하성이 "최종필은 우리나라가 피휘 글자를 알지 못하여 잘못을 범한 것이라 답하되 상표문에 실린 것은 감히 함부로 고치지 못하겠다고 해야 마땅했을 것입니다. 만약 저쪽에서 강요한다면 점획을 줄이는 것만이 예법에 합당한데도 최종필이 함부로 상표문을 고쳐서 사신의 임무를 욕되게 했으니 벌을 주소서"라고 아뢰었으나 용서했다. _『고려사』 문종 9년(1055)

요나라 흥종의 성명이 야율종진耶律宗眞이라서 거란에 간 사신이 이름을 바꿔야 했다. 그런데 피휘 예법에 따라 상표문의 글자를 바꿔야 하는지, 아니면 국가 중요 문서는 개변하지 말아야 한다는 원칙이 우선하는 것인지 당사자가 무척 곤혹스러웠을 것이다. 발해가 멸망한 뒤에 말갈족은 여진족으로 명칭이 바뀌었는데, 이 역시 진眞자가 들어 있어서 여진을 여직女直으로 개명했다. 이 때문에 중국 사료에는 여진과 함께 여직이란 명칭이 등장한다. 신라 성덕왕은 당나라 현종이 즉위하자 그의 이름과 같아 개명해야 했다.

성덕왕이 즉위했는데 이름은 흥광이다. 본래 이름은 융기隆基였는데 당나라 현종의 이름과 같아서 선천 연간712~713에 고쳤다. _『삼국사기』 신라 성덕왕

그림 6 대각국사 의천

당나라 현종의 이름도 융기라서 712년에 당나라 사신이 와서 성덕왕의 이름을 고치도록 요구했다고 한다. 고려 대각국사 의천은 원래 이름을 쓰지 못했다.

> 대각국사 왕후王煦의 자는 의천義天인데, 송나라 철종의 이름을 피하여 자로 이름을 대신했다. … 얼마 후 사망하자 왕이 대각大覺으로 시호를 삼고자 하니 중서문하성이 "대각이란 부처이니 감히 부처를 칭하는 것은 그의 뜻이 아닐 것입니다"고 아뢰었으나, 왕이 듣지 않았다. _『고려사』 종실, 문종, 대각국사 후 전기

송나라 철종의 성명이 조후趙煦라서 의천은 본명을 쓰지 못했다. 그래서 지금도 왕후라고 하면 누군지 모르게 되었다. 의천은 문종의 아들이요 숙종의 동생이니, 그가 죽은 뒤에 신하들의 반대를 무릅쓰고 부처와 같은 시호를 올리고 말았다. 이것이 굳어져서 지금도 대각국사 의천그림 6으로 우리 입에 익게 되었다.

피휘를 정식으로 제도화한 것은 진시황이다. 그는 자신만 쓸 수 있는 글자를 정하여 황제권을 강화하는 수단으로 삼았다. 자신의 이름이 정正 또는 政이기 때문에 정월正月을 단월端月 또는 정월征月로 바꾸었고, 아버지 이름이 자초子楚라서 초나라는 형荊나라로 바꾸었다.

피휘 사례가 가장 많은 왕조는 당나라이다. 원나라 때에는 법으로 쓰지 못하게 한 글자가 160자나 되었다. 피휘를 제일 엄하게 요구했던 왕조는 청나라로서, 문장의 잘못을 트집잡아 처형까지 하는 문자옥文字獄이 이때에 가장 많이 일어났다. 전성기라 할 수 있는 강희제, 옹정제, 건륭제 때에 일어난 문자옥은 대략 160여 건이 되고, 건륭제 때만 130여 건이 되었다고 한다. 만주족 정권이 한족 지식인들을 통제하는 수단이 된 것이다. 일례로, 옹정제 때에 과거시험에 『시경』의 한 구절인 '유민소지維民所止'란 제목을 냈는데, 옹정제가 이를 듣고 유지維止가 옹정雍正의 위쪽을 잘라낸 모양이라 하면서 자신의 머리를 자르란 말로 오해하여 고시관을 처참하게 처형하고 말았다.

조선에서는 건륭제의 이름이 홍력弘曆이라서 명나라 때부터 사용한 역서인 시헌력時憲曆을 그의 즉위 직후에 시헌서時憲書로 고쳤다.

관상감에서 "역서를 반포할 날이 멀지 않은데, 들어 보니 '역'자가 새 황제의 이름을 범했다고 합니다"고 아뢰니, 임금이 시헌서로 고치도록 명령했다. _영조실록 11년(1735) 10월 19일

이 글만 보면 조선에서 능동적으로 고친 것처럼 보인다. 그렇지만 청나라에서도 동일하게 고쳤기에 그를 따랐을 가능성이 있다. 중국의 피휘 규정을 파악하는 일은 중요한 현안이었다. 중국에 간 사신은 피휘에 대한 정보를 파악해서 보고해야 했다.

이조에서 "천추사 서장관 조숭덕이 북경에서 돌아와 '새로 피해야 하

는 글자가 덕德·인仁·연燕 석 자다'고 보고했으니, 이제부터 북경에 가는 사람 이름에 덕자가 있으면 모두 득得자로 대용하소서"라고 아뢰므로, 그대로 따랐다. _세종실록 3년(1421) 10월 5일

성종 6년1475 6월에 중국에서 돌아온 사신은 과거시험에서 피휘할 글자들을 공고한 내용을 적어와 왕에게 보고했다. 때로는 중국 사신에게 자문했다.

서거정이 또 아뢰었다. "고황제는 우리나라를 길들이려고 피휘하는 글자를 많이 만들어 표문이나 전문箋文을 올릴 때에 범하지 못하게 했습니다. 신이 승문원의 피휘 글자들을 가지고 중국 사신에게 보이면서 '원元·인仁·덕德자처럼 뜻이 아름다운 글자도 피해야 하는데, 지금도 모두 범할 수 없는가?'라고 물으니, 중국 사신이 손바닥에 손가락으로 글씨를 써서 보이며 '지금 황제의 휘는 견유見濡이지만 두 글자를 모두 피하지는 않으니 '견'자만 쓴다면 무엇이 해롭겠는가? 고황제의 휘는 원장元璋이지만 원년元年의 '원'자야 어찌 뭐라 하겠는가?'라고 말했으니, 이런 글자들은 지금 표문을 올릴 때에 시험적으로 써보는 것이 어떻겠습니까? 신이 또 '연燕자는 지금도 피해야 하는가?'라고 물으니, 중국 사신이 '마땅히 피해야 한다'고 답했는데, 신이 생각하건대 지금 중국이 연경에 도읍했기 때문이라 여겨집니다."

임금이 현석규에게 "피휘하는 글자를 시험적으로 써보는 데 대한 가부를 널리 의논하여 아뢰도록 하라"고 일렀다. _성종실록 7년(1476) 4월 20일

승문원은 외교문서를 담당하던 관청이다. 서거정의 질문에 중국 사신이 감히 황제 이름을 적을 수 없어서 표시가 나지 않도록 손바닥에 써서 답변했던 것이다. 때로는 중국에 직접 질문하기도 했다.

왕이 하교했다. "사대문서에 쓰지 말아야 할 글자 가운데는 피휘하지 않아도 될 것들이 있으니, 모두 피휘하여 쓰지 않게 되면 문장을 지을 때에 매우 힘들어진다. 앞으로 명나라에 갈 사신은 예부에 가서 조언을 받아오도록 하라." _성종실록 7년(1476) 4월 28일

이와 반대로 조선에서는 일본에서 보내온 외교문서에 우리 왕의 이름을 제대로 피휘했는지 검토했다.

고대에는 제왕의 이름만 피휘했는데, 시간이 흐를수록 제왕의 시호, 묘호도 포함되고, 심지어 연호나 황후 이름 등으로 대상이 확대되어 상황이 매우 복잡해졌다.

상이 재상들에게 "가정嘉靖이란 벼슬을 가정嘉正으로 고쳤는데 혹시 문제가 있지 않는가?"【이에 앞서 새 황제가 가정이란 연호를 반포했으므로 우리나라에서 가정이란 벼슬을 정正으로 고쳤다.】라고 이르니, 남곤이 "중국의 발음은 우리나라와 같지 않아서 그렇게 고치게 한 것뿐입니다"고 아뢰었다. _중종실록 17년(1522) 1월 8일

정靖과 정正이 중국 발음으로 같으면 피휘 규정에 저촉되기 때문에 임금이 재상들에게 물은 것이다. 우리 발음으로는 같으면서 중국 발음은

다른 것을 찾아서 가정대부의 글자를 바꾼 경우이다. 그러나 며칠 뒤에 재론하여 가의대부嘉義大夫로 귀착되었다.

우리나라 왕의 이름도 당연히 피해야 했다. 앞서 보았듯이 고려 태조와 혜종, 정종의 이름을 피한 것이 그런 것이다. 얼마 전에 정조의 이름인 '이산'을 드라마 제목으로 썼는데, 전통시대에는 상상할 수 없을 정도로 불경스러운 일이다. 조선 선조 때에 반포된 피휘 대용 글자를 보면, 문종 이름인 향珦은 임琳으로, 세조 이름인 유瑈는 이理로, 예종 이름인 황晄은 광光으로, 성종 이름인 혈娎은 흔欣으로, 중종 이름인 역懌은 예豫로 대신 쓰게 했다. 세종 이름인 도祹도 대용자가 있지만, 웬만한 사전에는 나오지 않는 벽자라서 여기서는 표기할 수 없다. 여기에 제시한 왕명들은 흔히 쓰지 않는 글자인데, 조선후기로 갈수록 더욱 궁벽진 글자를 써서 굳이 피휘 대용자를 반포할 필요가 없어지게 된다. 아랫사람들의 어려움을 헤아려 왕실 스스로 피해버린 것이다. 뒤에 순조가 된 세자 이름을 지으면서 이 점을 염두에 둔 것을 알 수 있다.

왕세자의 이름은 이홍李玜, 자는 공보公寶로 정했다. … 상이 "지금 세자 이름을 정하면서 옥玉 변의 글자를 쓰고자 하는데, 대체로 이름을 정할 때에 알기 쉬운 글자는 피휘하기가 힘들고 알기 어려운 글자는 너무 궁벽지게 된다. 내 뜻에는 '옥' 변에 '공'자가 들어간 자가 좋은 것 같다 …"고 말했다. _정조실록 24년(1800) 1월 25일

고려시대에 주자학 보급에 힘을 썼던 안향安珦, 1243~1306의 원래 이름은 유裕였는데 향珦으로 개명했다.그림 7 그런데 조선시대에 들어와서 문

종의 이름을 범하게 되자 원래의 이름으로 고쳐 부르게 했다.

예조가 "… 문성공 안유의 개명한 이름이 문종대왕의 어휘에 저촉되는데도 각 도의 위판을 보면 그의 뒷이름으로 쓴 곳이 제법 많으니 매우 미안한 일입니다. '유'자로 즉시 고쳐 쓰라는 뜻을 팔도 감사들에게 알리게 하소서"라고 아뢰니, 상이 허락했다. _현종실록 4년(1663) 8월 17일

그림 7 안향 초상

경희궁은 원래 경덕궁이었는데, 장릉章陵, 인조 아버지의 시호에 들어 있는 경덕敬德과 음이 같다고 해서 영조의 명에 따라 고친 것이다. 순조 때에는 정조 이름인 이산李祘과 발음이 비슷한 지명까지 바꾼 적이 있다.

이성尼城이란 고을 이름을 노성魯城으로 고치고, 이성利城을 이원利原으로 고쳤다. 돌아가신 왕의 이름과 음이 비슷하기 때문이다. _순조실록 즉위년(1800) 8월 20일

과거시험을 치를 때도 피휘를 철저히 지켜야 했으니, 이를 어기면 낭패를 볼 수밖에 없다.

임금이 성균관 학생들에게 황감귤을 내려주고 시험을 치렀는데, 생원 이창립이 1등, 생원 곽성구와 남노성이 2등과 3등을 차지했다. 그런데 이창립이 지은 글 가운데 선왕의 옛 이름을 범한 것이 있어 임금이 그를 삭제했다. _인조실록 9년(1631) 1월 10일

피휘를 제대로 하지 않은 답안지는 채점시에 이미 거르게 되어 있다. 그럼에도 합격자 명단에까지 올라가는 일이 생겨 문제가 발생했다. 공자나 주자와 같은 성인도 피휘 대상이었다.

영사 정태화가 "옛날 인조 때에 신이 사관으로 있으면서 경연에 입시했는데, 인조께서 부제학 정경세에게 '주자의 이름을 휘해야 옳은가?'라고 물으니, 정경세가 '임금이 존경하는 분은 모두 휘해야 합니다'고 말했습니다. 그후로 인조께서는 경연할 때마다 선현의 이름을 휘하셨습니다"고 아뢰었다. _현종실록 즉위년(1659) 11월 23일

공자의 이름은 구丘이니, 이를 피하고자 한 획을 떼어내서 썼다. 대구의 '구'자는 공자의 이름과 같은 글자를 써왔는데, 그곳 유생이 잘못이라 하여 피휘를 건의했다.

신들이 사는 고을은 바로 영남의 대구부大丘府입니다. 대구부의 향교에서 옛 성인들에게 건국 초기부터 제사를 지내왔는데, 춘추의 석채釋菜, 간략한 석전제에는 지방관이 으레 초헌을 하므로 축문에 흔히 대구판관이라고 써넣고 있습니다. 이른바 대구의 '구'자는 바로 공부자孔夫子의 이름

자인데, 신령 앞에서 축문을 읽으면서 곧바로 이름자를 범하니 사람들이 불안하게 여깁니다. _영조실록 26년(1750) 12월 2일

이 상서문에 대해서 왕을 모신 승지는 예법에 '모든 제사에는 휘하지 않는다'는 원칙이 있고 중국 지명에 '구'자가 들어간 것이 많이 있다고 대답했다. 왕은 요즘 유생들이 이상한 것만 찾아낸다고 질책하며 상소문을 돌려주라고 명했다.

그렇지만 이보다 앞서 청나라 옹정제는 1723년에 이름이나 문장에서 공자의 이름이 나오면 부阝 방을 붙여서 구邱자로 바꾸어 쓰고 기期로 발음하라는 명령을 내렸다. 지금 우리가 대구大邱라고 쓰는 것은 바로 이런 과정을 겪으면서 정착된 것이다. 고종 20년1883 9월 기록에 보면 구丘씨 성도 피휘해야 한다고 해서 구具씨로 개성하는 것을 허락한 일도 있다. 중국에서는 공자의 탄생과 관련된 니구산尼丘山도 니산으로 줄여서 불렀다. 또 구丘씨도 구邱씨로 바꾸어 부르게 했으니, 그 결과 지금은 두 가지 구자를 쓰고 있다.

죄인이나 혐오하는 사람의 이름을 피하는 경우도 있었다. 당나라 때에 안녹산이 반란을 일으키자 안정군安定郡을 보정군保定郡으로 개명했다. 조선에서도 그러했다.

이조참판 민종현을 유임시켰다. 이보다 앞서 선전관 이만식李晩植의 이름이 죄인 이만식李萬軾과 음이 서로 같아서 임금이 좋아하지 않는다고 선전관들 가운데 말하는 자가 있어서, 이만식이 이조에 호소하여 개명했다.

임금 생각에 죄인 이만식이 간사한 관리와 결탁하여 죽을죄를 지은 지 몇십 년이 되었는데, 이제 갑자기 이름을 바꾸어 벼슬자리를 엿보는 풍조를 열었다고 여겨서 허가해준 민종현을 교체했다가 얼마 뒤에 그가 이전에 추천된 자이고 또 다른 마땅한 인물이 없어서 이런 명령이 있게 되었다. _정조실록 15년(1791) 1월 9일

영조 47년1771 5월에는 참판을 지낸 엄인嚴璘의 이름을 엄숙嚴璹으로 고치게 했는데, 이것은 조선왕실의 계보를 잘못 기록하여 오랜 세월 큰 파문을 일으킨 중국인 주인朱璘의 이름과 같기 때문이었다.

연산군은 자신의 악행을 만류하는 내시 김처선金處善을 처참하게 죽인 뒤에 모든 문서에 처處자를 쓰지 못하게 했다.

"'처'자는 죄인 김처선의 이름이니, 이제부터 모든 문서에 처자를 쓰지 말라"고 전교했다. _연산군일기 11년(1505) 7월 19일

이리하여 24절기인 처서處暑를 조서徂暑로 바꾸게 했고, 관리들 가운데 이름이 같은 사람은 모두 개명하게 했다. 연산군이 그를 얼마나 증오했는지 짐작된다. 피휘와 관련하여 김유신의 이름 유래도 흥미롭다.그림 8

그의 이름을 지으려고 할 때 부인에게 말했다. "내가 경진일 밤에 길몽을 꾸어 이 아이를 얻었으니, 경진으로 이름을 지어야겠다. 그러나 『예기』에 '날이나 달로 이름을 짓지 않는다'고 했으니, 지금 경庚자는 유庾자와 비슷하고 진辰은 신信과 음이 비슷하다. 더구나 옛날 현인 가운데

그림 8
진천 김유신 탄생지

유신이란 이름이 있으니 이렇게 지어야겠다." 드디어 이름을 유신이라 했다. _『삼국사기』 김유신 열전 상

『예기』에 따르면 나라 이름이나 일월 날짜, 질병, 산천 명칭으로 이름을 짓지 않는다고 했다. 만일 이들을 이름으로 사용할 경우 불경하게 될 뿐 아니라 사람들이 피휘하는 데도 무척 어려워지기 때문이다.

지금 우리 사회에서 피휘법은 부모님 함자를 얘기할 때 정도의 관습으로만 남아 있다. 이에 비해서 봉건적 성격이 강한 북한에서는 아직도 최고지도자에 대해서 피휘를 하고 있다. 역사 서술에서 수령首領이란 말을 두령으로 바꾸어 쓰고 있으니, 한글 전용을 하는 북한에서는 김일성 수령과 같은 글자이기 때문이다. 또 원수는 김일성 원수만 가리키고 정반대의 나쁜 의미가 있는 원수는 원쑤로 바꾸어 쓴다. 남북한 학자들이 모여서 한글사전을 편찬하고 있는데, 형용사의 일종인 '성상 형용사'란 용어는 북한학자들이 받아들이지 않았다고 한다. 성상이라 하면 최고 지도자의 조각상을 가리키기 때문이란다. 2009년 9월에 난 신문기사를 보니 북한에서는 7월 8일생이 없다고 한다. 김일성이 사망한 날을 생일로 삼아 즐거워할 수 없기 때문이라 한다. 이 때문에 김일성 사후에 태어난 사람뿐 아니라 그 이전에 태어난 사람들도 생일을 다른 날로 바꾸어버렸다.

흐지부지란 우리말은 원래 말하기를 꺼리고 감추어 드러나지 않게 한다는 뜻인 휘지비지諱之祕之에서 나온 것으로서, 20세기 들어 등장하였다고 한다.

참고 자료

임금 자리

『계축일기』; 조재현 옮김, 『계축일기』 서해문집, 2003.

『고려사』; 누리미디어 홈페이지.

『공사견문록』(정재륜 저); 강주진 역, 『동평위 공사문견록』 양영각, 1985; 동방미디어 홈페이지.

광개토왕비; 한국고대사회연구소 편, 『역주 한국고대금석문』 I, 가락국사적개발연구원, 1992.

『귤보』; 정운경 지음, 정민 옮김, 『탐라문견록, 바다 밖의 넓은 세상』 휴머니스트, 2008 수록.

『기묘록보유』(안로 저, 『대동야승』 수록); 한국고전번역원 홈페이지.

『미암일기』(유희춘 저); 담양향토문화연구회, 『미암일기초』 1992; 장서각 디지털 아카이브.

『사기』(사마천 저); 누리미디어 홈페이지.

『삼국사기』(김부식 저); 동방미디어 홈페이지.

『삼국유사』(일연 저); 동방미디어 홈페이지.

『석담일기』(이이 저, 『대동야승』 수록); 한국고전번역원 홈페이지.

『연려실기술』(이긍익 저); 한국고전번역원 홈페이지.

『인현왕후전』; 정은임 교주, 『인현왕후전』 이회, 2004.

『정조어찰첩』; 백승호·장유승 외, 성균관대학교출판부, 2009.

조선왕조실록; 국사편찬위원회 홈페이지.

『한중록』(혜경궁 홍씨 저); 이선형 옮김, 『한중록』 서해문집, 2003.

고동환, 「조선시대 얼음의 문화사」 『물질문화와 농민의 삶』 태학사, 2009.

국립중앙박물관 외, 『단원 김홍도: 탄신 250주년기념 특별전』 삼성문화재단, 1995.

국립중앙박물관, 『단원 김홍도』(특별전 도록) 1990.

권석하, 『영국인 재발견』 안나푸르나, 2013.

김명복 옮김, 『오비드 신화집 변신이야기』 솔, 1993.

김문식·김정호, 『조선의 왕세자 교육』 김영사, 2003.

김문식·신병주, 『조선 왕실 기록문화의 꽃 의궤』 돌베개, 2005.

김지영, 「조선시대 왕실 여성의 출산력」 『정신문화연구』 34(3), 2011.

백승호·장유승 외, 『정조어찰첩』 성균관대학교출판부, 2009.

신명호, 『조선 왕실의 의례와 생활, 궁중 문화』 돌베개, 2002.

신명호, 『조선왕비실록』 역사의아침, 2007.

신명호, 『조선의 왕: 조선시대 왕과 왕실문화』 가람기획, 2005.

심재우 외, 『조선의 왕으로 살아가기』 돌베개, 2011.

안대회, 「어찰의 정치학: 정조와 심환지」 『역사비평』 87, 역사문제연구소, 2009.

유봉학, 『꿈의 문화유산, 화성』 신구문화사, 1996.

정용숙, 『고려시대의 후비』 민음사, 1992.

한명기, 『광해군: 탁월한 외교정책을 펼친 군주』 역사비평사, 2000.

한복진, 『조선시대 궁중의 식생활문화』 서울대학교출판부, 2005.

한상권, 『조선후기 사회와 소원제도: 상언·격쟁 연구』 일조각, 1966.

한영우, 『정조의 화성행차, 그 8일』 효형출판, 1998.

국정 평가

『고려사』; 누리미디어 홈페이지.

『사기』(사마천 저); 누리미디어 홈페이지.

『삼국사기』(김부식 저); 동방미디어 홈페이지.

『삼국지』(진수 저).

『삼재도회』(왕기·왕사의 저); 『三才圖會』 상·중·하, 上海古籍出版社, 1985.

『성호사설』(이익 저); 한국고전번역원 홈페이지.

『속잡록』(김규성 저, 『대동야승』 수록); 한국고전번역원 홈페이지.

『연려실기술』(이긍익 저); 한국고전번역원 홈페이지.

『연행기사』(이갑 저, 『연행록선집』 수록); 한국고전번역원 홈페이지

『오산설림초고』(차천로 저, 『대동야승』 수록); 한국고전번역원 홈페이지.

『용재총화』(성현 저, 『대동야승』 수록); 한국고전번역원 홈페이지.

『일본서기』; 연민수 외, 『역주 일본서기』 1·2·3, 동북아역사재단, 2013.

『재조번방지』(신경 저, 『대동야승』 수록); 한국고전번역원 홈페이지.

『정조어찰첩』; 백승호·장유승 외, 성균관대학교출판부, 2009.

조선왕조실록; 국사편찬위원회 홈페이지.

『한비자』.

로베르 플라실리에르 지음, 심현정 옮김, 『고대 그리스의 일상생활: 페리클레스 시대』 우물이 있는 집, 2004.

문화재청, 『경회루: 실측조사 및 수리공사보고서』 2000.

문화재청 · 국립중앙박물관, 『발굴에서 전시까지』 2007.

샹관핑 지음, 차효진 옮김, 『중국사 열전 황제』 달과소, 2008.

신명호, 『조선의 왕: 조선시대 왕과 왕실문화』 가람기획, 2005.

安田喜憲, 『氣候と文明の盛衰』 朝倉書店, 1990.

汪受寬, 『謚法研究』 上海古籍出版社, 1995.

이성구, 「중국고대의 求雨風習과 徙市」 『고대중국의 이해』 5, 지식산업사, 2001.

이태진, 「'소빙기'(1500~1750)의 천체 현상적 원인」 『국사관논총』 72, 국사편찬위원회, 1996.

이태진, 「외계충격 대재난설(Neo-Catastrophism)과 인류역사의 새로운 해석」 『역사학보』 164, 1999.

이희덕, 『한국고대 자연관과 왕도정치』 혜안, 1999.

쟝위싱 지음, 허유영 옮김, 『중국 황제 어떻게 살았나』 지문사, 2003.

전호태, 『화상석 속의 신화와 역사』 소와당, 2009.

정재서, 『이야기 동양 신화』 황금부엉이, 2004.

제임스 조지 프레이저 지음, 박규태 역주, 『황금가지』 1, 을유문화사, 2005.

조용진, 『동양화 읽는 법』 집문당, 1998.

최종성, 「왕과 巫의 기우의례: 폭로의례를 중심으로」 『역사민속학』 10, 2000.

최종성, 『『기우제등록』과 기후의례』 서울대학교출판부, 2007.

하야시 미나오 저, 김민수 · 윤창숙 역, 『돌에 새겨진 동양의 생활과 사상: 고대중국의 화상석과 고구려벽화』 두남, 1996.

한명기, 『광해군: 탁월한 외교정책을 펼친 군주』 역사비평사, 2000.

임금 주변

『고금소총』; 시귀선 · 유화수 · 이월영 역주, 『고금소총』 한국문화사, 1998.

『고대일록』(정운경 저); 남명학연구원 옮김, 『역주 고대일록』 상 · 하, 태학사, 2009.

『고려사』; 누리미디어 홈페이지.

『공사견문록』(정재륜 저); 강주진 역, 『동평위 공사문견록』 양영각, 1985; 동방미디어 홈페이지.
『삼국사기』(김부식 저); 동방미디어 홈페이지.
『삼국유사』(일연 저); 동방미디어 홈페이지.
『성호사설』(이익 저); 한국고전번역원 홈페이지.
『신당서』(구양수 등 저).
『연려실기술』(이긍익 저); 한국고전번역원 홈페이지.
『오산설림초고』(차천로 저, 『대동야승』 수록); 한국고전번역원 홈페이지.
『용재총화』(성현 저, 『대동야승』 수록); 한국고전번역원 홈페이지.
『원사』(송염 등 저).
『임하필기』(이유원 저); 한국고전번역원 홈페이지.
『장빈거사호찬』(윤기헌 저, 『대동야승』 수록); 한국고전번역원 홈페이지.
『조선부』(동월 저); 董越 저, 윤호진 옮김, 『朝鮮賦』 까치, 1995.
조선왕조실록; 국사편찬위원회 홈페이지.
『춘향전』; 조령출 고쳐 씀, 『열녀춘향수절가』 보리, 2007.

고석규 외, 『암행어사란 무엇인가: 제도·역사·설화·소설』 박이정, 1999.
김용숙, 『조선조 궁중풍속연구』 일지사, 1987.
미타무라 타이스케 지음, 하혜자 옮김, 『만들어진 제3의 性』 나루, 1992.
박영규, 『환관과 궁녀』 웅진지식하우스, 2009.
박인수, 『환관, 황제의 비서실장』 석필, 2003.
박한제, 『제국으로 가는 긴 여정』 박한제 교수의 중국 역사 기행 3, 사계절, 2003.
샤를 바라·샤이에 롱 지음, 성귀수 옮김, 『조선기행: 백여 년 전에 조선을 다녀간 두 외국인의 여행기』 눈빛, 2006.
신명호, 『궁궐의 꽃 궁녀』 시공사, 2004.
신영훈, 『조선의 궁궐』 조선일보사, 1998.
심재우 외, 『조선의 왕으로 살아가기』 돌베개, 2011.
심재우, 「역사 속의 박문수와 암행어사로의 형상화」 『역사와 실학』 41, 2010 .
심재우, 『네 죄를 고하여라』 산처럼, 2012.
엘리자베스 키스, 엘스펫 K. 로버트슨 스콧 지음, 송영달 옮김, 『영국화가 엘리자베스 키스의 코리아(1920~1940)』 책과함께, 2006.
오수창, 「1822년 평안남도 암행어사 박내겸의 성실과 혼돈」 『조선시대 정치, 틀과 사람들』 한림대학교출판부, 2010.

이강근,『한국의 궁궐』대원사, 1991.
이사벨라 버드 비숍 지음, 이인화 옮김,『한국과 그 이웃나라들』살림, 1994.
이상해,『궁궐 · 유교건축』솔, 2004.
이성무,『조선은 어떻게 부정부패를 막았을까』청아출판사, 2009.
李新偉 등 편저,『宦官的歷史』中國文史出版社, 2006.
임병준,『조선의 암행어사』가람기획, 2003.
장희흥,『내시, 권력을 희롱하다』경인문화사, 2006.
정구선,『중세 시대의 환관과 공녀』국학자료원, 2004.
정은임 외,『궁궐 사람들의 삶과 문화』태학사, 2007.
최승희,『조선초기 언론사연구』지식산업사, 2004.
퍼시벌 로웰 지음, 조경철 옮김,『내 기억 속의 조선, 조선 사람들』예담, 2001.
한상권,『조선후기 사회와 소원제도: 상언 · 격쟁 연구』일조각, 1966.
헤로도토스 지음, 천병희 옮김,『역사』숲, 2009.
홍순민,「조선시대 궁녀의 계보학」규장각한국학연구원 엮음,『조선 전문가의 일생』글항아리, 2010.
홍순민,『우리 궁궐 이야기』청년사, 1999.

임금과 기록

영월 흥녕사 징효대사 비문.
『고려사』; 누리미디어 홈페이지.
『사기』(사마천 저); 누리미디어 홈페이지.
『삼국사기』(김부식 저); 동방미디어 홈페이지.
『삼국지』(진수 저).
『석담일기』(이이 저,『대동야승』수록); 한국고전번역원 홈페이지.
『연려실기술』(이긍익 저); 한국고전번역원 홈페이지.
『연행록』(최덕중 저,『연행록선집』수록); 한국고전번역원 홈페이지
『예기』.
조선왕조실록; 국사편찬위원회 홈페이지.
『청장관전서』(이덕무 저); 한국고전번역원 홈페이지.

김경수,『조선시대의 사관연구』국학자료원, 1998.

박홍갑·이근호·최재복,『승정원일기, 소통의 정치를 논하다』 산처럼, 2009.
서울대학교 규장각,『조선왕조실록과 기록문화』(전시회 도록) 1998.
송기호,「고대의 문자생활: 비교와 시기구분」『강좌 한국고대사』 제5권, 문자생활과 역사서의 편찬, 가락국사적개발연구원, 2002.
오항녕,『한국 사관제도 성립사연구』 한국연구원, 2003.
王建,『中國古代避諱史』 貴州人民出版社, 2003.
이성무,『조선왕조실록 어떤 책인가』 동방미디어, 1999.
장범성,『현대 중국의 생활문화』 한림대학교 아시아문화연구소, 1999.
陳新會,『史諱擧例』 文史哲出版社, 1997.
진정 지음, 김효민 옮김,『중국 과거 문화사』 동아시아, 2003.
천징 지음, 김대환·신창호 옮김,『위대한 폭군 진시황 평전』 미다스북스, 2001.
한국역사연구회,『역주 나말여초금석문』 상, 혜안, 1996.

사진, 그림 출처

임금 자리

영조 어진; 문화재청 자료 (17쪽)

한중만록 필사본; 국립중앙박물관 전시; 송기호 사진 (18쪽)

공민왕 부부; 경기도박물관, 『경기도박물관 명품선』 2004, 106쪽 (20쪽)

어사례도; 규장각 소장; 서울대학교 규장각한국학연구원, 『명품도록』 2006, 93쪽 (21쪽)

영남만인소; 한국국학진흥원 유교문화박물관 제공 (28쪽)

창덕궁 인정전의 왕의 자리; 송기호 사진 (28쪽)

태종이 묻힌 헌릉; 송기호 사진 (34쪽)

페르세폴리스; 송기호 사진 (38쪽)

도성도; 규장각 소장 (39쪽)

명경대; 국립중앙박물관 외 편, 『단원 김홍도』 삼성문화재단, 1995, 36쪽 (41쪽)

세종의 목욕 복원 행사; 청원군청 제공 (45쪽)

영조의 시력 측정용 글; 송기호 사진, 국립고궁박물관 전시 (47쪽)

피와 고름이 묻은 저고리; 송기호 사진, 국립고궁박물관 전시 복제품 (48쪽)

경복궁, 백악산과 뒤쪽의 삼각산; 송기호 사진 (51쪽)

왕비와 후궁 자녀 수; 김지영, 「조선시대 왕실 여성의 출산력」 『정신문화연구』 34(3), 2011, 268쪽 (55쪽)

취옥백채와 곤충; 인터넷 자료 (56쪽)

공민왕 신당 내부; 송기호 사진 (58쪽)

용마루가 없는 창덕궁 대조전; 송기호 사진 (63쪽)

서오릉 장희빈 묘소; 송기호 사진 (68쪽)

숙종과 인현왕후가 묻힌 명릉; 송기호 사진 (68쪽)

광통교 교각으로 쓰인 정릉 난간석; 송기호 사진 (69쪽)

신도로 연결된 목릉; 문화재청 자료 (74쪽)
삼공신 회맹록; 국립중앙박물관, 『사농공상의 나라 조선』 2010, 15쪽 (75쪽)
어수문 현판; 송기호 사진 (76쪽)
교과서 논란; 동아일보 1989. 6. 14. (78쪽)
당나귀 귀를 가진 미다스 왕; 인터넷 자료(Palma il Giovane 그림) (79쪽)
숭의전 배신청 내부; 송기호 사진 (80쪽)
할미꽃; 송기호 사진 (81쪽)
사육신 묘; 송기호 사진 (83쪽)
왕세자 입학도에 보이는 신하들의 여러 자세; 규장각 소장 왕세자 입학도 수하의(受賀儀) 부분 (84쪽)
태산의 진시황 백비; 송기호 사진 (96쪽)
감악산비; 송기호 사진 (97쪽)
북한산비와 한강; 송기호 사진 (98쪽)
제향 행사; 송기호 사진 (101쪽)
강희남순도의 한 부분; 인터넷 자료 (102쪽)
배다리 모습; 국립중앙박물관, 『조선시대 풍속화』 2002, 18쪽 (103쪽)
정조의 행차 그림에 보이는 구경꾼과 노점상; 국립중앙박물관, 『조선시대 풍속화』 2002, 23쪽 (106쪽)
서초구청의 신문고; 서초구청 자료 (110쪽)

국정 평가

건원릉 억새; 문화재청 자료 (117쪽)
동구릉 경릉; 송기호 사진 (118쪽)
삼척 공양왕릉; 송기호 사진 (119쪽)
정릉 지하궁전; 송기호 사진 (120쪽)
정대광명 편액; 송기호 사진 (123쪽)
포석정; 송기호 사진 (125쪽)
종묘 영녕전; 송기호 사진 (128쪽)
정종대왕 태실비; 송기호 사진 (134쪽)
문왕의 존호(오른쪽에서 둘째 줄)가 보이는 정효공주 묘지명; 『吉林省博物館』 文物出版社, 1992 圖40 (135쪽)

새로 발견된 문무왕릉비; 인터넷 자료 (139쪽)
사도세자 묘지; 국립중앙박물관 전시; 송기호 사진 (140쪽)
태종릉인 헌릉의 신도비; 송기호 사진 (141쪽)
광해군일기; 국립중앙박물관 전시; 송기호 사진 (145쪽)
광해군 묘비; 송기호 사진 (148쪽)
능성 구씨의 시제; 송기호 사진 (148쪽)
세종대왕 동상과 한글날 현수막; 송기호 사진 (150쪽)
강서중묘 서벽의 백호; 『조선유적유물도감』 6, 1990, 244쪽 (156쪽)
자금성 연리지 앞의 부부; 송기호 사진 (157쪽)
상서도; 하야시 미나오 저, 김민수 · 윤창숙 역, 『돌에 새겨진 동양의 생활과 사상』 두남, 1996, 208쪽 (158쪽)
일식도; 王圻 · 王思義 編集, 『三才圖會』 상, 上海古籍出版社, 1988, 76쪽 (160쪽)
인정전 월대; 송기호 사진 (163쪽)
지진을 전하는 문서 조각; 국립중앙박물관 공개 자료 (165쪽)
부여국의 중심지; 송기호 사진 (176쪽)
희우정, 서향각, 주합루; 문화재관리국, 『동궐도』 1991, 88쪽 (179쪽)
구리 용; 송기호 사진 (182쪽)
경회루; 송기호 사진 (182쪽)
명주군왕릉; 송기호 사진 (188쪽)
산불조심비석; 송기호 사진 (190쪽)
홍수, 한발 그리고 반란; 安田喜憲, 『氣候と文明の盛衰』 朝倉書店, 1990, 274쪽 (191쪽)

임금 주변

덕수궁과 빌딩 숲; 송기호 사진 (194쪽)
'궐' 모형; 중국 서안 곽거병묘 전시관; 송기호 사진 (195쪽)
회자형과 인자형 성곽; 송기호 작성 (197쪽)
서울의 주요 궁궐; 송기호 그림 (200쪽)
인왕산에서 내려다보이는 경복궁; 송기호 사진 (202쪽)
경복궁 모습; 고려대박물관 소장; 서울역사박물관 특별기획전, 『광화문 연가』 2009, 22쪽 (203쪽)
석어당; 송기호 사진 (205쪽)

문정전; 송기호 사진 (206쪽)

자금성의 표지석; 송기호 사진 (207쪽)

부시 안의 말벌집; 송기호 사진 (208쪽)

새를 쫓는 침; 송기호 사진 (208쪽)

경복궁의 공간 구분; 홍순민, 『우리 궁궐 이야기』 청년사, 1999, 317쪽 (211쪽)

경복궁 수문장 교대식; 송기호 사진 (216쪽)

방치된 초안산 고분군; 송기호 사진 (219쪽)

중국 환관의 거세된 모습; 리신웨이(李新偉) 등 편저, 『宦官的歷史』 中國文史出版社, 2006, 13쪽 (219쪽)

서양 중세의 거세 장면; 인터넷 자료 (222쪽)

20세기 전반의 내시; 엘리자베스 키스 외 책, 201쪽 (223쪽)

서양의 환관; 위키백과 사진 (224쪽)

내시의 대령 위치; 국립중앙박물관, 『조선시대 궁중행사도』 I, 2010, 79쪽 (226쪽)

출근하는 내시; 숭실대학교 한국기독교박물관, 『기산 김준근 조선풍속도: 스왈른 수집본』, 2008, 51쪽 (230쪽)

고종과 사진 왼쪽의 내시; 인터넷 자료 (231쪽)

원나라의 고도 하르호린 성터; 송기호 사진 (236쪽)

보모상궁 묘비; 송기호 사진 (240쪽)

낙화암과 고란사; 송기호 사진 (241쪽)

정효공주 시녀들; 중국측 자료 (242쪽)

난쟁이와 일반 궁녀; 唐昌東, 『大唐壁畵』 陝西旅遊出版社, 1996, 42쪽 (248쪽)

측천무후를 닮은 불상; 송기호 사진 (250쪽)

고종 장지에 모습을 드러낸 나인들; 서울대학교박물관 유리건판 사진 (257쪽)

현대판 암행어사; 문화일보 2014. 1. 22. (259쪽)

춘향전 어사출도; 김원룡, 『민화』 중앙일보사, 1981 그림142 (260쪽)

매화 사이로 보이는 월매집; 송기호 사진 (261쪽)

박문수 초상; 문화재청 자료 (262쪽)

1933년에 간행된 『어사 박문수전』 표지; 조동일 편, 『조동일 소장 국문학연구자료』 21, 박이정, 1999 (263쪽)

마패들; 국립중앙박물관 전시; 송기호 사진 (268쪽)

유척; 국립중앙박물관 전시; 송기호 사진 (268쪽)

박내겸의 첫 출도 후 이동 경로; 오수창, 「1822년 평안남도 암행어사 박내겸의 성실과 혼돈」

『조선시대 정치 틀과 사람들』 한림대학교출판부, 2010, 202쪽 수록; 오수창 제공 (270쪽)

사간원 소재지; '도성전도'(김정호, 1834년경) 부분; 이찬 · 양보경, 『서울의 옛 지도』 서울학연구소, 1995, 60쪽 (284쪽)

세조가 묻힌 광릉; 문화재청 자료 (285쪽)

인정전 부근의 대청; 동궐도 부분 (289쪽)

사관과 군대지휘관; 퍼시벌 로웰 지음, 조경철 옮김, 『내 기억 속의 조선, 조선 사람들』 예담, 2001, 73쪽 (296쪽)

임금과 기록

중정에 심은 파피루스; 송기호 사진 (300쪽)

룩소박물관의 서기상; 송기호 사진 (301쪽)

기록의 신 토트; 송기호 사진 (301쪽)

사마천; 『三才圖會』 상, 상해고적출판사, 1985, 607쪽 (302쪽)

사신총의 글 쓰는 장면; 『고구려고분벽화』 조선화보사, 1985, 그림219 (303쪽)

사관의 자리 이동; 송기호 작성 (306쪽)

사관과 승지의 대령 위치; 국립고궁박물관 창덕궁전 전시; 송기호 사진 (307쪽)

엎드린 신하와 앉은 신하; 규장각 소장 왕세자입학도(1817) 부분 (308쪽)

철종 가례에 참가한 사관; 장서각 소장 철종가례도감의궤(1851) 부분 (311쪽)

육방 승지의 대령 위치; 국립중앙박물관, 『조선시대 궁중행사도』 I, 2010, 87쪽 (315쪽)

국제기록문화전; 송기호 사진 (321쪽)

실록 봉안 재현; 송기호 사진 (321쪽)

오대산 사고; 조선총독부 편, 『조선고적도보』 11, 1931, 1595쪽 (326쪽)

춘추관 위치; 18세기 말 '경복궁전도' 부분; 이찬 · 양보경, 『서울의 옛 지도』 서울학연구소, 1995, 102쪽 (328쪽)

인조 무인년 가장사초; 규장각 소장; 『조선왕조실록과 기록문화』 6쪽 (331쪽)

세검정; 송기호 사진 (332쪽)

중초본 광해군일기; 조선왕조실록 영인본 (333쪽)

현종실록과 현종개수실록; 규장각 소장; 『조선왕조실록과 기록문화』 28쪽 (334쪽)

'영계소문' 삼계탕집; 송기호 사진 (341쪽)

천남생 묘지명; 중국 하남성박물관 전시; 송기호 사진 (342쪽)

당 태종; 중국역사박물관 편저, 『中國歷史博物館』 제3권, 朝華出版社, 2002, 44쪽 (344쪽)

'건'자 피휘 사례; 『삼국사기』에서 (348쪽)

맨 마지막에 정종을 '이모'로 표기한 세종실록 (348쪽)

대각국사 의천; 문화재청 자료 (350쪽)

안향 초상; 소수서원 소장; 문화재청 자료 (355쪽)

진천 김유신 탄생지; 문화재청 자료 (359쪽)